挖
內蒙古人民
革命黨

楊海英 主編

歷史證據
和社會動員

上冊

【內蒙古文革檔案】資料編輯委員會

01 滕海清將軍有關內蒙古人民革命黨講話集
主編｜楊海英

編者｜Asuru、Orgen、Seedorjiin Buyant、Uljideleger

02 有關內蒙古人民革命黨的政府文件和領導講話
主編｜楊海英

編者｜Asuru、Orgen、Seedorjiin Buyant、Uljideleger

03 挖內蒙古人民革命黨歷史證據和社會動員
主編｜楊海英

編者｜Asuru、Orgen、Seedorjiin Buyant、Uljideleger

04 內蒙古土默特右旗被害者報告書
主編｜楊海英

編者｜Asuru、Orgen、Olhunud Daichin、Archa

05 內蒙古軍區被害者和加害者紀錄
主編｜楊海英

編者｜Asuru、Khuyagh、Altansuke、Tombayin、Delekei

上：政府組織的慶
祝內蒙古自治
區革命委員會
成立的遊行。
戴太陽鏡者為
滕海清，左三
為吳濤，右端
為高錦明。

下：王再天遭批鬥
相片。

醜化烏蘭夫反大漢族主義的漫畫。引自呼和浩特第三司令部編《打倒烏蘭夫》。

内蒙古人民革命青年团团歌

一　在黑暗的旧社会里，
受根说压迫
被榨取剥削的
苦井青岁的人们，
　青年们云集一起，
紧密地团结起来，
在青年们光辉的红旗下，
改换这个社会。

二　在坚强的青年团里，
闷警否敌的意忝
不惜惜自己的生命，
去中锋前阵。
　齐心协力，共同奋斗，
去建设一个共同享受的
全新的社会，
青年们！
（注：歌词系村立新所写）

内蒙古人民革命青年团团旗

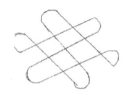

本团旗旗底是红的，

上述砅以黄色的盘旅。

团旗说明：
1. 红色是永远兴旺，光明，代表着有热血的青年；
2. 黄色表达了全体青年的团结奋斗；
3. 盘绕表达了紧密团结，永远和平。
总之是热血的青年的永远紧密团结，创造未来的和平。

（按：内蒙古人民革命青年团所用的团旗完全采用了芝古人民
革命青年团的团旗。

内蒙古人民革命青年团
　　　　的一批传单

编者按：这是内蒙古人民革命青年团在一九四五年十月五日
成立后最初散发的一批传单。原文均是芝文，文字很不通顺，现
摘永了才材料翻译如下：

—3—

内蒙古人民革命青年團批判資料。

·2·　敬祝伟大领袖毛主席万寿无疆　1969年6月6日

把苏修叛徒押上历史的断头台

林学院第二届学代会全体代表

我们满腔怒恨地收听了苏修侵略我国领土珍宝岛、制造流血事件的消息。这沉痛的心情燃烧起我们对苏修叛徒无比的仇恨。苏联是世界上第一个社会主义国家。可是赫鲁晓夫、勃列日涅夫、柯西金之流的现代修正主义者上台以后，篡党、篡政、篡军，把伟大的列宁、斯大林缔造的、世界上第一个社会主义国家变成了一个社会帝国主义国家，把苏联人民重新套上了沉重的枷锁。

毛主席教导我们："我们这一代青年人，将亲手把我们祖国建设成为伟大的社会主义强国。"我们这一代青年人，一定要响应毛主席的伟大号召，要做一个坚强的无产阶级革命事业接班人。我们决心紧跟毛主席的伟大战略部署，刮起一场十二级台风，打一场近战、恶战、白刃战，揭穿呼市地区内人党地下黑司令部，挖出黑司令部！

"五·七"干校一营一、二连全体战士，二营全体战士和郊区毛泽东思想学习班全体学习班的代表在会上作了发言，他们决心紧跟毛主席的伟大战略部署，在工宣队的领导下，刮起一场十二级台风，打一场近战、恶战、白刃战，揭穿呼市地区内人党地下黑司令部，挖出黑司令部！

大会在《东方红》的歌声和高昂的口号声中闭幕，一个彻底摧毁内人党地下黑司令部的新高潮，即将在呼市地区掀起。

向呼市地区「内人党」地下黑司令部发起总攻

驻呼市「五·七」干校、郊区机关工宣队召开第二战役动员大会

本报讯　在毛泽东思想的光辉照耀下，在党的扩大的八届十二中全会精神的指导下，在即将召开的党的第九次全国代表大会的鼓舞下，驻呼市"五·七"干校（原市委、原市人委）和郊区机关工宣队第十三大队，高举毛泽东思想伟大红旗，紧跟毛主席的伟大战略部署，放手发动群众，冲破了以高锦明、高增贵为代表的右倾机会主义路线的干扰和破坏，乘胜前进，于三月三日召开了第二战役战斗动员大会，主动地向一切阶级敌人发动全线总攻击，这是一次彻底捣毁呼市地区内人党地下黑司令部、坚决挖出呼市地区内人党黑司令部的战前誓师大会。

工宣队负责同志在动员报告中指出，旧市委和旧人委机关，过去是反党叛国集团、乌兰夫的死党分子李、陈、赵之流盘踞的地方，他们招降纳叛，结党营私，网罗牛鬼蛇神，组织了一套篡班夺权、暗害、整人的黑线又粗又长，这里的青年成份十分尖锐复杂。阶级敌人从来是手不离枪在向党进攻。

他强调指出，当前呼市以李、陈、赵为代表的一小撮反革命集团至今还没有挖深挖透，还没有斗够斗臭。旧市级机关的阶级斗争盖子也没有彻底揭开，特别是反动透顶的内人党及其各种组织好没有彻底摧毁。乌兰夫叛党集团安插在旧市级机关的暗桩子还没有拔出来。乌兰夫大喊"宫庭政变了"，实际上是通过内人党等，在党的八届扩大的十二中全会的光辉指引下，对旧市级机关干了一系列反党叛国活动，阴谋篡权，铁证如山。在原市机关、呼市地区内人党地下黑司令部就在这里，内人党地下黑司令部的青少壮的中央一级的骨干分子也在这里。例如乌兰夫、陈炳宇、云治安、张露等，都是内人党的一般成员。

他说，我们和以高锦明、高增贵为代表的右倾机会主义路线的斗争，是决定这场挖斗斗的代表的斗争方向、胜否这场惊险斗争进行到底的一个关键问题。右倾机会主义反革命路线，在"五·七"干校和郊区机关长期通过，以高锦明、高增贵为代表的右倾机会主义路线的新反扑经常出现，复旧与复旧的斗争，翻案与反翻案的斗争时刻在剧烈地搏斗着，对二高倾机会主义路线，必须揭批。

呼市委委会副主任付力格同志出席了大会并作了讲话，挖肃指部的一代表，呼、司令部的负责同志也出席了大会。

揭毁内人党　夺取新胜利

呼市"五·七"干校一营全体革命战士

东风浩荡传捷报，凯歌阵阵震长空。我们"五·七"干校一营的无产阶级革命造反派和广大革命群众，在党的八届扩大的十二中全会公报的光辉指引下，在工人毛泽东思想宣传队的领导下，活学活用毛主席著作，用战无不胜的毛泽东思想武装头脑，向阶级敌人发动了强大的攻势，揭开了高锦明、高增贵的右倾机会主义路线。我们在斗争中把两条路线斗争同对敌斗争紧密地结合起来，进一步提高了路线斗争觉悟。

两个月来，我们在毛泽东思想的统帅下，狠抓了革命大批判和清理阶级队伍的工作，开展了"大鸣、大放、大揭发、大批判"，以猛烈的火力，狠炸了旧市委阶级斗争的盖子，揭出了许多新问题，演出新高潮。

这一场进攻战，揭得阶级敌人心惊胆战，走投无路，使他们原形毕露，无处躲藏。乌兰夫反党叛国集团和他的反革命组织"内人党"，已陷入了人民战争的汪洋大海，无可逃遁。

伟大领袖毛主席宣教给我们说，"各种剥削阶级的代表人物，当着他们处在不利情况的时候，为了保护他们现在的生存，以利将来的发展，他们往往采取以攻为守的策略。……他们老是在研究对付我们的策略，"窥测方向"，以求一逞。

……我们革命党人必须懂得他们这一套，必须研究他们的策略，以便战胜他们。"

我们必须清醒地看到，在阶级斗争日益深入的情况下，阶级敌人必然地要进行垂死挣扎，他们必然地要采用种种阴谋诡计来对付我们，有的或硬或"左"的方面，千方百计地干扰和破坏"挖肃"斗争。我们也必须清醒地看到旧市委乱情是相当严重的，阶级斗争仍然十分尖锐，十分复杂。特别是反党叛国的反革命内人党是相当严重，呼市内人党的黑司令部就在旧市委的黑司令部，它们的不少党魁、骨干，就在市委。今天，他们仍然负隅顽抗，他们不甘心失败，而且时中活动，研究以守为攻的阴谋诡计，有的铜墙铁点鬼火，制造混乱，转移斗争大方向；有的家伙公开边架梁架，准备向我们倒算；也有的伸出黑手千方百计揭阶级斗争盖子。李、陈、赵的阴谋也时时暴露，一些新的鬼现象也不断出现。阶级敌人卑鄙的伎俩就是愚蠢包庇固定，掩盖自己。阶级斗争的新动向，值得我们的深思。必须提高我们的革命警惕性，充分发扬我们斗争、善于斗争和"除恶务尽"的彻底革命精神，把那些台前幕后的、明的暗的阶级敌人统统挖出来，决不收兵。

我们严正警告内人党叛国的反革命组织"内人党"、一小撮叛徒、特务、死不改悔的走资派和一切阶级敌人，你们已经到了山穷水尽的地步，现在只有向人民低头认罪，缴械投降，否则就是死路一条。

党的政策历来是"坦白从宽，抗拒从严"。我们正告隐藏在旧市委的"内人党"和一切阶级敌人，你们早已四面楚歌，再想多一会儿也是不可能了！要想白交代，低头认罪，得到宽交代你们的罪恶，才是你们唯一的出路。

同志们，战友们！紧急行动起来，刮一场周扫"内人党"及一切阶级敌人的十二级红色风暴，把他们统统挖出来！

战斗打响了，让我们以无限忠于毛主席、无限忠于毛泽东思想、无限忠于毛主席的革命路线的赤胆忠心，投入战斗中去。我们"胸有朝阳"，所向无敌，胜利属于我们的。让我们用挖肃斗争的新成就，迎接伟大的、光荣的、正确的中国共产党第九次全国代表大会的胜利召开！

1969年3月的《紅衛兵》報刊，仍在呼籲搗毀「內人黨」。

序言

楊海英

　　中國文化大革命期間，共產黨在內蒙古自治區發動了大規模種族屠殺
（genocide）。經中國政府操作過後的公開數據呈示，中國政府和中國人（即
漢民族[1]）總共逮捕了346,000人，殺害27,900人，致殘120,000人。在內蒙古各地
進行過社會調查的歐美文化人類學家們則認為被中國政府和中國人屠殺的蒙古
人受害者總數達10萬人[2]。筆者曾經在日本編輯出版了兩本文化大革命（以下
簡稱為「文革」）被害者報告書，通過用社會學抽樣調查方法探討自治區東部
呼倫貝爾盟和基層人民公社的被害者情況，得出的結論與歐美文化人類學家的
結論相同[3]。這些數據裡並不包括「遲到的死亡」，亦即致殘者120,000人的命
運。蒙古人的民族集體記憶是：「文革就是一場中國政府和中國人合謀屠殺蒙
古人的政治運動」。[4]

　　大量屠殺蒙古人的時候，中國政府設定的正式罪名為：蒙古人是「內蒙
古人民革命黨成員」。內蒙古人民革命黨，於1925年10月在張家口（蒙古語：
Batukhalagha，意即「堅牢的關隘」）成立。建黨時得到了前一年即1924年獨
立不久的蒙古人民共和國執政黨「蒙古人民革命黨」和共產國際的組織性相

---

[1]　蒙古人認為所謂的「中國人」是只指漢民族，只有漢民族才是「中國人」。內蒙古自治
區和新疆即東土耳其斯坦的維吾爾人，以及西藏的圖博人只是「中國籍蒙古人」、「中
國籍維吾爾人」、「中國籍圖博人」，並非「中國人」。這一點亦是國際學術界共識。
參見：Kuzmin, Dmitriev, S. V. 2015 Conquest Dynasties of China or Foreign Empires? The Problem
of relations between China, Yuan and Qing, *International Journal Of Central Asian Studies*, Vol. 19,
pp.59-91.

[2]　參見：Jankowiak, William，1988 The Last Hurraah? Political Protest in Inner Mongolia. *The
Australian Journal of Chinese Affairs*, 19/20:269-288. Sneath, David，1994 The Impact of the Chinese
Cultural Revolution in China on the Mongolians of Inner Mongolia. *Modern Asian Studies*, 28:409-430.

[3]　參見：楊海英編『モンゴル人ジェノサイドに関する基礎資料5—被害者報告書1』、風
響社、2013年、1頁。楊海英編『モンゴル人ジェノサイドに関する基礎資料6—被害者
報告書2』、風響社、2014年、78頁。

[4]　參見：楊海英著《沒有墓碑的草原：蒙古人與文革大屠殺》，八旗出版社，2014年。

助。[5]從黨名即可看出，二者為同一民族之兄弟黨。中華民國執政黨中國國民黨知道蒙古人成立了民族主義的政黨，而此時的共產黨則在南方割據革命。

「內蒙古人民革命黨」的蒙古語為「Öbür Mongγol-un arad-un qubisqaltu nam」。這裡的「人民」即「arad」一詞因其本身屬於帶有社會主義思想的新概念，中國知識分子在向蘇聯和世界上第二個社會主義國家（即蒙古人民共和國）學習時把「arad」有時翻譯為「人民」，有時則是「國民」。[6]

蒙古人的民族主義政黨「內蒙古人民革命黨」在其成立宣言中稱，「中國領土內，各民族各有其自決權」。[7]當時的中國共產黨也於1927年11月時在其「中共中央臨時政治局擴大會議關於中國共產黨土地問題黨綱草案」中特別提到：「中國共產黨認為必須宣言承認內蒙古民族有自決的權利，一直到分立國家，並且要激勵贊助內蒙古國民黨力爭自決的鬥爭」。翌年，「中共中央致內蒙特使指示信」也強調，「內蒙民族運動在民族運動上說是很有革命意義的，我們應當積極領導，並作擴大的民族獨立宣傳以喚起內蒙民族的獨立運動」。之後，中共中央又直接給蒙古工作委員會寫信明確區分「中國同志」即漢人和蒙古人。提到要進一步依照共產國際東方部的原則，「建立內蒙民族共和國，承認民族自決權」。[8]也就是說，中共支持內蒙古的蒙古人建立自己的共和國從而實現民族自決權。

當毛澤東率領紅軍離開中國南部長逃至北方黃土高原陝北延安後，於1935年12月20日向蒙古人頒佈了〈中華蘇維埃中央政府對內蒙古人民宣言〉。該宣言亦稱「三五宣言」。毛澤東宣稱：[9]

---

[5] ボルジギン・フスレ著『中国共産党・国民党の対内モンゴル政策　1945-49年』、風響社、2011年、33-40頁。

[6] 參見：札奇斯欽，〈二十年代的內蒙古國民黨〉，《中國邊政》第九十六期，1986年，9-17頁。

[7] 楊海英編『モンゴル人ジェノサイドに関する基礎資料2—內モンゴル人民革命党粛清事件』、風響社、2010年，575頁。

[8] 中共中央統戰部編《民族問題文獻匯編》，中共中央黨校出版社，1991年，83-102頁。

[9] 毛澤東文獻資料研究會編《毛澤東集》，北望社，16-17頁。中共中央統戰部編《民族政策文獻匯編》，1991，322-324頁。

內蒙古民族只有與我們共同戰鬥，才能保存成吉思汗時代的光榮，避免民族的滅亡，走上民族復興的道路，而獲得如土耳其，波蘭，高加索等民族一樣的獨立與自由。……內蒙古民族可以隨心所欲的組織起來，它有權按自己的原則，組織自己的生活，建立自己的政府，有權和其他的民族結成聯邦的關係，也有權完全分立起來。

在「三五宣言」裡毛澤東和他的蘇維埃政府強調的是蒙古人有「獨立與自由」權，至少可以和中國人「結成聯邦」。

中共執政後，毛澤東和他的同志們從中國內地大量移民前往內蒙古自治區凌駕於原住民蒙古人。大面積開耕草原而帶來沙漠化，但卻美其名為「幫助落後的蒙古人從原始的遊牧經濟轉向先進的漢族式農業而文明化」。在所謂的自治區，掌握實權者盡是中國人。對此，蒙古人領袖烏蘭夫從1965年起借中共「四清」運動而重新印發了過去中共自己公佈的「三五宣言」。烏蘭夫的意圖僅在於提醒中共不要忘記曾經承諾給蒙古人的「民族自決」權；但是北京當局則認為他有「民族分裂陰謀」，目的是獲取「獨立與自由」權或／和與中國人「結成聯邦」的政治目的。從此，中共在發動文化大革命之前就整肅烏蘭夫下臺。[10]

1966年春，文革開始不久中共即在內蒙古自治區首先打擊「烏蘭夫反黨叛國集團成員」成員，定義為「挖烏蘭夫黑線，肅烏蘭夫流毒」（簡稱「挖肅」）。中共認為「烏蘭夫反黨叛國集團成員」主要由自治區西部土默特地區和鄂爾多斯高原蒙古人組成。經1967年底，至1968年春後，北京當局進一步決定「挖內蒙古人民革命黨」。內蒙古人民革命黨在1925年成立之際，主要領導人和黨員多為東部出身知識分子。1968年7月開始，中共欽定自治區領導人烏蘭夫為「民族分裂主義政黨」內蒙古人民革命黨「頭目」之後，自治區東西部地區菁英和普通蒙古人一起遭殃。客觀講，1925年時的烏蘭夫才19歲，當時的他叫「雲澤」，他也確實加入了內蒙古人民革命黨，並被選派前往莫斯科留

10 參見：楊海英著《在中國和蒙古的夾縫之間：一個蒙古人未竟的民族自決之夢》，八旗出版社，2018年。

學，但還遠沒有擔當蒙古人民族主義政黨領袖的政治資格。[11] 中共牽強將二者即「烏蘭夫反黨叛國集團成員」和內蒙古人民革命黨連在一起完全是為了整肅屠殺整個蒙古民族。

為了整肅整個蒙古人菁英並屠殺蒙古民族，中國政府和中國人故意混淆「內蒙古人民革命黨」和「內蒙古國民黨」，把蒙古人的民族主義政黨和它自己的宿敵「國民黨反動派」聯繫在一起加以打擊屠殺。1968年7月20日，中共內蒙古自治區革命委員會正式確定內蒙古人民革命黨為「民族分裂主義政黨」而開始對蒙古人加以大屠殺。[12] 中共認為文革是「共產黨和反動的國民黨在大陸鬥爭的繼續」，在內蒙古自治區則是「共產黨和內人黨鬥爭的繼續」。文革時期，內蒙古人民革命黨被略稱為「內人黨」。

內蒙古人民革命黨在1947年5月被令停止活動並強行解散。中共建政後，有關該黨的重要資料和歷史檔案全被封存，當事人也無法開口講述蒙古人自己的民族自決歷史。中共開始整肅內人黨員後，為了搜索蒙古人「反黨叛國和民族分裂證據」而打開了檔案館，動員人力翻譯祕密封存多年的檔案。這一舉動，反而把歷史的真相擺在了廣大蒙古人和中國人面前。

本書主要收集了中國政府為了整肅內蒙古人民革命黨員而系統翻譯出的該黨原始文件和關於該黨活動情況的詳細資料，同時也收集了中國人如何整肅打擊蒙古人的資料。檔案和中國人整肅蒙古人的資料之日期從文革初期開始，下限至1981年內蒙古自治區爆發大規模學生運動期。1981年時在內蒙古自治區爆發的大學生運動之契機為中共進一步移民至草原從而迫害蒙古人，領導並參加該場學生運動的青年多數為被打成內人黨員的子女。[13] 他們認為，蒙古人之所以被中國政府和中國人大量屠殺，就是因為其父母輩天真地相信了中共曾經承諾的民族自決權而簡單放棄民族獨立的歷史。青年一代蒙古人認為在中共體制下，民族問題無法得到根本解決。

---

[11] 同上註。

[12] 參見：楊海英著《沒有墓碑的草原：蒙古人與文革大屠殺》，八旗出版社，2014年。

[13] 參見：啟之著《內蒙文革實錄：「民族分裂」與「挖肅」運動》，天行健出版社，2010年，533-569頁。

　　本書所收全部文獻曾經以影印方式在2010年由日本風響社以『モンゴル人ジェノサイドに關する基礎資料2—內モンゴル人民革命黨肅清事件』形式出版。如果讀者願意目睹文革期間獨特的政府文件印刷方式和用筆，以及當時的蠟版刻印方式的話，可以直接參考日文影印版。此次重新電子輸入時，文革期間專用的簡體字和繁體字一律統一為現行繁體字。除明顯的錯別字以外，未作任何改動。

目次 │ CONTENTS

序言　008

編輯書前註　015

1.橫掃千軍如卷席
　　──呼和浩特革命造反派專揪黑手聯絡站宣言（1967.11.30）　017

2.內蒙古決心把無產階級文化大革命進行到底聯絡總站，告內蒙革命人民書
　　（1967.12.05）　021

3.鞏固紅色政權（1967.12.15）　024

4.反革命修正主義分子民族分裂主義分子特古斯的罪行（1967.12.15）　026

5.內蒙古人民革命黨的醜史（1967.12.15）　037

6.徹底粉碎反動民族主義的堡壘──內蒙古人民革命黨（1967.12）　043

7.徹底粉碎反動民族主義的堡壘──內蒙古人民革命黨
　　（內人黨資料第二集　供批判用）（1968.02）　111

8.內蒙古人民革命青年團史料《供批判用》（1968.02.07）　178

9.內蒙反動黨團材料（1968.02.15）　202

10.請批准奎璧等人在內蒙古日報上點名批判，內蒙古自治區革命委員會文件，
　　內蒙古革發（68）54號。附哈，特兩人資料及原件起草稿（1968.01.27）　224

11.內蒙革發（68）54號，絕密　227

12.革命大批判（1968.03.18）　229

13.憤怒聲討「內蒙古人民革命黨」叛國集團的滔天罪行（專輯）（1968.03）　247

編輯書前註：

本書內容為史料檔案，有些文革時期的詞彙和現今我們所習慣的正確用字並不相同。例如「付主席」（副主席）；「揮午」（揮舞）等等。這些不同的用字，為尊重歷史、呈現特殊的文革文化，我們將予以保留。

1.橫掃千軍如卷席
——呼和浩特革命造反派專揪黑手聯絡站宣言
（1967.11.30）

最高指示

必須在各個工作部門中保持高度的警惕性，善於辨別那些偽裝擁護革命而實際反對革命的分子，把他們從我們的各條戰線上清洗出去，這樣來保衛我們已經取得和將要取得的偉大的勝利。

橫掃千軍如卷席——呼和浩特革命造反派專揪黑手聯絡站宣言
六月天兵征腐惡萬丈纓要把鯤鵬縛

經過一年的無產階級文化大革命，我們內蒙古的無產階級革命派高舉毛澤東思想偉大紅旗，將烏蘭夫反黨集團揪出來，打翻在地了，粉粹了他們分裂祖國的罪惡陰謀，把這個大陰謀家，大野心家篡奪了的黨政財文大權統統奪回來了，內蒙古自治區革命委員會誕生了，紅太陽照亮了內蒙古草原，內蒙古的無產階級文化大革命取得了決定性勝利，當前，內蒙古的無產階級文化大革命的形勢和全國一樣是形勢大好，而不是小好，而且越來越好。我們偉大領袖毛主席教導我們說：「**人民大眾開心之日，就是反革命分子難受之時**」，毛主席又說：「**階級敵人不是一定要尋找機會表現他們自己的。他們對於亡國，共產是不甘心的。不管共產黨怎樣事先警告，把根本戰略方針公開告訴自己的敵人，敵人還要進攻的。階級鬥爭是客觀存在，不依人的意志為轉移的，就是說，不可避免的，人的意志想要避免，也不可能，只能因勢利導，奪取勝利。**」

烏蘭夫的死黨殘餘分子他們正是這樣幹的，他們有的裝死躺下，等待時機「反撲過去」。有的則削尖腦袋喬裝打扮把他們罪惡的黑手伸進了我們新生的，年輕的紅色政權裡來和我們奪權，「**我們切不可書生氣十足，把複雜的階**

級鬥爭看的太簡單了。」我們偉大領袖毛主席教導我們說，「**奪取全國勝利，這只是萬里長城走完了第一步**」我們一定要牢記住毛主席的教導：「**宣將剩勇追窮寇，不可沽名學霸王。**」10月28日康生同志接見鄭維山，滕海清，高錦明同志的講話，11月12日江青同志關於文藝界的講話，給我們進一步指明了鬥爭的大方向。呼三司的革命小將一馬當先，首當其衝，向內蒙古文藝黑線發起了衝擊，呼三司小報編輯部「徹底搗毀內蒙古黑線」的文章一發表就打破了內蒙古文藝萬馬齊瘖局面，擊中了內蒙宣教口活閻王布赫，特古斯之流的要害。我們要以「鬥私批修」為綱，要以呼三司革命小將為榜樣。繼續高舉「造反有理」的大旗，高舉革命大批判的旗幟，把鬥爭的矛頭僅僅對準中國的赫魯曉夫劉少奇和「當代王爺」烏蘭夫及其黨羽，把他們從政治上、思想上、理論上徹底鬥倒，鬥垮，鬥臭，把伸進紅色政權裡的黑手揪住，揪出來，將內蒙古的無產階級文化大革命進行到底。我們「呼和浩特革命造反派專揪黑手聯絡站」的無產階級革命派是抱著這樣的目的和決心，走到一起來了，就這樣幹起來了。

「呼和浩特革命造反派專揪黑手聯絡站」是在揪黑手的鬥爭中，大喊大叫殺出了，我們和內蒙、呼市其它戰線上的無產階級革命派一道並肩戰鬥，一舉揪出了伸進內蒙古革命委員會裡的一隻罪惡的黑手烏蘭夫的死黨宣教口的活閻王特古斯。把這個傢伙揪在光天化日之下了，剝去了偽裝站在我們面前的就是這個惡鬼。

揪出特古斯這是對烏蘭夫反黨集團的一個最沉重的打擊是對烏蘭夫的死黨殘餘分子的一個當頭棒喝，大長了無產階級革命派的志氣，滅盡了階級敵人的威風。

「呼和浩特革命造反派專揪黑手聯絡站」的最高指導思想——是當代最高水平的馬列主義戰無不勝的毛澤東思想。「頭可斷，血可流，毛澤東思想不可丟。」我們要大樹特樹毛主席的絕對權威，大樹特樹毛澤東思想的的絕對權威。誰反對毛主席就堅決打倒誰。誰反對毛澤東思想就堅決打倒誰。

毛主席教導我們：「**國家的統一，人民的團結，國內各民族的團結這是我們事業必定勝利的基本保證。**」毛主席又說：「**民族鬥爭，說到底是一個階級鬥爭問題。**」

「當代王爺」烏蘭夫反黨集團，是混進黨內的封建王公貴族、牧主，地

主、資產階級代理人。長期以來，打著紅旗反紅旗，瘋狂地推行修正主義民族分裂主義的反動路線，掩蓋階級矛盾，挑撥民族關係，製造民族分裂破壞祖國統一，他們的罪惡的目的，就是復辟資本主義以適應帝國主義和現代修正主義的需要。

我們「呼和浩特專揪黑手革命造反派聯絡站」的無產階級革命派，一定要徹底批判烏蘭夫反黨集團在民族問題上的反革命修正主義理論，徹底肅清其流毒，要把烏蘭夫的死黨伸到各條戰線上的黑手揪住、揪出來，打翻在地，讓他們永世不得翻身，維護和鞏固民族大團結，誰搞民族分裂就堅決打倒誰。

揪出特古斯這隻伸進內蒙古革命委員會文教組的黑手，就挖掉了埋在我們身邊的定時炸彈。這是對民族大團結最好的愛護，最大的維護。

我們無產階級革命派將擦亮眼睛，拭目以待，誰想在這個問題上乘機煽動民族情緒，製造混亂我們將給予堅決的回擊，誰想在這個問題上撈根救命的稻草，那是癡心妄想。

我們「呼和浩特革命造反派專揪黑手聯絡站」的無產階級革命派，要在內蒙古革命委員會，呼市革命委員會紅色政權的正確領導下，下定決心，不怕犧牲，把已經伸進和將要伸進我們紅色政權的黑手揪住，揪出來，用鮮血和生命維護和鞏固新生的年輕的紅色政權，鞏固和加強無產階級專政。

一些別有用心的傢伙，說什麼「呼和浩特革命造反專揪黑手聯絡站」是想整垮某個群眾組織，這純粹是一派胡言，他們妄圖挑起群眾組織之間的對立情緒，把一場嚴肅的階級鬥爭說成是派性鬥爭。

一些極「左」的人物，也就是那些所謂「新思潮」的鼓吹者他們現在又從防空洞裡跑出來了。又大喊大叫起來了。那種已經被搞臭的所謂新思潮又要死灰復燃，公開揚言要揪這個，揪那個，我們要特別警惕那種極「左」的人物給我們攪混水，轉移鬥爭的大方向，我們要很好警惕。

揪黑手只能亂敵人，亂階級敵人的陣線。階級敵人要在這個問題上興風作浪，亂揪亂鬥，企圖混戰一場，從中漁利，炮打無產階級司令部，用心何其毒也，我們對這些傢伙就要堅決實行無產階級專政，把他們打入十八層地獄，讓他們永世不得翻身。

四海翻騰雲水怒，五洲震盪風雷激，要掃除一切害人蟲，全無敵。

「呼和浩特革命造反派專揪黑手聯絡站」的無產階級革命派要和其他各條戰線上的無產階級革命派聯合起來，並肩戰鬥，把鬥爭的矛頭緊緊地對準中國的赫魯曉夫和內蒙頭號走資本主義道路的當權派「當代王爺」烏蘭夫對準伸進紅色政權裡的黑手。把這堆不齒於人類的狗屎徹底乾淨的清除，把他們拋進歷史的垃圾堆。

橫掃千軍如卷席：

讓革命的暴風雨來得更猛烈更厲害一些吧！讓一些階級敵人在我們面前發抖吧！

讓我們更高的舉起毛澤東思想偉大紅旗，把內蒙古的無產階級文化大革命進行到底。把內蒙古辦成一個紅彤彤的毛澤東思想的大學校。

我們的目的能夠達到，我們的目的一定能夠達到。

呼和浩特革命造反派專揪黑手聯絡站
內蒙師院東縱揪黑手大隊　呼市小教司
內蒙體育戰線　呼市財貿總部
呼市體育戰線　呼市文藝井崗山總部
農牧學院紅旗兵團　東風區揪黑手砸黑線
內蒙總工會東方紅總部　呼市衛生總部
1967年11月30日

2.內蒙古決心把無產階級文化大革命進行到底聯絡總站，告內蒙革命人民書（1967.12.05）

宣言——告內蒙革命人民書——

（1967·12·5·於呼和浩特）

無產階級文化大革命，已經進入了一個嶄新的階段！

革命是新生事物的接生婆，在每一個歷史急驟轉彎處，它都要把富有生命力和戰鬥性的事物接到人間，使它更好地去完成歷史的使命。

無產階級文化大革命也正是這樣。

目前，「全國的無產階級文化大革命形勢大好，不是小好，整個形勢比以往任何時候都好。」在這大好形勢下，新生事物層出不窮，新的問題不斷地提上議事日程，偉大的無產階級文化大革命正在向縱深發展，向基層發展，更進一步地挖掘修正主義的社會基礎、資產階級反動路線的社會基礎。這是兩條路線、兩條道路短兵相接的階段，是兩個階級大決戰的階段，是兩條路線大決戰的階段。

革命的大批判，鬥批改是當前階段的主要任務，是偉大領袖毛主席的偉大戰略部署，是鞏固革命的大聯合、三結合的有效措施。時至今日，它直接關係到無產階級文化大革命的成果，它是摧毀資本主義、修正主義以及幾千年來剝削階級的所有制和傳統觀念、習慣勢力的炸藥筒，是迎接共產主義社會的嶄新的制度和秩序的禮炮！

今天，誰不準備向共產主義邁進，誰就不能前進一步！

難道不是這樣嗎？

在無產階級文化大革命向縱深發展的今天，會有一些「小資產階級革命家」和資產階級的改良主義以及形形色色的機會主義者們在革命的進程中固步自封。但是，地球仍然在轉動，偉大的無產階級文化大革命仍然在前進！

無產階級文化大革命就是一個轟轟烈烈的群眾運動，正像毛主席教導的那樣：「一定要搞群眾運動，什麼工作都要搞群眾運動，沒有群眾運動是不

行的。」所以在當前運動向縱深發展的今天就更需要轟轟烈烈的群眾運動。因此，當前革命的大批判這一偉大而艱巨的歷史使命就自然而然地落在決心把無產階級文化大革命進行到底的革命群眾身上了！

於是，《內蒙古自治區決心把無產階級文化大革命進行到底聯絡總站》（簡稱《決聯站》）誕生了。

《決聯站》的指導思想是偉大的戰無不勝的毛澤東思想。堅決緊跟毛主席的偉大戰略部署，以鬥私批修為綱，在史無前例的無產階級文化大革命中，大破資產階級世界觀，大立無產階級世界觀，在靈魂深處爆發革命，奠定共產主義思想基礎，發揚無產階級的大無畏徹底革命精神，誓把無產階級文化大革命進行到底。

《決聯站》的鬥爭矛頭將始終對準中國黨內最大走資派劉少奇及其在內蒙的代理人烏蘭夫！

《決聯站》堅決反對壓制群眾運動、破壞四大正常進行的一切資產階級反動路線的重演，堅決反對個別為保住自己的「權」和「官」而力圖恢復舊的秩序資產階級政客。

《決聯站》堅決反對用五十天去包庇十七年來劉鄧及烏蘭夫搞反革命修正主義、復辟資本主義的罪惡勾當。也堅決反對任何人站在資產階級反動路線的立場上去否定一年多衝出來的無產階級革命派的成績。

《決聯站》堅決反對對烏蘭夫、王鐸、王逸倫及其黑線人物實行假批判、真包庇並且扶植右派勢力、打擊真正的造反派從而替烏蘭夫、王鐸、王逸倫翻案的罪惡勾當。

《決聯站》堅決鬥垮中國黨內最大走資派劉少奇及其在內蒙的代理人烏蘭夫，堅決把他們從政治上、思想上、理論上批深、批倒、批臭，並批判資產階級反動學術權威，批判資產階級及一切剝削階級的意識形態。改革教育，改革文藝，改革一切不適應社會主義經濟基礎的上層建築。

《決聯站》不但要狠批五十天的資產階級反動路線和兩個月的資本主義復辟逆流，還要清算十七年來三反分子劉少奇及烏蘭夫的一整套復辟資本主義、進行民族分裂的反革命修正主義路線。

《決聯站》不但要敢於解放大批犯過錯誤的和受蒙蔽的並勇於回到毛主席

革命路線上來的幹部和群眾，也敢於揪出和打擊一小撮混進革命「三結合」中的烏蘭夫反革命殘餘勢力。

《決聯站》堅決誓死保衛偉大領袖毛主席，堅決誓死捍衛毛主席的絕對權威和毛主席革命路線的絕對權威，並堅決執行和誓死捍衛「十六條」，並堅決捍衛新生的紅色政權──內蒙革命委員會，讓新生的紅色政權永遠鮮紅！

《決聯站》堅決和內蒙的決心把無產階級文化大革命進行到底的革命派團結在一起，戰鬥在一起，勝利在一起，把內蒙的無產階級文化大革命進行到底，讓內蒙古成為紅形形的毛澤東思想的大學校。

馬克思和恩格斯早在一百多年以前就說：「共產主義革命就是同過去遺傳下來的所有制關係實行最徹底的決裂，所以毫不奇怪，它在自己的發展進程中要同過去遺傳下來的種種觀念實行最徹底的決裂。」

今天，我們緊緊跟著偉大領袖毛主席起來造資本主義、修正主義的反了，我們就要一反到底，這個反我們造定了！我們要把資本主義、修正主義，以及一切剝削階級的意識形態、習慣勢力，殺個人仰馬翻、血肉紛飛，把毛澤東思想的紅旗插遍全世界。

我們知道，我們在前進的途中會有許多狂風暴雨、險山惡水，我們會受到敵人的許多惡毒的咒罵和攻擊。但是，我們堅信毛主席的革命路線必將勝利！

我們毫不隱瞞自己的意圖和觀點，我們堅信只有把無產階級文化大革命進行到底，才能縮短我們向共產主義前進的路程，才能解放全世界，解放全人類，讓中國赫魯曉夫劉少奇和內蒙古當代王爺烏蘭夫以及全世界的反動派在我們面前發抖吧！

全內蒙的決心把無產階級文化大革命進行到底的革命派聯合起來！把內蒙的無產階級文化大革命進行到底！

偉大的無產階級文化大革命萬歲！

偉大的戰無不勝的毛澤東思想萬歲！

偉大的領袖毛主席萬歲！萬歲！萬萬歲！

工人東方紅

1969年7月20日

3.鞏固紅色政權（1967.12.15）

內蒙古自治區革命委員會的成立，標誌著我區無產階級文化大革命進入了一個新的階段。中國赫魯曉夫及其在內蒙的代理人「當代王爺」烏蘭夫垮臺了，以毛主席為首的無產階級司令部，在內蒙古地區取得了絕對的勝利。當前自治區革命形勢和全國一樣「**形勢大好，不是小好。整個形勢比以往任何時候都好。**」

在國內外一派大好形勢下，內蒙古自治區的無產階級文化大革命正向縱深發展。階級鬥爭進入了更進一步挖掘修正主義社會基礎的短兵相接的階段。鬥爭的焦點仍然集中在一個「權」字上。這就是說，階級敵人並不甘心他們的失敗，「**他們還要做最後的掙扎**」，烏蘭夫的死黨殘餘分子正是這樣幹的。他們有的裝死躺下，等待時機，反撲過去；有的則削尖腦袋，喬裝打扮，鑽進我們新生的紅色政權。大量的事實證明，特古斯就是一個打扮成「左派」伸進我們紅色政權裡的一隻罪惡的黑手。

呼三司革命小將繼續高舉革命「**造反有理**」的大旗，向內蒙古文藝黑線發動了猛烈的衝擊，打破了內蒙古文藝界萬馬齊瘖的局面，再一次為呼和浩特無產階級革命派樹立了榜樣。

續呼三司革命小將衝破內蒙古文藝黑線的缺口之後，呼和浩特決心把無產階級文化大革命進行到底的無產階級革命派，「敢」字當頭，把烏蘭夫的死黨、內蒙古宣教口的活閻王特古斯揪出來了。他們為無產階級文化大革命立下了新的功勞。

揪出反革命修正主義分子、民族分裂主義分子特古斯，這是對烏蘭夫反黨集團的一個最沉重的打擊，是對烏蘭夫死黨殘餘分子的當頭一棒。這一革命行動好得很！它大長了無產階級革命派的志氣，大滅了階級敵人的威風。揪出特古斯不僅絲毫無損於內蒙古自治區革命委員會的正確領導，而且對於鞏固紅色政權，加強無產階級專政，有著十分重要的意義。

呼市廣大無產階級革命派揪出特古斯的事實再一次雄辯的證明，毛主席關於「**形勢大好的重要標誌，是人民群眾充分發動起來了。從來的群眾運動都沒**

有像這次發動的這麼廣泛，這麼深入。」是顛撲不滅的偉大真理。揪出特古斯正是「**人民群眾充分發動起來了**」的結果。不管階級敵人那麼狡猾，偽裝的那麼好，都是逃不脫毛澤東思想的陽光，都是逃不脫用毛澤東思想武裝起來的革命群眾的。

　　但是必須看到，在我們無產階級革命派內部，還有那麼一些人，他們面對著內蒙古文藝界文化大革命的風暴很不理想，領導不得力。他們按兵不動，踟躕不前，生怕沾邊，說什麼「文藝界這行離我們遠，隔行如隔山，還是不介入的好。」我們必須對這些同志大喝一聲：「**所謂不介入是假的，早已介入了。**」我們工人階級是無產階級文化大革命的主力軍，我們一定而且必須介入，關鍵是介入那一方的問題。在嚴峻的階級鬥爭面前，冷漠相待，袖手旁觀是不行的！擺在這些同志面前的嚴峻任務是：是把無產階級文化大革命進行到底，還是半途而廢？！

　　階級鬥爭的規律告訴我們，歷史進程的每一個重要關頭，各個階級，各個階層的任務都要登臺表演。革命的階級是這樣，反革命的階級也是這樣。當前，在呼市地區，就有一些別有用心的傢伙，乘無產階級革命派揪鬥特古斯之機，到處散佈流言蜚語，煽動民族情緒，挑撥造反派組織之間的關係，製造混亂。一些以極「左」面貌出現的人物，也乘機跳了出來，他們大喊大叫，揚言要混戰一場，極力轉移和干擾鬥爭的大方向。

　　革命每前進一步，階級敵人總是要從「左」的或右的方面來動搖無產階級司令部。但是，他們總是「**搬起石頭打自己的腳**」，他們是註定要失敗的。階級鬥爭的規律是不以人們的意志為轉移的，革命的洪流是誰也阻擋不住的。讓我們精神抖擻地投入這場戰爭吧！

　　打倒特古斯！

　　把無產階級文化大革命進行到底！

　　加強無產階級專政！

　　鞏固紅色政權！

《工人風雷》呼和浩特工代會主辦第七期

本報編輯部

1967年12月15日

4.反革命修正主義分子民族分裂主義分子特古斯的罪行（1967.12.15）

　　特古斯是鑽進我黨、隱藏二十年之久的反革命修正主義、民族主義分裂主義分子，是烏蘭夫，哈豐阿的死黨。

　　特古斯出生於大地主、大官僚、大貴族家庭。其父李青龍，是哲盟科右中旗一帶有名的惡霸地主。日寇侵入東北後，經日寇忠實走狗，偽滿興安總省參事官、賣國蒙奸哈豐阿的保薦，李青龍當上了偽滿科右中旗旗長。（「青龍」就是蒙古的皇帝的意思）。

　　李青龍在其主子日本鬼子和哈豐阿的蓼養下，一直狗仗人勢，殘酷剝削和蒙漢勞動人民。

　　特古斯的叔叔就是罪惡累累的李天霸，是大惡霸地主，偽滿時候的警察署長，日寇投降後當了土匪頭子，是哈豐阿父親北霸天（也叫西霸天）手下的一員大幹將。

　　由於特古斯一家罪惡滔天，科右中旗貧下中農，蒙漢各族人民對他們恨之入骨。殺人不眨眼的李天霸，被廣大貧下中農抓到後，是用錐子刺死的。由於特古斯的直接包庇，李青龍避開了土改鬥爭，一直逍遙法外。特古斯把這個歷史反革命接到呼市和北京，明目仗膽地安插在參事官、工業廳、歷史研究所、中央民族學院附中等單位工作了多年。一九六〇年夏天，精簡人員時人事局按退職處理了李青龍，特古斯對此表示反對，他為了不讓革命群眾在政治上按地主、官僚對待他的狗老子，為了長期為他狗老子領取退休金，享受退休國家幹部待遇，經過私下活動，由哈豐阿批准，人事局不得不改做退休處理。特古斯的這個狗老子一直住在師範學院，對貧下中農欠下的血債一直沒有還，貧下中農的血淚帳一直沒有和他算。

　　特古斯就是生長在這樣一個罪惡累累的黑家庭裡。日本鬼子和哈豐阿叛國集團不斷高抬他狗老子李青龍，而且也特別賞識他，為了培養他們的親信爪牙，第二代，1942年，特意選送特古斯到偽滿建國大學「深造」。偽滿建國大學，是日本帝國主義專門培養法西斯黨徒的最高學府，校長就是賣國漢奸、戰

爭罪犯、偽滿國務院總理張景慧。

　　特古斯也的確不辜負他的主子——日本帝國主義和哈豐阿叛國集團的培養深造，早在就學時期，就組織了一個所謂的「興蒙黨」。這時候在內蒙西部地區也有了「成吉思汗」出現，他們都是高唱「成吉思汗的子孫團結起來，復興蒙古，統一蒙古」，和哈豐阿，烏蘭夫的內外蒙合拼，復興蒙古，統一蒙古獨立，都是一路反動貨色！

　　日寇投降後，特古斯又夥同哈豐阿等人「根據蒙古人民革命黨應地下化」的黑指示，組織了所謂的「新人民革命黨」，公開打出「內外蒙合併」的旗號，把他學到的一套賣國伎倆，繼續發揮在把我們偉大祖國出賣給蒙修的罪惡勾當上。特古斯任這個反革命集團的中央執行常務青年部長兼青年團總書記、報社社長等職務，是這個所謂的「新人民革命黨」反革命集團的核心人物。

　　一九四六年初，哈豐阿叛國集團打著「人民革命黨」的幌子，第二次去蒙修，根據蒙修黑指示，回國後便和特古斯，額爾敦陶克陶，木倫等共同策劃，積極組織並親自參加所謂的「內外蒙合併簽名運動」，他們為了盡快達到內外蒙合併的興論和聲勢，竟不惜採取極端卑鄙的手段，叫一個人簽好幾個人的名字，虛報人數，向他們的蒙修主子討好。簽名運動失敗後，特古斯背叛祖國，畏罪潛逃蒙修，逃到海拉爾，沒有得逞。

　　當時，「新內蒙人民革命黨」這個反革命集團還搞出了個黨綱黨章，特古斯就是起草人之一。特古斯在用蒙文起草後，還翻譯成了漢文。在這個黑綱領裡，公開宣揚「內外蒙合併」，明目張膽地抵制偉大的中國共產黨和英明的領袖毛主席的領導，公開鼓吹直接接受蒙修人民革命黨的領導。當時哈豐阿、特古斯之流到處胡說什麼「內蒙沒有工人階級，所以不能成立共產黨，更不能接受中國共產黨的領導。」對我們偉大的領袖毛主席、偉大的中國共產黨恨如骨髓，對蒙修卻親得五體投地。當時特古斯還寫了個內蒙人民革命黨青年團團歌的歌詞，公開鼓吹民族分裂、內外蒙合併。

　　一九四六年初，特古斯夥同哈豐阿，特木爾巴根等，在「人民革命黨」黨綱指導下，一方面瘋狂地搞所謂「內外蒙合併」簽名運動，一方面又迫不及待地在烏蘭浩特成立了「東蒙政府」，為所謂「內外蒙合併」、「實現蒙古統一」邁出第一步。他們當時還通電人民公敵蔣介石，還派瑪尼巴達拉、桑傑扎

布、阿成嘎等七人代表團去重慶、向蔣介石請願，要求承認東蒙黑政府。（瑪尼巴達拉是國民黨特務，已被處理。阿成嘎是木倫的叔叔，前幾年，因為搞民族分裂被捕，現在在公安廳扣押。）

一九四六年四月三日在承德召開所謂「四・三」會議，烏蘭夫派黑幫分子克力更去烏蘭浩特，把哈豐阿、特木爾巴根、特古斯等請來。由於他們民族分裂的目標一致，馬上達成了搞所謂「內蒙古自治運動」的協議，實際上是搞了自由聯邦運動。

一九四七年初，烏蘭夫黑幫逃避國內戰爭，從張家口跑到烏蘭浩特避難。特古斯夥同哈豐阿肉麻地巴結烏蘭夫，像迎接皇帝一樣迎接了烏蘭夫。過去，迎接皇帝放皇靈禮砲，當時，烏蘭浩特沒有這些玩藝兒，就放真砲實彈，結果把貧下中農的牛馬炸死了不少。當時，特古斯同哈豐阿之流，合謀炮製出「雲澤萬歲」、「哈豐阿萬歲」、「雲澤是太陽」、「雲澤是救星」、「雲澤是旗幟」等反動標語口號。大造反動輿論，瘋狂反對內蒙人民喊「毛主席萬歲」。烏蘭夫看到這種情形，非常高興，馬上和特古斯哈豐阿之流同流合污，親如一家。他們在內蒙自治政府成立時，又共同拋出「實現自治，爭取自覺」的反動口號。

烏蘭夫黑幫與哈豐阿叛國集團合夥以後，把人民革命黨徒和蒙修特務幾乎全部拉進中國共產黨內，安插在黨、政、軍、文化教育各個主要領導崗位上，包庇重用。內蒙自治政府成立時，烏蘭夫竟把哈豐阿這樣一個身兼日本和蒙修兩國特務的老反革命、老賣國賊抬出來當副主席，政府裡大部分都是人民革命黨徒，真正的中國共產黨的代表寥寥無幾。哈豐阿當人民政府副主席、參加中國共產黨並當上自治區黨委委員，這是世界奇聞，入黨候補期據說是三個月，這更是世界奇聞！特古斯雖被烏蘭夫黑幫拉入黨內，但卻不承認中國是自己的祖國。有一天特古斯在烏蘭浩特街上，後面忽然後人問他：「你的祖國在哪兒？」特古斯好半天答不出來，後來，他感到入了共產黨，答覆外蒙是祖國不好開口，於是才吞吞吐吐地答覆出「中國」兩個字。

在烏蘭夫黑幫的的包庇重用下，特古斯成立了一個青雲直上的人物。二十年來，先後任過內蒙古黨校副教育長、東部區黨委委員、內蒙黨委宣傳部祕書長、哲盟盟委書記兼盟長、內盟黨委宣傳部副部長、內蒙黨委委員、八大代

表等要職。多年來，尤其是赫魯曉夫，澤登巴爾上臺以來特古斯披著共產黨外衣，利用內蒙黨委委員宣傳部副部長職權之便，操縱報刊廣播、出版教育、蒙文蒙語等，公開鼓吹「內外蒙合併」，公開喊出「英明的領袖澤登巴爾萬歲」「內外蒙首都烏蘭巴托」等反動口號。另一方面還暗地包庇和縱容了很多叛國逃蒙案件和民族分裂主義分子。現將特古斯在這方面怎樣適應了蒙修文化侵略的一系列罪行揭露如下：

語文工作方面

內蒙語委在特古斯、額爾敦陶克陶，郭文通等民族分裂主義分子把持下，多年來，已經成了烏蘭夫、哈豐阿、特古斯之流進行反黨叛國活動的輿論黑店和蒙修烏蘭巴托的分所。這個黑店的老闆就是語委黨組書記特古斯。

1957年7月，特古斯在烏蘭夫旨意下，派蒙修特務、人民革命黨組織部長額爾敦陶格陶為首的幾個民族分裂主義分子，出國去蒙修，打著內外蒙語言文字統一的幌子，公開進行進行叛國活動。兩個月期間，為了裝潢門面，只開了九天的會，其餘期間都是私下黑活動。蒙修部長會議第一副主席曾德，接見額爾敦陶克陶時曾問：「我們內外蒙何時才能合併呀？」額爾敦陶克陶等毫不猶豫的說：「現在咱們不是正在搞文化上的統一嗎？」額爾敦陶克陶等在出國前和回國後，都私下受到烏蘭夫的接見，並給烏蘭夫單獨彙報，每次接見和彙報時，都由特古斯陪同。在出國前的單獨接見中，特古斯夥同烏蘭夫，確定了一個民族投降主義原則；如果在內外蒙名詞術語統一問題上雙方發生矛盾時要服從外蒙。在回國後的單獨彙報中，說道內外蒙合併時，烏蘭夫很感興趣地反問：「從哪邊合併呀？」總之，他們在出國期間，背著我國大使館進行了一系列私下叛國活動，回國後又背著黨中央毛主席，把內外蒙合併的真實情況，私下向烏蘭夫、哈豐阿、特古斯彙報。有確鑿的物證表明：額爾敦陶克陶出國前，特古斯還親自做過三點黑指示，其中一條就是商談內外蒙合併問題。

在他們出國前的一個月，特古斯、額爾敦陶克陶等曾回信給蒙修的高等教育委員會，表示同意成立內外蒙名詞術語統一委員會邦43人委員會。蒙修方面參加17人，內蒙23人，主任和副主任委員3人。他們為了私下搞內外蒙合併，

不經請示黨中央毛主席同意就成立了這個黑組織。

特古斯一夥把持著語委，瘋狂地推行蒙修的斯拉夫文字，妄圖先從語言文字上統一，進而達到內外蒙合併的目的。1957年9月，周總理在青島做了有關語言文字工作的重要指示，可是，特古斯之流對總理指示卻陽奉陰違，拒不執行，雖然不敢再推行斯拉夫文字了，但在借詞問題上仍繼續大做文章。當時中央發下文件，提出「吸收漢語借詞是少數民族語文發展的必要趨勢」，可是特古斯之流不但不執行，反而指示額爾敦陶克陶等，公開抵制篡改中央精神，拋出了一個所謂「四類地區文件」的黑綱領與中央對抗，為烏蘭夫鼓吹的「大學蒙語蒙文」提供了理論依據。他們為了妄圖在語言、文字、名詞術語上與蒙修「三統一」，頑固地排斥漢語借詞，瘋狂地叫囂「一挖，二創，三借」，主張蒙語缺少的詞彙，寧可挖出蒙古族古代語言，也不借用漢語；寧可創造新的蒙語詞彙，也不借用漢語；借用也不借用漢語，而是借用俄語或蒙修的詞彙。請看！他們在分裂偉大祖國，反對先進的漢族老大哥方面，喪心病狂到了何等地步！

特古斯把持下的內蒙語委，還把我們偉大祖國珍藏的稀有國寶和珍貴資料，大批的奉送給蒙修，並搜集蒙修的資料，彙編《漢蒙簡略詞典》。額爾敦陶克陶洋洋得意地說，這個詞典在與蒙修名詞術語統一上打下了良好的的基礎。特古斯和額爾敦陶克陶把這個黑詞典送到蒙修手裡，受到蒙修極大喝彩。

特古斯把持的內蒙語委，還搞了個出口刊物《蒙古語文》，在這個刊物上他們明目張膽地稱呼蒙修為「我國」，狂妄地宣傳「南至長城，北至貝加爾湖，東至黑龍江，西至青海高原」，「蒙古必須統一力量」。在這個刊物上，還大放「蒙古一貫獨立論」和「滿蒙非中國論」等大毒草出籠。在連載的《初子國文》第一冊第四十一課裡，大力煽動蒙族人民往蒙修跑，並把內外蒙作家不區分國際，統稱為「我們的」。如把蒙修的達・納楚克道爾吉、策・達木丁蘇榮、達・僧格、博・仁親同我國內蒙古自治區的納・賽音超克圖、巴・布林貝赫並列起來，統稱「我們的」。這個刊物還把反漢的土匪，叛國投敵分子陶克陶歌頌成「起義領袖」、「民族英雄」、胡說什麼陶格陶代表了蒙古族人民的利益和希望。這個刊物還極力吹捧蒙修特務納・賽音超克圖，肉麻的讚美他的民族分裂主義內容的作品，對他寫的歌頌日本帝國主義侵略中國的《富士

山》大加讚揚，把他鼓吹內外蒙合併的《烏蘭巴托頌》也捧到天上。此外，對民族分裂主義分子其木德道爾吉的《西拉木倫河的浪濤》、葛熱樂朝克圖的《路》，以及瑪拉沁夫的大毒草《茫茫的草原》等都大加宣揚和吹捧。還是這個刊物，1959年刊載過義都合希格，黃方敬合寫的《論中國舊民主主義革命時期蒙古人民反帝反封建運動》一文，文中公開煽動反漢排漢說：「在熱河人民的起義中，漢人殺了蒙古人。漢人是國內統治民族之一，因此，反帝反封建的階級鬥爭的實質，總是以反對漢人的民族鬥爭的形式表現出來。」明目張膽的和毛主席的「**民族鬥爭，說到底，是一個階級鬥爭問題。**」英明論斷唱反調，公開宣揚烏蘭夫的「階級鬥爭的實質是民族鬥爭」的反革命理論。

出版工作方面

特古斯除自己直接把持外，並派蒙修特務、人民革命黨骨幹索德那木擔任出版社社長。在他的親自指揮下，多年來出版了大量的蒙修書刊和逃亡國外的叛國分子的作品，索德那木還親筆給寫序言。使出版社實際上變成了烏蘭巴托分社。

出版的教科書，一直到1963年為止，每年原封不動地搬來蒙修教材。剛上學的蒙古族兒童，翻開第一頁就念道：「我們的首都烏蘭巴托」。蒙古族青少年由於中毒很深，有的參加叛國逃蒙案件，有的給蒙修報刊投稿，歌頌蒙修為「祖國」、「澤登巴爾是救星」。科右中旗就有一個十二歲的小孩給蒙修《青年真理報》寫過一首類似內容的詩，受到蒙修頭目桑布的讚揚，說這首詩說出了內蒙同胞的心裡話。

出版社出的蒙修毒草《人民英雄馬克賽爾扎布傳略》一書裡竟說：「兄弟的內蒙人民，在漢人的殖民統治下解放出來，和血肉相連的外蒙合併成立統一的國家。」在出版社的其他書中還出現了「我們的領袖喬巴山」、「我們的首都烏蘭巴托」、「中國首都在南京」、「拉薩是西藏首都」、「維吾爾國」、「西藏國」等等分裂祖國的謬論。甚至到1959年國慶十周年的時候，還出版老牌蒙修特務納·賽音超克圖的大毒草《烏蘭巴托》，公開鼓吹內外蒙合併。在特古斯賞識下，這首詩竟被放到國慶獻禮詩集的頭條，並得了一等獎。

1959年特古斯親自參加編寫和公開出版的《內蒙古自治區概況》這棵毒草，大力宣揚封建反動文人尹湛納希的《青史演義》和《一層樓》等黑貨。以後不久，特古斯指示並審批出版社出版了這兩個黑貨，公開為烏蘭夫的資本主義復辟和民族分裂製造輿論。

今年來，經過特古斯批准，還公開出版了《嘎達梅林的事跡》和《陶格陶傳略》、《蒙古秘史》等黑貨。《嘎達梅林的事跡》裡，借嘎達梅林之口，瘋狂叫嚷「黑龍江、瀋陽、內蒙、熱河、綏遠等地不是中國領土。」重彈日本帝國之類早已彈過的「滿蒙非中國論」的爛調，為他們分裂祖國，內外蒙合併製造反革命輿論。

1963年特古斯親自抓了圖書質量檢查以後，出版社拋出的黑貨就更多了。如蘇修的《文藝學引論》以及《泣紅亭》、《路》、《漢哈冉慧傳》、《海瑞報恩》、《魯濱遜漂流記》、《阿凡提的故事》、《蒙古源流》、《智勇的王子喜熱圖》、《沙格德爾的故事》、《碧野春風》、《遠域新天》、《紅色的瀑布》等等名牌黑貨，都一古腦兒拋出來。

報刊方面

內蒙日報蒙文版在特古斯把持下，多年來一直為內外蒙合併製造輿論。特古斯選派蒙修特務瑪尼扎布擔任蒙編主任。在特古斯的「蒙文報要辦出自己的特色」的黑指示下，多年來，原封不動地轉載蒙修《真理報》的文章，作品和社論，大量登載區內民族分裂主義分子和蒙修特務的大毒草。僅以1959年到1962年統計，民族分裂和反黨反社會主義反毛澤東思想的大毒草就發表了近百篇。如在1961年12月發表的一篇文章中，竟野心勃勃地宣傳歷史上蒙古大帝國的版圖，說東至太平洋岸，西至天山山脈，南至萬里長城，北至西伯利亞大草原，中心是色楞格河（也就是烏蘭巴托）。這種宣傳的目的，就在於陰謀分裂祖國，企圖擴張地盤。

特古斯多次強調，在蒙文報上要報導蒙修的建設情況，而不宣傳中國對蒙古的援助。1961年，當蒙修建黨四十周年時，也正值我們中國共產黨成立四十周年。那一時期，特古斯直接看報紙大樣，為蒙修出版了八個整版的專頁，五

十三篇稿子，大張旗鼓的宣傳蒙修的三大自由，而對中國共產黨成立四十周年只刊登了十六條消息，尤其不能容忍的是特古斯看大樣時，把中國援助給蒙修的一段文字給抹掉了。

1962年蒙修頭子澤登巴爾來中國劃中蒙邊界時，蒙文報上竟歌頌澤登巴爾說：「英明領袖澤登巴爾萬歲！」更令人不能容忍的是把毛主席的照片放在一版的最下欄，只有兩寸大，上邊卻放了一個八寸大的一個大白肥豬照片。

特古斯把持的內蒙古日報，還經常宣揚所謂成吉思汗的事跡。1962年成吉思汗誕生八百周年紀念時，內蒙日報發表了《成吉思汗生年考》和《成吉思汗編年大事記》。1963年，哈豐阿在《內蒙的新春天》一詩中說：「祖先成吉思汗的陵墓，是民族英雄尊嚴的紀念碑。」1962年的民族分裂主義分子敖德斯爾的散文《額濟淖爾》（也就是母親湖）中說：「成吉思汗嘴裡的糖塊掉下的地方，一夜之內就出現了一個鏡子般的明池，從此錫林草原的牧民們稱額濟淖爾的食鹽是成吉思汗所思恩賜的祭食。」

特古斯把持的內蒙日報，大力挑撥民族關係，製造民族分裂，公開宣揚「漢人侵佔了蒙古人的土地，使我們遭受困難」，「因為語言不通，軍隊可以單獨成隊」，公社可以「分別建設」。更惡毒宣傳「蒙漢人民情緣薄，為了一塊草場，一角荒地，一棵大樹，一口枯井，拼得你死我傷頭破血流」，蒙漢人民是「死對頭，活冤家」。

特古斯把持的內蒙日報，還利用區內民族分裂主義分子和蒙修特務，大量製造內外蒙合併的黑輿論。1957年，蒙修特務瑪尼扎布在《會見學者波·仁親》一文中，對蒙修表現出了一種最可鄙的奴才相，說：「我們一見如故，我親切而恭敬的說了一聲『仁親先生』。我們像同自己的老人一樣和波·仁親閒談，學者波·仁親像教訓自己的子弟一樣，這是多麼溫暖親切呀！」等等，他還在文章中把漢語當成外文，明目張膽地鼓吹民族分裂。瑪尼扎布在同一年發表的另一篇叫《舞蹈教室杜拉嘎爾蘇榮》一文中，竟卑賤到稱呼一個年青的蒙修女舞蹈教師「老人」、「母親」，並大喊大叫所謂「哈拉哈（也就是蒙修）內蒙的共同事業萬歲。」醉翁之意不在酒，他所以稱呼年青蒙修的女人為「老人」、「母親」，並不是稱呼這個女人的本人，而是稱呼蒙修為「母親」。還是這個瑪尼扎布，還是同一年，寫了一首《致烏蘭巴托》詩，詩中說：「烏蘭

巴托，烏蘭巴托這溫暖而親切的名字，你使血肉相連的親戚們高興。」明目張膽地鼓吹內外蒙合併。1961年巴傑在《中蒙友誼頌》裡竟喊出了「英明的領袖澤登巴爾萬歲！」，《兩匹駿馬》一文，更是鼓勵外逃蒙修，讚揚民族分裂主義分子的所謂「反抗精神」的大毒草。

特古斯把持的內蒙日報，還放出了大量的反黨反社會主義反毛澤東思想的毒箭，如特古斯直接指示連載《沙格維爾的故事》這株大毒草，說沙格維爾是內蒙的劉三姐，指示內蒙日報大登特登。在特古斯的這種黑指示下，內蒙日報在等載這株大毒草時，還給外加了編者按語。可見這支毒箭的射出，是經過特古斯一夥精心策劃的。沙格維爾的故事四十五篇，篇篇矛頭指向我們黨、我們的毛主席和社會主義，有力地配合了一九六二年蔣介石叫喊反攻大陸和帝修反的反華大合唱。特古斯為什麼選1962年這個時機，替《沙格維爾的故事》等大毒草的出籠大開綠燈呢？主要目的就是要達到借沙格維爾的口，大罵特罵共產黨、毛主席和社會主義。如其中一篇《丑年》裡寫道：「歲逢丑年災難多，兵荒馬亂起干戈，離奇怪事處處遇，牛跳神來鬼唱歌。黑軍來了民塗炭，黃軍來後家室空，君主專制雖改換，百姓仍處苦海中。日月無光天地昏，黑白渾濁分不清，四野蕭疏人煙少，百姓苦難比海深。」請看！對我們黨和社會主義罵的多麼狠毒！也是在1962年，報上還出現：「如今的世道啊，有話沒有地方訴說，有理沒有地方伸張，淒慘的生活目不忍睹，屈死的冤魂到處遊蕩。」請看！這又是多麼兇狠的詞句啊！

特古斯把持的內蒙日報，在惡毒攻擊我們黨、我們的毛主席和社會主義的同時，還肉麻的吹捧赫魯曉夫說：「全世界聆聽赫老的話，赫老的話斬釘截鐵，赫老的話傳天下，天下的人說這赫老的話，全世界聆聽赫老的話，赫老的話針針見血。」這說明特古斯之流早把赫魯曉夫的話捧為「聖旨」了。除吹捧外，還大量販賣了赫魯曉夫修正主義集團的三和一少等反革命黑貨。

特古斯把蒙修特務納‧賽音超克圖派到《花的原野》當主編以後，這個刊物變成了反黨反社會主義反毛澤東思想，大搞內外蒙合併的反革命輿論的陣地。1957年瑪尼扎布寫的《父親的恩愛》一文把我們偉大祖國描繪成漆黑一團，惡毒攻擊毛主席領導的偉大的社會主義國家「燈油點完了，燈蕊怎麼撥也不亮了。」還是這個瑪尼扎布，在1958年發表《根波勒爾知道》一文，惡毒地

攻擊我們偉大的中國人民解放軍的家屬。特古斯親自指示民族分裂主義分子敖德斯爾和其木德道爾吉炮製出的大毒草《達那巴拉》，是為哈豐阿叛國集團出賣東北的自治軍樹碑立傳，給他主子哈豐阿塗脂抹粉的歌劇。這個劇本也登在《花的原野》上了，至於宣揚蒙修的作家的毒草刊登的就更多了。更嚴重的是，歪曲和篡改毛主席的詩詞，發表《嘎達梅林》、《格斯爾可漢》、《歌聲》、《喜拉木倫河的浪濤》、《雪中之花》等大毒草，公開鼓吹民族分裂和階級調和。

除此之外，特古斯多年來做了很多報告，寫了很多文章，給烏蘭夫起草過許多文件。這些東西大多數都是毒草，流毒非常深非常廣。據我們初步掌握的材料，這些毒草大致有三個方面的流毒：1.瘋狂反對毛澤東思想。如特古斯在1963年教育出版社的報告中說：「我們的出版和一般的出版不同，是教育後一代的，政治上要絕對保險，但不是把毛選全搬出來。」請看特古斯多麼仇恨我們心中最紅最紅的紅太陽，多麼仇恨我們心愛的寶書毛主席著作！2.公開鼓吹民族分裂，讚揚蒙修。如在1963年報告中說：「我們內蒙的馬列主義水平並不比別的國家低。」拋開偉大的祖國——中華人民共和國，而把內蒙和別的國家平列，相提並論。又說：「蒙古革命勝利早，我們同蒙古是一個民族，向他們學習是好的，沒有問題的，許多知識分子嚮往蒙古是好的，是革命的，認為蒙古的水平高是不足奇怪的。」大捧特捧蒙修，並公開美化叛國逃蒙分子的罪行是好的，是革命的，公開鼓吹內外蒙合併。3.大力鼓吹階級調和，以民族感情來代替階級鬥爭。如1963年，在內蒙醫學院做民族政策報告中說：「各民族有自己的共同語言和生活習慣，有自己的民族感情，如歌唱家歌唱蒙古民間歌曲，王爺和牧主喜歡聽，窮苦牧民也喜歡聽，這就是民族感情。」

特古斯在歷次重大政治運動中，都扮演了反黨反社會主義反毛澤東思想的可恥角色，如1957年特古斯是煽動民族右派向黨進攻的罪魁禍首。當時，特古斯提出內蒙人口的七比一與主體民族有矛盾，並說蒙古族「主而不主」，體現不了當家做主的權利，還說「漢人欺負蒙古人」等等，拿這些話來煽動右派分子向黨進攻。當時，有些右派的反黨發言稿就是經過特古斯親自審查的。

在四清運動中，烏蘭夫在土旗放了一個張如崗，牧區放了一個特古斯，烏蘭夫指示特古斯「踏出一條路來」。特古斯為了效忠他的主子烏蘭夫，公開和

毛主席制定的二十三條唱對臺戲，親自草擬了一個二十一條，拼命保護牧主，民族上層，宗數上層，積極貫徹了烏蘭夫的反革命「三基論」。在特古斯遵點的××旗，特古斯大吹特吹搞得最好的地方，最近，旗委第一書記帶上老婆，坐上吉普，逃往蒙修。看看，烏蘭夫，特古斯之流搞好四清的標準就是民族分裂，叛國投敵。

在這次文化大革命中，特古斯積極推行資產階級反動路線，鎮壓宣教口革命造反派。由於烏蘭夫的代理人王逸倫、王鐸之流的包庇，特古斯逃避了群眾鬥爭。在反革命逆流中，他又站在二王一邊，後來看到形勢不妙，要了一個造反把戲，鑽進了革命造反派隊伍。為了控制住宣教口革命造反派，蓋子不要揭到他頭上，他積極上竄下跳，四處活動，中央八條下達後他利用職權對持有不同觀點的革命群眾組織拉一派，打一派自己則坐在「革命領導幹部」的寶座上，坐山觀虎鬥，致使文藝界和宣教口好多單位的文化大革命搞得冷冷清清，階級鬥爭蓋子遲遲不能揭開。最近，他又藉口解放幹部，企圖把烏蘭夫的黑幫黑線、哈豐阿的人民革命黨黨徒、蒙修特務等等都要解放出來，並以「鬥私」為幌子，繼續挑動群眾，使好多單位放棄了「批修」，放棄了對黑幫黑線和民族分裂主義分子的狠批狠鬥，使宣教口的文化大革命半途而廢。

總之，特古斯是陶鑄式的反革命的兩面派人物，是一個大叛國分子，是埋在革命隊伍裡的一顆定時炸彈，我們一定要把他徹底鬥倒、鬥臭、鬥垮。

打倒反革命修正主義分子民族分裂主義分子特古斯！

（此文發表時本報略有增刪）

《工人風雷》呼和浩特工代會主辦第七期
呼和浩特市革命造反派傳揪黑手聯絡站
內蒙古揪叛聯絡站
1967年12月15日

5.內蒙古人民革命黨的醜史（1967.12.15）

　　「內蒙古人民革命黨」（簡稱「內人黨」）的前身是「內蒙古國民黨」。「內蒙古國民黨」於1925年十月在張家口成立，領導人是白雲梯、郭道甫。這個黨是一個由封建地主、牧主、王公、貴族所拼湊成的反革命大雜燴。黨魁白雲梯是忠實追隨蔣介石堅決與人民為敵的國民黨死黨分子，一九二七年蔣介石發動反革命政變，白雲梯得到蔣介石的青睞，當上了國民黨的中央委員。同年，內蒙古國民黨在烏蘭巴托召開第二次會議，改名為「內蒙古人民革命黨」（認為內蒙古沒有工人階級，所以不需要共產黨；同時為了與「蒙古人民革命黨」取得一致，以利於合併，故改名為「內蒙古人民革命黨」）。總部設在烏蘭巴托。這個黨成員極其複雜，由於某種原因，於一九三六年解散。

　　與此同時，一九二九年朋斯克、特木爾巴根受第三國際派遣至東蒙工作，朋等回國後即自行脫黨，並於一九三二年初在日本操縱的「內蒙古自治軍」中發展了哈豐阿等人為「內人黨」員。在日本統治時期，哈、朋、特等都是日寇的忠實奴才和特務，出賣祖國，出賣民族，作盡壞事，喪盡廉恥。

　　一九四五年「八‧一五」後，哈豐阿糾集蒙奸、日特、王公貴族，公開扯起了「內人黨」的黑旗。他們用聘請黨員，追贈黨令，捏造黨史等惡劣手法拼湊班子。八月底，在王爺廟（即今烏蘭浩特）召開首次黨員大會（共二十七人，實到二十三人），選舉了寶音滿都、特木爾巴根、薩噶勒扎佈、哈豐阿等十三人為執行委員（又候補委員五人），哈豐阿為祕書長。這個黨的主要頭目哈豐阿、朋斯克、特木爾巴根、特古斯、額爾敦陶格陶等等，不是蒙奸、日特、蘇蒙修情報員，就是反動的民族上層、王公、牧主、地主、土匪頭子。真是牛鬼蛇神，烏龜王八，應有盡有。

　　一九四五年九、十月間，「內人黨」的主要活動是搞內、外蒙合併簽名運動。這年底，哈豐阿率代表團潛伏蒙古進行賣國活動。

　　一九四六年二月，哈豐阿由蒙古返國，宣佈解散「內人黨」，並著手組織祕密的新人民革命黨。二月二十五日，這批老蒙奸敵特粉墨登場，組成東蒙人民自治政府，選舉寶音滿都為政府主席，哈豐阿為祕書長。

　　一九四六年四月三日召開承德會議，決定成立「內蒙古自治區運動統一聯合會」，撤銷了東蒙自治政府，成立興安省。

　　一九四七年初，哈豐阿在此潛入蒙古，進行陰謀活動，接著哈豐阿重新籌組「內人黨」。

　　無數的事實說明，「內人黨」實際上是蒙古人民革命黨在我國的一個分部。它的唯一宗旨和全部活動就是反對中國共產黨的領導，陰謀把內蒙古從統一的祖國大家庭中分裂出去，搞內外蒙合併。他們同國民黨勾勾搭搭，無恥地頌揚人民公敵蔣介石，公開聲明「內人黨」和國民黨是「分工合作，殊途同歸」。

　　他們中的一些主要頭目，過去是日本的特務；日本垮了，又當上了蒙修的情報員，勾結蒙修特務，竊取我黨、政、軍各方面的情報。

　　過去所謂內蒙的兩條路線鬥爭，在上層，在哈豐阿和烏蘭夫之間只不過是大狗和小狗，餓狗和飽狗之間的狗咬狗之爭。實際上，是烏蘭夫違反毛主席的革命路線，繼承了哈豐阿的「內人黨」的衣缽。請看，就是這樣一個蒙奸敗類、地主、王公所組成的「內人黨」，就是這樣一批罪大惡極的無恥黨棍，卻被「當代王爺」烏蘭夫看中。一九四六年「四‧三」會議後，他的多數重要黨徒被烏蘭夫拉入中國共產黨裡。哈豐阿分裂祖國的衣缽由烏蘭夫繼承了過來，披著中國共產黨的外衣，繼續去完成「內人黨」所未完成的「事業」。

　　二十多年來，這些混入黨內而且堅持不改的「內人黨」主要黨徒交相援引，竊取了內蒙古自治區的黨、政、財、文大權。特別是在文化、教育、新聞、出版界，「內人黨」徒更是滿布要津。他們利用職權，實行資產階級專政，為烏蘭夫叛國的反革命陰謀大作輿論準備。

　　事實表明，「內人黨」雖然在一九四六年二月末宣佈解散，但事實上，雖死而不僵，它曾經一而再，再而三進行重建，妄圖東山再起。「內人黨」的陰魂，時至今日不散。它的多數主要黨徒或者繼續隱瞞身分，或者拒不交待罪行，稍有風吹草動，就蠢蠢欲動，以求一逞。當然，過去為非作歹，至今而又堅持不改的只是那些極端反動的「內人黨」頭目，一般被欺騙被利用的普通「黨員」和某些曾經是活動分子而現在已確有改正的人，不可以等同看待。

　　一九五六年七月，由烏蘭夫把持下的內蒙古黨委審幹辦公室曾經給「內人黨」搞過一個結論性的文件——「關於內蒙古人民革命黨的情況」，這個文件

極盡混淆是非，顛倒黑白之能事，把這般蒙奸、日特在所謂「內蒙人民解放宣言」中的無恥吹噓譽之為「反對帝國主義」；把這班泛蒙古主義者分裂祖國、反漢排漢，搞內、外蒙合併的罪惡活動譽之為「反對民族壓迫」；把這班封建王公堅決反對中國共產黨的領導，投機於共產黨與國民黨之間的卑劣行為譽之為「有與共產黨做朋友的思想基礎」。文件甚至極盡奴顏婢膝，說什麼當時「認為蒙古人民共和國是人民革命黨，內蒙古自然是人民革命黨領導」，什麼「九‧三」以後，「內蒙古前途尚未澄清，故有個別蒙古人民共和國的同志表示內蒙古應發展人民革命黨」，什麼「人民革命當時號召是反對帝國主義和大漢族主義，內蒙古自治（有的主張獨立與蒙古人民共和國合併）」等等，盡力為「內人黨」塗脂抹粉，開脫罪責。烏蘭夫包庇「內人黨」招降納叛的滔天罪行，讀起來真是令人髮指。

「內人黨」的罪惡歷史，長期以來被烏蘭夫顛倒了，我們要把被顛倒了的歷史再顛倒過來，徹底根除民族分裂主義、泛蒙古主義的反動影響。目前，我區文化大革命的形勢一派大好，在全區「鬥私，批修」的高潮中，烏蘭夫的代理人、哈豐阿的死黨、「內人黨」黨魁之一、該黨青年部部長、「內人黨」卵翼下的青年聯盟總書記、「內人黨」機關報總編輯、反革命修正主義分子、民族分裂主義分子特古斯被揪出來了。這是毛澤東思想的偉大勝利，這是毛主席革命路線的又一個偉大勝利！

附件一：瘋狂分裂祖國，大搞內、外蒙合併

「內蒙古根據內蒙人民革命黨的指導，從此加入在蘇聯和蒙古人民共和國指導之下，成為蒙古人民共和國的一部分，以期完成解放。在國家組織完成以前，根據人民戰線的原則，臨時組織內蒙古人民解放委員會，迅速恢復地方秩序，以便教育、產業、內政、外交、建設一切都蹈襲蒙古人民共和國的成軌，推行合作的基礎工作。」

——《內蒙古人民解放宣言》1945.8.18

「將來階段：蒙古民族革命與民主革命得到徹底勝利後，革命的任務

是……在蒙古實現社會主義與共產主義的制度而奮鬥，以之編入獨立的蒙古人民共和國，和流共為自由和平富強新興國家的基典。」

——（內）蒙古人民革命黨黨章（草案）

「所作的事情：向人民群眾進行宣傳『合併外蒙』，地方上搜集合併外蒙的志願書。」

——「內人黨」東蒙本部第三次執行委員會記錄（哈豐阿工作總結報告）

「根據八月十八日發佈的內蒙古人民解放宣言，成為人民共和國的一部分而努力。盡力往烏蘭巴托爾派人聯絡……

……我黨從來就受蘇聯及蒙古人民共和國的領導，並內蒙二百萬人民群眾堅決要求合併蒙古人民共和國，我黨也繼續不斷地積極努力著。」

——「內人黨」指示（關於對外關係問題）1945.9.14

「東蒙各旗代表，代表其各個本旗的人民，為要向元帥喬依巴桑呈遞和蒙古人民共和國合併的意願書，都趕到王爺廟來了。」

——致駐索倫外蒙軍隊為取聯繫書1945.10.10

「據民眾的願望及現在形勢的發展的緣故，堅決相信全蒙古的合併，除現在的好機會而外，其他無有好的機會。」

——致喬巴山、策登巴爾書1945.8.18

「組織旗聯合會，通過這個會廣泛召集民眾的和外蒙合併的意見，使其代表們以會議形式的決議，列為書面，需各代表署名畫押，來提出正式的要求。」

——「內人黨」東蒙黨部指示1945.9.30

「今派遣黨員到你旗，宣傳與外蒙合併一項，達到人民意志的統一，要說明長期盼望的民族統一的良機已臨。若失此良機，終不復回。

　　特別希望你們要結合當地實際情況，領導他們，喚起他們與外蒙合併的意願。若有意願者，連名給蒙古人民共和國總理喬巴桑遞志願書，書上要詳列住址，姓名，畫押（意願者部分男女性別）後，盡速交來本部。」

——「內人黨」東蒙黨部指示1945.10.7

　　「……同時需要向民眾宣傳內蒙和外蒙合併的重要性，爭取他們的意見，有同意者，不分性別地要他們按指紋，上書蒙古人民共和國總理喬巴桑。」

——「內人黨」東蒙黨部致吳××書1945.10.7

　　「希望你幫助我們……從事黨的工作，很好地向民眾宣傳和蒙古人民共和國合併的來由，爭取民眾意見。同意者，不分男女性別，使他們署名，按指紋寫給蒙古人民共和國元帥喬依巴桑的書，迅速送給我們。」

——「內人黨」東蒙黨部致白××書1945.10.7

附件二：頑固反對中國共產黨的領導

　　「……和友幫中國的革命政黨（按：指中國共產黨）緊密提攜（按：真不是失一副下賤的奴才相，滿口協和語），以期公平徹底地解放蒙漢民族問題。」

——《內蒙人民解放宣言》1945.8.18

　　「……本黨領導團結蒙古各界人士聯合中國共產黨、外蒙人民革命黨、國際共產黨及各民主勢力，發動與組織蒙古人民徹底肅清法西斯殘餘。」

——「內人黨」黨章（草案）

　　「我黨創始以來，就接受蘇聯和蒙古人民共和國革命的援助，為使今後的關係更加密切，和中國共產黨一兄弟黨有親密團結之必要。
　　……按社會經濟發展的特殊性，暫勿需要組織共產黨。」

——「內人黨」東蒙黨部指示1945.9.9

「為使黨的工作進展，務須與中國共產黨緊密聯繫，因此，××××，××××二同志參加中國共產黨是無可置疑的。但要我們黨員永久地站穩立場，一切工作服從自己的黨。」

——「內人黨」東蒙黨部指示1945.9.25

附件三：反動本質的大暴露——「內人黨」和國民黨是一丘之貉

「我們黨不是搞祕密工作的組織，政策以及方針也同國民黨無矛盾。關於我們黨的活動情況亦已告於東北國民黨各黨部。」

——「內人黨」東蒙黨部指示1945.9.30

「原來內蒙古人民革命黨和國民黨有著同樣的目標，都是為謀內部社會的徹底改革與爭取民族自由和解放。我們為欲達到這個共同的目標，無論是在過去，現在和將來，都是要爭取互諒互助的步調。」

——致東北國民黨黨員書1945.9.25

「……同時蔣介石先生更發表了給國內各民族以自治與獨立的聲明，我們聽到了這個聲明，覺得內蒙民眾的解放運動得到了光明和保障。對於蔣先生的偉大革命精神深為欽佩！（按：可恥之極！）」

……我們在革命的立場上來看，則我們內蒙人民革命黨與國民黨是站在一條線上的。在更大更高的分工合作，殊途同歸的。（按：真是不打自招！）」

——致東北國民黨黨員書1945.9.29

《工人風雷》呼和浩特工代會主辦第七期
內蒙語委「東方紅」供稿
1967年12月15日

6.徹底粉碎反動民族主義的堡壘
──內蒙古人民革命黨（1967.12）

（內部資料，不得外傳）

（魯迅兵團印章）

內蒙古專揪哈豐阿聯絡委員會

內蒙語委、哲學社會科學研究所《東方紅》合編

1967・12・

徹底粉碎反動民族主義的堡壘──內蒙古人民革命黨

　　本輯所收的是一九四五年八・一五以後到四六年初內蒙古人民革命黨的部分材料，供廣大革命造反派進行大批判之用。為了讓革命的同志能更好地利用這部分材料，我們想利用這個機會簡略地介紹一下內人黨的歷史，並且初步提出我們對這個組織的看法，給大家參考。

　　內人黨的前身叫內蒙古國民黨，一九二五年十月在張家口成立。這個黨的成員主要是蒙古上層，如白雲梯、郭道甫、博彥滿都、福明泰、包悅卿、旺丹尼瑪等。委員長為白雲梯，祕書長為郭道甫。當時，全國革命形勢，在中國共產黨統一戰線政策的推動下，正在蓬勃發展；在內戰中暫時失意而被迫撤退到長城以北的大軍閥馮玉祥也投機革命，這就使白雲梯這個國民黨徒能夠在內蒙地區公開扯起內蒙古國民黨的旗子進行活動。內蒙古國民黨在它的成立宣言中雖塞進一些帶有民族主義傾向的詞句；參加的成員中也有少數共產黨員，他們利用內蒙古國民黨的合法外衣進行了一些革命的工作，但是由於這個黨成分過於複雜，而領導權又操在白雲梯、敦道甫之流手中，因此，它一開始就具有反動的性質。特別是這個黨還帶有極其濃厚的反動民族主義色彩，它的總的目的就是企圖使「蒙古民族團結一致，建立統一的國家」，這就更加決定了這個黨的反動本性。

　　一九二七年蔣介石公開叛變革命，白雲梯的反動面貌也開始進一步暴露。同年八月，內蒙古國民黨在蒙古首都烏蘭巴托召開第二次代表會議，撤換了白

雲梯的領導，正式改名為內蒙古人民革命黨，總部設在烏蘭巴托。這以後，這個黨雖然名義上存在，但成員複雜。實際上無所作為，一九三六年正式宣佈解散。

正當內人黨半死不活的當兒，朋斯克，特木爾巴根等從蘇聯回到國內，在內蒙東部區從事內人黨的發展活動。朋斯克是由內人黨派往蘇聯學習的，在蘇聯加入聯共為候補黨員。一九二九年，朋等受第三國際的派遣，回國工作。朋等回國後即自行脫黨，並重新和他們的老上司博彥滿都掛鉤。一九三一年冬，朋、特通過哈豐阿的介紹進入由日本所武裝和操縱的「內蒙古自治區軍」中任職，一九三二年春，發展了哈豐阿等內人黨員二十餘人。

在偽滿時期，哈豐阿、朋斯克、特木爾巴根之流，無例外的都是一班喪心病狂，賣國投遞的大蒙奸。他們或者是偽興安總省的高級官僚，或者是敵偽部隊的高級軍官，或者是猖狂反共的日本間諜。臭名昭著，罪惡累累，是一群廉恥喪盡，不齒與人類的賣國賊。

一九四五年八‧一五以後，日本垮臺了。哈豐阿這班蒙奸、日特、偽軍官，搖身一變，又在「內蒙古人民革命黨」的破旗下集聚起來，妄圖篡奪中國人民抗日勝利的果實。為了欺騙人民，他們採取了最無恥的手法，捏造內人黨的所謂「鬥爭歷史，」公然吹噓這個黨在日本統治下」仍然不屈不撓的祕密工作著，「做出了許多有價值、有意義的工作」。在王爺廟（今烏蘭浩特）、新京（今長春）等「十六個城鎮旗縣建立了黨部和黨支部，黨員共一百來人」。最可笑的是這些黨員，「據說」為了防禦特務的陰謀破壞，已發展的黨員，幾年過程中，未使其本人知道本身是黨員的事例為數也不少。根據這種荒誕絕倫的發展規定，這一群被一陣陰風嘯聚起來的賣國遊屍都一個個的慷慨贈予黨齡，追封為內人黨的地下活動者。木倫、特古斯追贈為四三年入黨，額爾敦陶格陶追贈為四五年五月入黨，都是其中最典型的例子。除此之外，大特務瑪尼巴達拉，陶格陶呼二人「未通過黨章手續」直接吸收入黨，並成為該黨的執行委員。吳春齡因為「在當地有威望，特推薦為黨的正式黨員」。兆×××因為「很早以前就和國民黨有關」又是老內人黨徒的兒子，特「任」為正式黨員。旗長是當然黨員，「積極」的科長也優先發展為黨員。內人黨的黨員就是通過這樣一套卑劣的手法把所有蒙奸、日特、蘇蒙情報員、王公、牧主、地主、上層喇嘛，偽軍官、偽高級官僚等等集納起來，組成一個牛鬼蛇神的大雜燴。

　　這個黨頑固地反對中國共產黨的領導。他明目張膽地宣稱，內蒙古沒有工人階級，「按照社會經濟發展的特殊性」，沒有必要組織共產黨，唯一需要的就是哈豐阿的內人黨。其所以取名為「內蒙古人民革命黨」，主要就是和蒙古人民革命等取得一致，以利於進一步合併內外蒙。它狂妄地認為內人黨和中國共產黨是「朋友」，是兄弟黨，可以相互聯繫，但是不能領導。

　　這個黨無恥地進行叛國分裂活動，妄圖把內蒙古從統一的祖國大家庭中分裂出去，搞所謂內外蒙合併。在臭名昭著的「內蒙古人民解放宣言」中，它直言不諱地供認：「內蒙古根據內蒙古人民革命黨的指導，從此加入在蘇聯和蒙古人民共和國指導之下，成為蒙古人民共和國的一部分。」為了達到這個罪惡的目的，他在一九四五年九月、十月間大搞所謂「內外蒙合併簽名活動」。當這一陰謀在國內受到廣大人民的譴責，在國際也受到輿論的抵制時，它又在一九四六年初搞出來一個所謂「東蒙人民自治政府」，企圖暫時搞成一個獨立國，然後進一步合併與外蒙。哈豐阿本人也僕僕風塵，兩次潛赴蒙古進行拍賣內蒙古的勾當。

　　這個黨肉麻地對國民黨、蔣介石大肆吹捧。以內人黨東蒙黨部名義發佈的「致在東北國民黨員書」就是哈豐阿之流投靠國民黨的鐵證。在這份公開信裡，它不打自招供認了內人黨和國民黨「有著同樣的目標」。在九・一八以前，它曾同國民黨「取得密切的提攜」，得到國民黨「很大的援助與深刻的同情」。它明白的示意國民黨說：內人黨和國民黨「是站在一條戰線上的，在更大更高的觀點上來看的時候，我們兩方面的活動是分工合作，殊途同歸的」。公開信中還極盡奴顏婢膝的能事，對頭號人民公敵蔣介石無恥頌揚，說什麼聽到了蔣介石的聲音，「覺得內蒙民眾的解放運動得到了光明和保障，對於蔣先生的偉大的革命精神深為欽佩」。讀起來真是令人作三日嘔。

　　綜上所述，內人黨是一個徹頭徹尾的封、資、修反動民族主義集團，是一個不折不扣的反革命組織。它的唯一宗旨和全部活動就是反對中國共產黨的領導，陰謀把內蒙古從統一的祖國大家庭中分裂出去，搞內外蒙合併。當然，過去為非作歹，至今而又堅持不改的只是那些極端反動的內人黨頭目，一般被欺騙被利用的普通「黨員」和某些曾經是活動分子而現在已確有改正的人，不可以等同看待。

由於這個黨藏汙納垢，聲名狼藉，實在無法鬼混下去，一九四六年二月底，哈豐阿、特木爾巴根不得不公開宣佈解散內人黨。就在內人黨解散的同時，哈豐阿和特木爾巴根又建立了一個以蒙族青年知識分子為主要對象的「新內蒙人民革命黨」，制定了黨綱、黨章，確定黨的執行委員。所謂新內人黨和內人黨，實質上是一脈相承，一路貨色。新內人黨黨綱規定，它的總目標是「實現全蒙古民族的團結統一和獨立」。「四‧三」會議以後，新內人黨徒首先從哈豐阿開始，幾乎全部被烏蘭夫拉入中國共產黨內，新內心黨也就不知所終。一九四七年五一大會前，哈豐阿、朋斯克、烏力吉敖其爾又串通張尼瑪、郝永芳重組內人黨，以之作為資本和共產黨較量。

烏蘭夫和他的御用學者們曾經炮製出一套所謂內蒙古兩條路線鬥爭的神話：一條是烏蘭夫為代表的革命路線，一條是以博彥滿都為代表的上層路線。事實表明：所謂烏蘭夫的革命路線完全是一種吹噓。實際上是烏蘭夫違背毛主席的革命路線，以入黨升官作為手段，拉攏哈豐阿，用選票壓倒了博彥滿都。從此以後，烏蘭夫、哈豐阿合流了，哈豐阿的衣鉢由烏蘭夫繼承了下來。二十年來烏蘭夫的反革命修正主義民族分裂主義罪行充分的表明：烏蘭夫所作所為，正是在中國共產黨員的外衣下，忠實地繼續在完成內人黨所未完成的事業。二十年來，如哈豐阿之流這樣一些混入黨內而又堅持不改的內人黨主要黨徒們，在烏蘭夫這頂大紅傘的包庇下，交相援引，竊取了內蒙古自治區的黨、政、財、文大權。特別是在文化、教育、新聞、出版界、內心黨徒更是滿布要津。他們利用職權，實行資產階級專政，推行民族分裂，為烏蘭夫的叛黨叛國的反革命陰謀大作輿論準備。

一九五六年七月，由烏蘭夫把持下的內蒙古黨委審幹辦公室曾經給內人黨搞過一個結論性的文件──《關於內蒙古人民革命黨的情況》，這個文件極盡混淆是非，顛倒黑白的能事，把這班蒙奸、日特在所謂「內蒙人民解放宣言」中的無恥吹噓譽之為「反對帝國主義」。把這班泛蒙古主義者分裂祖國、反漢排漢，搞內外蒙合併的罪惡活動譽之為「反對民族壓迫」。把這班封建王公堅持反對中國共產黨的領導，投機於共產黨與國民黨之間的卑劣行為譽之為「有與共產黨做朋友的思想基礎。」文件甚至極盡奴顏婢膝之能事，說什麼當時「認為蒙古人民共和國是人民革命黨，內蒙古自然是人民革命黨領導」。什

麼九‧三以後，「內蒙古前途尚未澄清，故有個別蒙古人民共和國的同志表示內蒙古應發展人民革命黨」。什麼「人民革命黨當時號召是反對帝國主義和大漢族主義，內蒙古自治（有的主張獨立與蒙古人民共和國合併）」等等，利用這些作為「理由」，盡力為內人黨塗脂抹粉，開脫罪責，讀來真是令人髮指。文件還規定：「對於曾經參加『人民革命黨』，現在我黨、我軍負責幹部的上列人員」，一律認為「他們參加『人民革命黨』的歷史問題，都已經交代清楚」，「不必給每個人寫書面結論」。這個文件事實上就是要把所有內人黨的反動活動，事無巨細，一筆勾銷，因而便利了一些歷史不清、面目不明的人蒙混過關，造成了內蒙古自治區幹部隊伍十分複雜的局面。

「千鈞霹靂開新字，萬里東風掃殘雲」。由我們偉大領袖毛主席親自發動的文化大革命的洶湧洪流，摧垮了烏蘭夫的王爺寶座，蕩滌了由烏蘭夫雙手包庇和搜納來的積垢殘埃。烏蘭夫落水了，哈豐阿倒臺了，大大小小的烏蘭夫黑幫和哈豐阿分子都被揪了出來，徹底粉碎內人黨，徹底清算內人黨的叛國罪行的時刻到了，這是大快人心，特快人心的特大好事。把內人黨的問題弄清楚，對於從根本上搞臭民族分裂主義，對於我區文化大革命的深入發展，對於我區幹部隊伍的純潔，對於斬斷蒙修特務的黑手，對於祖國北疆的鞏固，都有十分重大的意義，我們絕對不可以等閒視之。

我們必須徹底揭發批判內人黨頭號黨魁哈豐阿的叛國分裂罪行，徹底揭發批判烏蘭夫包庇內人黨，和內人黨沆瀣一氣，進行叛黨叛國活動的滔天罪行。內人黨罪惡的歷史，長期以來被烏蘭夫顛倒了，我們要把被顛倒了的歷史再顛倒過來，徹底根除民族分裂分子，泛蒙古主義的反動影響。

目前，我區文化大革命正遵從毛主席的最新指示勝利直前，漏網烏蘭夫分子、哈豐阿死黨、反革命修正主義分子、民族風裂主義分子特古斯被揪出來了。我區文化大革命正進入一個新的高潮。「宜將剩勇追窮寇，不可沽名學霸王」。革命造反派的戰友們，讓我們乘勝直前，徹底清算內人黨的罪惡，肅清其民族分裂的遺毒，把文化大革命進行到底！

打倒劉、鄧、陶！

打倒烏蘭夫！打倒哈豐阿！

無產階級文化大革命勝利萬歲！

毛主席的無產階級革命路線勝利萬歲！

偉大領袖毛主席萬歲！萬歲！萬萬歲！

內蒙古專揪哈豐阿聯絡委員會

內蒙古語委、哲學社會科學研究所《東方紅》

一九六七年十二月

內蒙古人民革命黨資料（供批判用）

編輯說明：

1本輯收入的包括內人黨的黨章、決議、書信、指示、新內人黨的黨綱、黨章及東蒙自治政府的文件，供大批判之用。

2原件行文本來欠通，有些經過漢譯後更佶屈聲牙，難以通讀，為了保持其原來面目，我們一律不加添改。

3其他有關資料，正在整理，視鬥爭需要，將繼續公佈。

內蒙古人民解放宣言

我們內蒙古是東方弱小民族之一，歷受帝國主義只壓迫，民族渴望解放，已非一日。在蘇聯十月革命成功以後，我們認為解放我們的只有蘇聯，不但如此，我們深信援助全世界弱小民族和促成無產階級革命，使他們個個得到解放亦也只有蘇聯。因此在一九二五年我們組織了內蒙人民革命黨，把黨的指導方針確定在這個方向，積極推行我們的黨務，以求我們的解放。

不幸在一九三一年，帝國主義的日寇佔領了內蒙和中國的一部分，設立傀儡的滿洲國以來，我們內蒙民眾完全陷入在帝國主義日寇的壓迫之下，已經經過十四年了。在這個十四年的期間內，農民的糧食被搶奪了，牧民的家畜被掠走了，饑寒交迫水深火熱已達極點。但是我們內蒙人民革命黨的工作仍然在不屈不撓的祕密工作著。我們的血沸騰了，信仰更堅強了，組織更緊密了。在這被壓迫的時期內，我們做出了許多有價值有意義的工作。

日寇吸收了我們的血肉，還填不滿他們的欲望，更要企圖包圍自由的蒙古人民共和國和解放全世界的蘇聯，進行他們的強盜般的侵略。在這個野蠻企圖

之下，我們強迫內蒙的青年組織了奴隸軍隊。然而我們內蒙民眾深信得到解放之路只有仰賴蒙古人民共和國和蘇聯的援助，才能達到目的。因此黨的工作方針，第一步首先破壞日寇的陰謀；第二部進而驅逐我們的壓迫者，同時開闢接受蒙古人民共和國和蘇聯指導的路線。在此方針之下，曾積極指導民眾——尤其是軍隊一直到現在。

幸而八月九日赤軍解放我們內蒙民眾和其他被壓迫的弱小民族，斷然給日寇以驅逐的鐵鎚。我們民眾歡騰、雀躍，軍隊內的革命同志率先奮起槍斃了各部隊的日寇指導員，進而在日寇軍隊的前後左右開展了活潑的游擊戰，幫助解放民眾的赤軍，進行了驅逐日寇的任務。同時蒙古民眾已經得到了解放，對於赤軍的感謝，對於蘇聯的感謝，實在是一言難盡了。

現在內蒙民眾代表們，舉行代表大會，決議下列各項：

一、內蒙古根據內蒙古人民革命黨的指導，從此加入在蘇聯和蒙古人民共和國指導之下，成為蒙古人民共和國的一部分，一起完成解放。在國家組織完成以前，根據人民戰線的原則，臨時組織內蒙古人民解放委員會，迅速恢復地方秩序，以便教育、產業、內政、外交、財政、衛生、交通、建設一切都蹈襲蒙古人民共和國的成軌、推行合作的基礎工作。

二、內蒙古解放軍繼續協助赤軍，積極參加驅逐日寇的解放戰爭，一起完成未來的任務，而對於赤軍的一切行動，加以全面的援助。

三、剷除一切的封建餘孽，保障勞動人民的自由和權利，是將來的社會經濟向著「非資本主義發展」的路線飛躍發展。

四、領土內之民眾，不分種族區域，一律平等對待。蒙漢關係，向來非常密切，將來對於漢民之解放運動必加以積極援助。深信蒙古人民得到解放後，蒙古領土之內漢民族始能夠得到解放，因此和友邦中國的革命政黨緊密提攜，以期公平徹底的解決蒙漢民族問題。

以上數項已經決議，深望解放全世界弱小民族的蘇聯和全世界愛好和平的民主主義各國，洞鑒我們的衷情，加以同情，予以積極的指導和援助。實所至盼。

內蒙古人民革命黨東蒙本部執行委員會

1945年8月18日

致喬巴山、策登巴拉書

蒙古人民共和國總理喬巴山元帥

人民革命黨總書記策登巴拉同志鈞鑒：

我內蒙人民多年來受了北洋軍閥與日本帝國主義的種種的統治，遭受到水深火熱的殘苦，因而，我內蒙人民革命黨接受了蒙古人民共和國與蘇聯的領導，一直奮鬥到今天。

因為內蒙二百萬同胞堅決有著合併與蒙古人民共和國，使期發展的願望之故，這次配合蒙軍蘇聯出兵解放滿洲，蒙古戰役，我東蒙蒙軍在黨的領導下槍殺了日寇，成立了內蒙人民解放軍，成立了協助紅軍在敵後打游擊的力量。在政權方面也成立了內蒙人民解放委員會。

八月十六日在王爺廟會晤蘇聯紅軍代表，暫時恢復了原有的就組織，服從了等待蒙古人民共和國指示的規定，恢復著興安總省舊有的組織。據民眾的願望及現在形勢的發展的緣故，堅決相信全蒙古的合併，除現在的極好機會再無其他好的機會。

因而在八月十八日發表了內蒙人民解放宣言，在蒙古人民共和國的領導下成為它的一員，並為解放全蒙古而發表的。

今將此宣言附去，並希望您們給予批示，使其重視於滿足內蒙人民的願望，並劃入蒙古人民共和國的國境，進而使其滿足與成功內蒙人民的解放事業，謹此致上。

祝您身體健康！

內蒙古人民革命黨東蒙本部

祕書長：哈豐阿

本部執行委員：博音滿都、特木爾巴根、薩嘎拉扎布、烏雲達來、烏雲必力格、阿思根、額爾勒登臺、乃日拉圖、宗哈布、拉木扎布、桑傑扎布、旺丹

一九四五年八月十八日

哈豐阿在王爺廟慶祝中蘇友好同盟條約儀式上的講演詞

我們感謝在八月二十四日中蘇兩國所締結友好同盟條約，這一條約的締結，是以解除日寇鐵蹄壓迫剝削的，值得中國各民族應以極大熱情歡騰鼓舞的條約。

我們同種族的蒙古人民共和國，能夠在名義上，實際上得以獨立，給予人類歷史添上了光榮的篇幅。我們內蒙的二百萬群眾致以親切的祝賀。

西藏民族得以自治權利，是和國民黨的正當民族政策分不開的，我們對此表示感謝外，向得到自由的西藏兄弟民族致以高尚的敬意。

經久受日本帝國主義侵佔的朝鮮人民，得以自由和獨立是人類歷史向前發展的徵象，誠意的慶祝他們的自由與解放。

我們內蒙久經與中國老軍閥作鬥爭和日本侵略者堅持了公開的與隱蔽的鬥爭的革命歷史是很顯然的。我們深切的信任中華民國的國民政府是為人民群眾服務的革命政府，尤其我們看到蔣介石先生的關於民族政策的聲明後，我們內蒙民眾感到自己的未來前途有無可限量的光明，並以萬分的熱誠向偉大的蔣介石的革命精神致以謝意。我們希望儘快的在中國成立包括各黨派無黨派民主人士參加的尊重人民權益的聯合政府，並且也有斷定的信心。全世界的弱小民族都得到自由了。在此大革命的周轉期，我們慶祝中蘇友好同盟條約，偉大的蘇聯國家，偉大中華民國的革命政權、得到獨立的蒙古人民共和國和其他各國，以及民族解放的光明大道來結束我的講演。

一九四五年八月二十八日

內蒙古人民革命黨東蒙黨首次黨員大會記錄

一、參加大會黨員名單：

寶音滿都、特木爾巴根、薩嘎拉扎布、烏雲達來、孟和烏力吉、呢瑪、郝方平、哈豐阿、額爾黑音台、溫都蘇、嘎爾布僧格、去格莫德則仍、西拉布僧格、烏雲畢力格、額爾登扎布、額爾登陶克陶呼、昂如布、圖布興敖其爾、

超魯、扎木扎布、寶明德、共二十七名。已參加會議者共23名。誤會者德力格爾、呢瑪敖斯爾、松格布，寶明德等四名。

二、內蒙人民革命黨東蒙黨部首次黨員大會次序：

1、開幕詞

2、介紹黨的經歷

3、介紹黨的工作及黨章

4、選舉黨部委員和候補委員

5、其他

6、宣佈黨的決議

7、口號

開幕詞

有內蒙人民革命等以來，已經二十八年了。在這二十八年過程中，黨的工作有時繼續有時中斷。現在處於世界革命戰爭之際，偉大紅軍摧毀了日本帝國主義，能夠在興安蒙古人的中心地——興安街，開這樣一個會議，真是我一百二十萬蒙古人的極為歡樂的一件事情。你們大家在這二十年過程沒有完成革命事業，但紅軍摧垮了日本帝國主義，人民得到了自由，因此也就不妨於今天的會議。現在是全世界人類爭取人類，爭取和平與權利的良機，希望大家努力從事黨的工作。

黨的經歷

我們內蒙人民革命黨，在1925年10月建設於張家口，在蘇聯與蒙古人民共和國支援下，舉行了爭取人民自由的鬥爭。那時候的工作重點在察哈爾、伊克昭、烏蘭察布等西部幾個盟。東蒙在軍閥的壓力下，除呼倫貝爾略有成就外，其他地區受到軍閥的阻止，沒有進展。一九二七年由於世界革命的分裂我們黨也就分了。黨中央設在蒙古人民共和國烏蘭巴特爾市繼續了黨的工作。黨中央為了進一步開展，於一九二九年派黨員特木爾巴根、朋斯克到東蒙恢復與繼續了黨的工作。正在這時候，由於資本主義國家的經濟危機，國內矛盾引向於國

外，以野蠻的手段從事新分割世界的鬥爭。首先日本帝國主義進行侵略內蒙與中國。一九三一年佔領了滿洲，建立了偽滿國，限制了人民的權利。黨接收祕密指示為打擊日本侵略，黨的主力佈置在部隊裡，在日本為侵佔蘇聯與蒙古人民共和國部隊裡積極的進行了工作，教育了保護民族利益，另方面領導了容在政府和學校的青年。在鄉村人民群眾中應進行工作，但是為了躲避日本帝國主義特務的壓迫，祕密工作在人民群眾中幾乎沒有進行，只是通過土民知識分子進行宣傳。因為以上原因，在這十幾年的過程，主力集中在興安街，沒有能夠深入農村。主要在興安新街，新京（現在的長春——譯者）、海拉爾、巴林右旗、張家口，東科中旗、東科後旗，克什克騰旗，索倫、陳巴爾虎旗，綏遠，郭爾羅斯前旗、阿魯科爾沁旗，通遼，庫倫旗等十六個城鎮旗縣，建立了黨部和支部，黨員共一百來名。為了防禦特務的陰謀破壞，已發展的黨員，幾年過程中，未使其本人知道本身是黨員的事例，為數也不少。現在由於蘇聯紅軍的援助，把日本侵略力量已驅逐出內蒙，需要黨由祕密轉向公開的進行工作。由黨員的分散狀況來看，自滿洲蒙古至蒙疆政府，這就證明了黨在東蒙的工作，為此在東蒙建立黨部，選舉黨部議員，著手黨的工作是十分必要的。黨的工作重點一直是為了消滅日本侵略者而對外，根據現時適合對內，這是黨的工作的唯一的轉變。以實例說明的時候，加強地方工作，健全旗努圖克黨部和支部，為了助於黨的工作，在城鎮鄉村部隊建立群眾與部隊的機構，加強黨的基層工作是對組織機構上，有其次大的意義。以黨員的文化水平方面來說，有向民眾宣傳、組織民眾、領導民眾的重要性。在政權或其他方面的黨員在本崗位上應起模範作用，積極的工作，無聲無息的教育和領導他人，是他的應盡的職責。由於以上黨員的文化水平是極大重要的。以至現在黨的主力放在消滅日本那方面，因此處在隱蔽環境，黨的基本主要問題，批評，文化學習未能社會性的開展，今後提高黨員文化水平工作仍是不容遲緩的。外交方面我們北邊，不言而知的就是友邦蘇聯、蒙古人民共和國，南邊是中華民國，因為這些國家有的已是社會主義國家，有的走向社會主義，對我們工作是師範和友邦，有大家務須知道這些國家的實際情況，我不說你們也都知道他的極大重要性。另方面黨綱和黨章是我們法規，因此我們和中央聯繫以前決定臨時黨綱黨章行事是必要的，向大家聲明。另外這次我們未通黨章手續，直接吸收了兩名黨員，一、瑪

尼巴達拉同志，由滿洲國就從事了人民裕生鬥爭，紅軍進兵後又在政權方面擔負了重要職務，積極工作，勿論他前和黨沒有關係，這次特別任其為黨員，特此聲明。二、陶格陶呼同志，過去和蒙古人民共和國有聯繫，和我黨沒有關係，但他領導有我黨組織的五三部隊，幫助革命，立功績，所以也吸收他為黨員，特聲明。以上作為介紹黨的經過，希望黨員們給予批評。

內蒙人民革命黨東蒙黨部首次會議之決議

一、應參加會議的黨員二十七名，缺席者四名，參加開會者二十三名。

二、選舉會議主席三人，祕書長一人，名單如下：

1、會議主席：寶音滿都、特木爾巴根、莎嘎拉扎布

2、祕書長：哈豐阿

三、由祕書長介紹黨的歷史，已由大家同意。

四、由大會主席特木爾巴根宣佈黨的臨時行動綱領和臨時黨章後，有二人對黨章決議案的「對行為不正的和喇嘛界」的態度有疑問，但通過了原決議案。

五、選舉了黨部委員十三人，從中選舉祕書長一人。本部委員：

寶音滿都、特木爾巴根、莎嘎拉扎布、松格布、阿思根、桑傑扎布、哈豐阿，旺丹、額爾登臺、愛拉圖、烏雲達來、烏雲畢力格、喇木扎布共十三名，從中定哈豐阿為祕書長。總部決定選舉四名候補委員：

溫都蘇、尼瑪、都格爾扎布、烏力吉陶格陶呼等被通過。

六、其他

1、由祕書長哈豐阿念了徽章，印鑒規則後，大家通過。又念了人民解放宣言亦通過。

內蒙古人民革命黨臨時黨章

第一，入黨條件

凡二十歲以上，身體健康，歷史上沒有污點的蒙古人具備以下條件可以做

黨員。

1，認清黨的目的

2，堅決做黨的工作

3，堅決服從黨的決定

4，保守黨的祕密

5，交納黨費

6，經過候備期，被組織通過的人可以做黨員。

第二，關於候備期

1，工人、農民和牧民的候備期為三個月

2，知識分子為六個月

3，貴族和富人為六個月

第三，關於介紹人

必須黨齡兩年以上的黨員三人證明。

內蒙古人民革命黨黨綱（譯文）

第一條：本黨稱為內蒙古人民革命黨。

第二條：本黨在蘇維埃聯邦及蒙古人民共和國領導下，並以解放內蒙古人民及建設民主的政府為主旨。

第三條：經濟方面排除商業資本主義剝削而非資本主義的社會主義途經之發展。

第四條：社會方面為增進貧苦勞動者及農牧民之幸福，剷除社會上一切不平等組織，使上述群眾獲得參政之機會與權利。

第五條：應合現在實情將從來非私有權之蒙古土地改為群眾總有制度。

第六條：境內各民族不分種族之區分一律平等待遇。

第七條：和中國共產黨政府緊密聯絡，相互援助，以期達成革命目的。

第八條：企圖婦女教育之普及發展，並使其為取得自由而奮鬥。

內蒙古人民革命黨黨章（草案）

總綱

蒙古人民革命黨是蒙農人階級先進的有組織的部隊，是它的階級組織的最高形式。

蒙古人民革命黨代表蒙古民族與蒙古人民的利益，它在現階段為實現中國的新民主主義制而奮鬥，漸向非資本主義途經之建設。它之最終目的，是在蒙古實現社會主義共產黨主義制度。

本黨領導團結蒙古各界人士，聯合中國共產黨，外蒙人民革命黨，國際共產黨，及各民主勢力，發動與組織蒙古人民，徹底肅清法西斯殘餘，堅決反對國民黨反動派的大漢族主義政府，建立內蒙古民族自決民主的政權，從事適合人民利益的政治，經濟，軍事，文化等等的新建設。以求內蒙古徹底解放，並為實現自由聯邦的新民主主義的新中國而奮鬥。

1、革命黨以馬克思列寧主義的理論與蒙古革命的實踐之統一的思想──□□□思想，作為自己一切工作的指針，反對任何教條主義，經驗主義的傾向。

2、革命黨以馬克思主義的辯證唯物主義與歷史唯物主義為基礎，批判地接受蒙古的與外國的歷史遺產，反對任何唯心主義的或機械主義的世界觀。

革命黨領導革命的階級

1、目前階段是由新民（注：原稿以下未有字）

2、將來階段。蒙古民族革命與民主革命得到徹底解放後，革命的任務是：根據蒙古社會經濟發展的需要與蒙古人民意願，國際贊同，經過必要步驟橋樑，為在蒙古實現社會主義與共產主義的制度而奮鬥，以之編入獨立的蒙古人民共和國合流共為自由和平富強新興國家的基典。

革命黨首先需要準備與認識的革命鬥爭的複雜性與革命的長期性，強壯鞏固起來農村革命的根據地的重要性，黨在一切人民群眾中進行長期忍耐工作的必要性。因此革命黨必須是十分勇敢，十分經驗，十分機敏，在蒙古革命的澎

遠道路上，根據蒙古革命的特點著手動員與組織廣大群眾，戰勝一切阻礙，繞過一切暗礁，以奔走自己的目標，並不斷的鍛鍊自己隊伍。

努力使自己成為一切革命的群眾組織及革命的群眾組織之中堅。

革命黨絕不容許允許右的及「左」的機會主義存在，嚴禁投降主義，冒險主義者。

決心向人民群眾學習，以革命精神，不倦不息、孜孜教育人民群眾，啟發與提高人民群眾的覺悟，必須警戒黨自體脫離人民群眾的危險性，必須經常注意防止和討論自己內部的尾巴主義，命令主義，閉門主義，官僚主義與軍閥主義（軍政主義），軍國法西斯主義等脫離群眾的錯誤傾向。

革命力量在於自己的堅強團結、意志統一、行動一致，正統思想。

黨綱領　黨章　黨紀

革命黨的黨員有犧牲、強健、精銳、果毅，決行精神，進行工作，實現黨的綱領和黨的一切決議，而達到內蒙民族的徹底解放。

第一章　黨員

第一條　凡承認本黨綱領和黨章，參加黨的一個組織，並在其中工作，服從黨的決議，並交納黨費者均為本黨黨員。

第二條　凡黨員具有下列義務

（一）努力地提高自己的覺悟程度和領會馬克思列寧主義，蒙古革命思想的基礎；

（二）嚴格地遵守黨紀，積極參加黨內的政治生活和革命運動，實際執行黨的政策和黨的組織的決議，和黨內外一切損壞黨的利益的現象而鬥爭。

（三）為人民群眾服務，鞏固黨與人民群眾的聯繫，瞭解□□□，反映人民群眾的需要，向人民群眾解釋黨的政策：

（四）模範地遵守革命政府和革命組織的紀律，精通自己的業務，在各種事業中起模範作用。

第二章

凡黨員均有下列權利：

（一）在黨的會議或黨的刊物上，參加關於黨的政策的實施問題之自由的切實討論；

（二）黨內的選舉權和被選舉權；

（三）向黨的任何機關甚至中央提出建議和聲明；

（四）評判權利。（原稿至此中斷）

內人黨組織圖

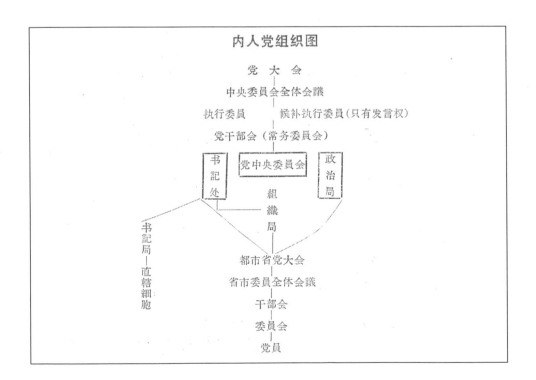

政治建設時期的暫行黨務工作要領（1945年9月5日）

一、宣傳要點

1.黨的鬥爭歷史：黨是接受蘇聯和蒙古人民共和國的領導和援助，將來更強化這個關係。黨為解放內蒙古人民以實現民主主義政治為目標，向來反抗軍閥和日本帝國主義一直奮鬥到現在。黨以勤勞人民為對象，使其達到專政之目的，但不排斥貴族和其他上層階級（民族主義革命之特點）。（以上根據黨綱詳為說明）

「九‧一八」事變後之具體事實。

青年層及軍隊內之工作，此次蒙古軍之革命行動，內蒙古人民解放軍之組織和蒙古人民解放委員會之組織（以上根據黨務經過報告和最近事實說明）。

2.黨和民眾的關係：

（1）黨和黨員是民眾的夥伴領導者，民眾的先鋒隊，民眾的最有革命意識的部隊，不是民眾的支配者。

（2）黨為解除民眾痛苦給人民謀福利，以犧牲精神鬥爭到底。

（3）黨員的目的不在升官發財，而在為人民服務，黨員是有最大忍苦耐勞精神的。

（4）黨員的任務是日常和民眾保持緊密聯繫，向他們隨時宣傳黨義黨綱，使民眾對黨有深切認識。黨員為實現國家目的，以身作則，在民眾前面積極工作。

（5）黨員的權利是參加各種黨團會議發表意見，閱讀各種刊物，並利用黨的各種妥設。

3、黨和行政機關的關係

（1）黨是詳查民間疾苦，根據民眾的切實要求而提出對策大綱，行政機關是根據著這個大綱擬定細部技術計劃。簡言之黨是代表民意的政治機關，行政機關是滿足民眾要求的技術機關。

（2）黨不僅是提出大綱就算完事，黨還要積極協助行政，並在民眾中間，喚起民眾，領導著他們向實現行政計劃方面奮鬥。

4、吸收候補黨員的方法：

（1）招集優秀青年，開座談會，宣傳黨綱和黨規，並將上列各項適宜說明，喚起他們對黨的認識。

（2）暫時置重點於行政機關和教育界的積極青年。

二、組織要點

1、旗支部

（1）有黨員對於地方使黨員負責組織，沒有黨員的地方，政治建治班之黨代表負責組織，使其粗有規模即交吸收之候補黨員繼續辦理，使其和本部緊密聯絡，以隨時由本部派員指導。

（2）目前工作置重點於宣傳，尤其對一般民眾宣傳，其主要的如左：

甲、蘇聯紅軍進軍之目的在解放被壓迫的各弱小民族。

乙、現在的政治是尊重民意的民族政策。

丙、人民要把痛苦和要求直接向黨支部和黨員陳述，以便設法解決問題。

丁、蒙漢一家，不分時域，將來漢人在政治上經濟上一律受平等待遇。

戊、識字運動。

己、積極交稅交租。

（3）努圖克人民協會，由努圖克人民開會選出三至七名委員組織努圖克人民協會，委員中互選一人為會長，目前工作與旗人民協會同。

（4）愛里人民協會，由愛里人民開會選出生人委員組織愛里人民協會，委員中互選一人為會長，目前工作與旗及努圖克人民協會同。

各級人民協會委員中貧困者至少占三分之一，並與旗支部和各級協會保持緊密聯絡，時加適宜之指導。

內蒙人民革命黨東蒙黨部對郭爾羅斯前旗的指示

郭爾羅斯前旗陶××××同志：

看到你們的報告後，知道了你們在吸收候補黨員和國共各黨有了聯繫，由於此組織了大同會，召集了多數青年，我們認為這和你們當地的具體情況甚為

適合，以後應搞的工作列述於後，希參考執行。

一、你們區域是蒙漢雜居，且有中國各黨的活動，因此不要公開我黨祕密進行工作，你們現在的的方式為適宜，更技巧的來搞工作。

（一）盡力不要引起蒙漢糾紛。

（二）要深刻認識國民黨的活動，不陷其陰謀詭計。

二、我黨創始以來，就接收蘇聯和蒙古人民共和國革命長的援助，為使今後的關係更加密切的和中國共產黨──兄弟黨有親切團結的必要。

完成中國革命使命的，是中國共產黨，實際的幫助內蒙的也是共產黨，因此可使共產黨知道我們的黨，但須要說明的：

（一）我們黨開始直接受第三國際指導的黨，取消第三國際後，繼之由蘇聯和蒙古人民共和國指導的。

（二）按社會經濟發展的特殊性，暫勿需要組織共產黨，但人民革命黨的發展道路是非資本主義的社會主義道路。

（三）八一八宣言中之中國革命黨是指中國共產黨而言。

（四）要指明我們是相信共產黨的，我們西蒙的同志們直接與延安有著聯繫，八一八宣言也給他們看看，若是直屬共產黨要我黨把關係搞好，進而態度對我們好的時候，有取得緊密聯繫，並提出如下的要求。

（一）要求他們把宣言傳給延安當局。

（二）要共同設防蒙漢民族間之糾紛，蒙族間我們進行宣傳，同時要把他們在漢族間進行宣傳。

（三）要向接近內蒙的中國共產黨地方負責人介紹我黨，並約請郭爾羅斯負責的盡可能到這裡來一次。

三、在黨員中務須進行黨的工作和黨章教育，徹底的介紹目前時局的政治形勢。

（一）八一八宣言中根據內蒙人民的願望，要達成和外蒙合併。

（二）由中蘇友好同盟條約內容看來，聯合外蒙有所顧慮，但需我黨仍繼續努力爭取。這次事變影響內蒙將得到比以前更多的權利，因此由現時開始，要努力於該項工作。

（三）內蒙人口稠密區域，建立黨支部，吸收黨員。但要服從黨章決議祕

密進行。其中可由保安隊慎重其品質，吸收幾名黨員。

四、你們旗遠隔於內蒙和漢民族雜居，要黨的工作祕密進行，並根據區域的特殊性做到以下兩點。

（一）注意鄰界國民黨活動和傾聽長春等地的消息，對此要和黨部取聯繫。

（二）要和省外別三旗取聯繫互相幫助。對此情況也要和黨本部取緊密聯繫。

五、郭爾羅斯前旗建立黨部委任陶××為祕書長，且要在適當地方建立黨支部和黨小組。

（一）機關、學校、保安部隊裡有三名以上黨員建立支部，以下建立小組。根據現時你們地區都是候補黨員，依黨章不許建立支部，為照顧特殊情況可設支部。

（二）目前工作，如上所述，教育黨員，向民眾宣傳，喚起民眾，利用民眾團體（例如農會）選擇其品質好的吸收入黨，並為使用民眾團體的力量而奮鬥。

按照上述只是很好地進行工作，但有助於避免和地方當前這引起矛盾。

祕書長哈豐阿

黨部主任委員×××

一九四五年九月九日

內人黨東蒙本部執行委員第二次會議

九月十三日

一、首次會議之決議。

（一）候補黨員有參加會議權，沒有表決權。

（二）據現時情況，籌設臨時政府。

（三）通過了斯大林、喬巴桑、毛澤東、蔣介石賀電。

二、決議向東西南北各地派代表進行工作。

（一）西部——巴林左旗，那××、巴××；克什克騰旗，查×、德

×××、烏××、巴林右旗碓××××、烏××、碓××、那×××。

（二）北東部——任烏××××為代表，巴×××同志為輔助東部工作決定。

三、南部、東科中旗西××××、額××××二位之一，前已指示仁××××、塔××同志，故此工作還在進展。

東科後旗決定派阿××××

四、郭爾羅斯後前旗指示陶×××和劉建民（中國共產黨員）建立聯繫，進行工作。

郭爾羅斯後旗指示吉×××××，進行工作，另一方面給原旗長達××××去信，使其輔助黨的工作。

五、土默特旗，喀喇沁旗等地今派海××到當地工作並為候補黨員。

六、今日黨的主力置於各機關，建立黨組。省政府，旗政府（制）黨校。

七、由黨直接主編「新生活報」並迅籌備蒙文「新報」以企出刊，轉載八一八宣言，黨的建設事例，感謝紅軍詞由紅軍交代政府事例，本黨與中國共產黨的關係，以及給斯大林的賀電。

八、建設青年團。

蒙古共產主義青年團總章

第一章　總則

第一條：本團定名為蒙古共產主義青年團。

第二條：本團團結革命青年，以馬克思主義的辯證唯物主義與歷史唯物主義為基礎，反對任何唯心主義的機械唯物主義的世界觀，以馬克思列寧主義的理論與蒙古革命實踐之統一的思想作為團工作之指針，並聯合中國共產黨及各民主勢力，力行建設內蒙民族自決民主的政權，從事適合於民主性及人民利益的政治、經濟、軍事、文化等等基礎之奠定，以求內蒙古徹底解放，實現人類平等、自由、民主的社會主義制度為本旨。

第二章　團員

第三條：凡蒙古青年，滿十七歲至二十五歲，不論男女，提出志願者，呈交該地小組，經小組諮詢區團部審查後、轉呈團本部許可者得為本團團員。

第四條：團員入團之際，舉行宣誓式，其誓文如左：余誓以至誠力行社會主義制度之建設，服從團長命令，嚴守團章，執行決議，實踐新生活信條，為民族盡忠，為人民服務、不辭勞苦，不惜犧牲，堅持果敢勇毅之精神，向前奮鬥。如違誓言，甘願受嚴厲之制裁，謹誓。

指示

一、關於對外關係問題

甲、根據八月十八日發佈的內蒙人民解放宣言，為成蒙古人民共和國的一部分而努力。盡力往烏蘭巴托爾派人連絡，由額爾登臺、乃日拉圖二位同志及在你處的同志們商討可能範圍內積極進行並及時與本部聯絡。

乙、根據中蘇條約合併蒙古人民共和國之事有所猶豫。但我黨從來就受蘇聯及蒙古人民共和國的領導。並內蒙二百萬人民群眾堅決要求合併蒙古人民共和國，我黨也繼續不斷的積極努力著。

丙、在八月十六日王爺廟會晤蘇聯紅軍首腦，他指示暫時恢復原有組織並接受蒙古人民共和國的指示。因此，我們恢復興安總省的原有組織。你處的同志們與政權取得聯繫，原樣恢復興安北省組織而努力。

丁、你處如果由烏蘭巴特爾方面與蘇聯紅軍的方面來了領導人物時介紹與他們我黨在與全內蒙人民熱望的主要情況，為迅速把全內蒙劃歸其國境而努力。

二、關於黨的組織

甲、興安北省境內我黨同志也不少。同時也是很重要的地區。所以內蒙人民革命黨的管轄下成立興安北省黨部組織，領導省內各旗的黨務工作。

乙、旗設旗支部

丙、北省地區如果有中國共產黨的時與其密切聯繫取得他們的幫助，介紹我黨目的與歷來受蘇聯與蒙古人民共和國的領導而來的情況。

給他們看八一八宣言，並告給今後的任何政治與境內各民族一律平等對待。取得它們同意。尤其互相訂出制止蒙漢民族糾紛條約。對漢人他們進行宣傳，對蒙族我們進行宣傳。

丁、一切事情及時往本部取得聯繫。

內蒙人民革命黨本部

祕書長：哈豐阿

執行委員：博音滿都、特木爾巴根

薩嘎拉扎布、阿思根

宗格布、拉木扎布

桑傑扎布、旺丹

一九四五年九月十四日

內人黨東蒙黨部給郭爾羅斯前旗的指示

內蒙古人民革命黨東蒙黨部指示

郭爾羅斯前旗陶××××同志：

現在烏××××同志到這裡來，捎來劉建民給我們的信，對於我們工作有了大的利益。另外，對於你的詢問事項和以後工作的佈置，詳列於後。

一、對現時工作不熱誠的當權者，避免矛盾，相反的要教育他們回頭向善，用他們從事積極工作，在現在絕對的防止內部矛盾。

二、為使黨的工作進展，務須與中國共產黨緊密聯繫，因此，高××××，拉××××二同志參加共產黨是無可置疑的。但要我們黨員永久的站穩立場，一切工作服從自己的黨。

三、蒙漢雜居區城內（旗內）中國國民黨，將開始各種活動，倘若在你們旗內出現國民黨進而拉攏蒙古人入黨時，選擇同志們對黨認識徹底，不陷於微小的利益，遵守紀律嚴明的，你們商妥後，可以打入幾名，但首先要獲得劉建

民同志的允許。

四、由我們黨決定了在長春設行事機關組織。並想向劉建民等在長春主辦的青年社報送學生，你方要有人去時，需作準備。

五、令去人捎去蔣介石講演詞和劉建民給捎來的毛澤東等的講演詞附批判書共二分，望你們很好的研究，向民眾宣傳，特別是要廣泛的向漢民族宣傳。

六、在部隊裡選擇其有信任的拉他靠近我們，這能促使工作的便利，要同志們利用親屬關係拉攏是比較妥善的方法之一，並且注意在每一單位都爭取。

七、不僅限於對外，為要嚴明內部，在短期內很好的教育黨員。

八、要有來人把朱德的報告捎來。

上述事項依據黨的章程，結合當地具體條件，時間，毫無顧慮的進行工作。

內蒙古人民革命黨東蒙黨部

一九四五年九月二十五日

要把候補黨員名冊快些捎來。

附件：一、劉建民覆信抄件。二、革命之根本定型。

至在東北國民黨黨員書

中國國民黨黨員諸位同志：

現在我們內蒙人民革命黨要誠懇地向你們說幾句話，內蒙古人民革命黨是有很長的歷史，並且和貴黨也具有密切的關係。在一九二五年我們承貴黨和外蒙古人民革命黨的援助，於張家口結成了內蒙人民革命黨。我們的目標是在求內蒙古民眾的徹底革命與解放。一致到現在我們一刻也未停止我們的工作。

回想在一九三一年「九一八」事變以前，我們內蒙古人民革命黨為謀徹底的改革我們的社會和爭取內蒙古民眾真正的自由與解放，我們會積極地活動和國民黨取得密切的提攜。更承貴黨許多偉大的同志給我們很大的援助與深刻的同情，這實在是值得欽佩與感謝的。

原來內蒙古人民革命黨和國民黨有著同樣的目標，都是為謀內部社會的徹底改革與爭取民族的自由和解放。我們為欲達到這個共同的目標，無論是過

去，現在或將來，都是要爭取互諒互助的步調。這是誰也不可否認的。所以我們可以說內蒙古人民革命黨和國民黨是有著朋友關係的黨。從此我們更應該緊密起來。

自從「九一八」事變以後，我們受到日本帝國主義的壓迫，所以我們內蒙古人民革命黨的活動與工作也受到了許多阻礙。但是我們積極的開展了地下工作。我們的組織更強化了。因此在本年八月九日紅軍和日寇開戰的同時，我們組織了內蒙古人民解放軍，積極地參加了驅逐日寇的戰爭，已經有了很大的收穫。

在壓迫我們的敵人被打倒之後，我們的黨召開了黨員大會，在王爺廟組織了東蒙黨部，並得到了中央的承認，為爭取我們的自由與解放，在東蒙組織了各級黨部已經開始了積極的解放工作。在這次八月二十四號中蘇成立了新的條約，同時蔣介石先生更發表了給國內各民族以自治與獨立的聲明，我們聽到了這個聲明，覺得內蒙民眾的解放運動得到了光明與保障。對於蔣先生的偉大的革命精神深為欽佩！

現在我們要根據蔣先生的聲明，更順應我們五百萬內蒙古民眾的要求，更加緊了民族解放工作。本黨是解放內蒙民眾的唯一的黨，蒙古地帶的黨務工作，由本黨負完全責任，現在在蒙古地帶各處都有內蒙古人民革命黨的活動與工作，所以深望貴黨對我們的工作要加以諒解和援助。如有和蒙古地帶聯絡的事情，希望和我們的各級黨部聯絡，以免直接工作，而至發生誤會。我們在蒙古地帶的活動和貴黨在漢地帶的活動是一致的。我們的活動絕對沒有妨害貴黨的地方。同時我們也希望貴黨對我們的工作也不要發生誤會，或者阻礙。因為我們在革命的立場上來看，則我們內蒙人民革命黨與國民黨是站在一條戰線上的，在更大更高的觀點上來看的時候，我們兩方的活動是分工合作，殊途同歸的，因此絕對沒有摩擦的可能，更沒有重複的必要。然而今後在蒙漢民族互相理解增進友好的工作，我們兩方一定更要緊密起來。所以我們誠懇的期待貴黨各位同志能夠理解這一點。並加以多方的援助。最後我們敬祝！

各位同志的健康與奮鬥！

內蒙古人民革命黨東蒙黨部
一九四五年九月二十九日

內人黨東蒙黨部致東科中旗信

致東科中旗信：

　　望不受國民黨的偏言，積極從事本黨的工作。

　　　　黨部執行委員：寶音滿都（印）、特木爾巴根、烏雲達來、薩嘎拉扎布

　　　　　　　　　　　　　　　　　　　　　　　　　　　　祕書長：哈豐阿

　　　　　　　　　　　　　　　　　　　　　　　　一九四五年九月三十日

內人黨東蒙黨部給東科中旗的指示

內蒙人民革命黨東蒙黨部指示：

　　東科中旗黨員仁××××、塔××、等同志：我們現在依據你方派來人賽××××、寶×××、嘎××等的情況報告，曉得了你們的工作進展狀態，現由我們除給你們解釋工作中的疑難問題外，給你們指出重點和方向，望你們不畏懼的使工作進展。

　　一、我們黨不是搞祕密工作的組織，政策以及方針也與國民黨無矛盾，關於我們黨的活動情況亦已告予東北國民黨各黨部，他們主動的要建立關係的時候，要他們直接和本黨部取聯繫。

　　二、黨的工作要公開的進行。據前兩指示建團和吸收候補黨員，並要迅速從事文化建設，納用基幹人才，使每個黨員負責具體的任務，反對有其名無其事。不但要你們在黨員中進行宣傳教育，且要在民眾中進行宣傳教育。

　　宣傳的主要內容如下：

　　（一）蒙古民族在民族革命的階段，為爭取民族的權利要號召民族團結一致。

　　（二）為和漢民族結成友好關係。需要和蒙族民眾交待清楚，要避免只為本民族利益和狹義民族主義思想，執行廣義民族主義，爭取團結友愛，進而把我們政策宣傳給漢民族，以使其諒解。

（三）我黨依據八一八宣言，爭取和外蒙和而為一的。現時，中國和蘇聯締結了友好同盟條約，無論中國確定邊疆領域，在區域內爭取民族自由權利時與他們無關的。因此需要我們毫無顧慮與懷疑的堅決為民族自由權利而鬥爭（為此附去蔣介石和毛澤東的講演文，並把中國共產黨劉建民同志的信深刻的領會一下）。

（四）紅軍和由外蒙來的負責的態度是：你們的內政將要如何是你們的權限，和誰聯合是由你們人民志向而定。為此我們必要領導民眾走上正確的道路，這是我們偉大而艱巨的工作，望各位努力。

三、依首次寄去的建政提綱，要求黨執行工作，組織旗聯合會和地方聯合會，通過這個會廣泛召集民眾和外蒙合併的意見，使其代表們以會議形式的決議，列為書面，要各代表署名劃押，來提出正式的要求。

四、紅軍是主張民族聯合的，不像日本那樣挑撥民族問題糾紛，要你們不受通遼、鄭家屯那方的謠言欺騙。你們若遇和紅軍聯繫的機會，把黨政情況交給他們，並求他們支援，決不需要反對和歧視漢民族。紅軍來的目的只為戰爭，而沒有領導政權的任務。

五、黨為了便於對通信聯絡，擬於長春設聯絡部。

六、由現實來看，中國可能成為滿漢蒙多民族聯合的國家政權。在此國民黨不採納這一形式，可能引起國內的爭端，其結果在東北可能實現聯合政權或共產黨來設置政權，這兩政權都和內蒙為自由鬥爭沒甚危害。據紅軍說，不是佔領滿洲而要交給中國，但不可能輕易的交給國民黨，唯一的要交給中國共產黨，最低也得交給聯合政權。現由國民黨劃分東三省為九省，據傳說都委派了漢族省長，但還一個也沒有就職，說明內政有糾紛，滿洲的政權不可能如國民黨的想像就可了事，更不可能把內蒙古民眾的為自由鬥爭依其意願隨便的處理。因此我們要和外蒙合併，喚起群眾，進行準備，從那一方面看都是有利。尤其需要參照八一八宣言宣傳所謂「尊重漢民族」。

七、吸收旗長和積極科長為正式黨員是無妨於事的。

八、要你們照送去的民警標示和服裝樣式做著，才能保護自己的武裝。

九、初始我們懷疑郭德通他老人家的來信，我們聽了東科前旗負責人的交待後，才知郭身有顧慮的病在寶爾哈台喇嘛那裡，病好後可能到瀋陽或王爺

廟，並已來信詳述。沒有和紅軍要求槍支，因此不要受流言的欺騙。

今後照這次和前二次的指示，積極工作為盼。

內蒙人民革命黨東蒙黨部

一九四五年九月三十日

你們要看具體的情況給國民黨予要求支援書。

哈豐阿等給吉×××的信

與內蒙吉×××等同志建立了聯繫，此記。

黨部執行委員：寶音滿都、薩嘎拉扎布、烏雲達來

祕書長：哈豐阿、瑪尼巴達拉

吉×××等諸同志：向你們請安。

茲特告你們的事情是，蘇聯紅軍打垮了日本侵略軍後，我們經蘇聯紅軍的允許，除執行原省區域之行政外，召開了內蒙人民革命黨東部黨員會議，依群眾願望為基礎，頒佈了內蒙人民解放宣言（八一八宣言），提出了與外蒙合併，至此也是為其實現而在努力，但由外蒙未來首長，同時我們由於各種條件之限制，我們也未得往外蒙派人，為此希望你們，各盡實力，完成這重大使命。貴地有外蒙軍的駐紮，故請你們把我們這裡情況轉告他們，並請你們把他們的基本情況和對內蒙採取的態度，以及方針政策傳達給我們。

此致

敬禮

寶音滿都、薩嘎拉扎布

瑪尼巴達拉、烏雲達來

哈豐阿

四五年十月二日

望你們在去人哈××××回來時務必函覆。

內人黨東蒙黨部委任狀

第一號

　　茲委派執行委員桑傑扎布前往長設置本黨聯絡部並與各關係方面聯絡，此狀。

一九四五年十月五日
內蒙古人民革命黨東蒙黨部

哈豐阿等致烏力吉敖其爾、都楞倉、阿拉坦道爾吉、敖其爾的信

烏力吉敖其爾（寶音陶克陶呼、烏樹德）

都楞倉（白海峰）

阿拉坦道爾吉（佛鼎）

敖其爾（阿拉坦嘎達、鄂序先）

　　同志們：今向你們請安。

　　八月九日蘇聯對日本宣戰後，我們隔離了日本人，和原有聯繫的蒙古軍會合，對日本展開了游擊戰，有些成就。八月十六日回到王爺廟，從紅軍所指，組織了原省政府，實行了地方行政。並召集了內蒙古人民革命黨黨員會議，建立了東蒙黨部，根據人民的願望，八月十八日宣佈了內蒙古人民解放宣言，表示了願和蒙古人民共和國合併的態度，把該宣言託紅軍傳達各地，同時也捎去張家口你們那裡，但不知接到與否。給斯大林的已收到了。我們沒有得到上外蒙的機會，特此望你們在下述幾項工作上給予幫助並指示。

　　一、是否願意內外蒙合併，把我們意見傳達後，再復指示。

　　二、本黨部和外蒙還未取得聯繫時，約請他們來一名顧問。

　　三、你們若知道中國內部情況和他們對內蒙的決議，能否詳盡的給予介紹。

　　因為去人哈×××××同志是內部人，什麼話都可以講的。

　　候安

特木爾巴根、薩嘎拉扎布、哈豐阿、烏雲達來
一九四五年十月五日

致吳春齡交待任務書

寶音滿都

黨部執行委員特木爾巴根、薩嘎扎布

祕書長哈豐阿

一九四五年十月七日

內蒙人民革命黨東蒙黨部函

吳春齡先生：

八月九日偉大的蘇聯和人類公敵日本法西斯宣戰，經三天時，日毫無殘存的驅逐去我們的區域。這是我們弱小民族的爭取自由上，是最好不過的良機。我們曾在二十年前受蘇聯和蒙古人民共和國的支援與領導，公開與祕密的從事爭取內蒙古民族自由解放的黨的爭鬥，現時竟到公開的時機了。八月十八日我們在王爺廟組織內蒙人民革命黨東蒙黨部，推薦特木爾巴根，薩嘎拉扎布，烏雲達來，烏雲必力格，寶音滿都，桑傑扎布，哈豐阿，額勒登台，愛日拉圖，阿思根，旺丹，松格布，拉木扎布等十三名黨員為執行委員，公佈了內蒙人民解放宣言，包括和蒙古人民共和國合併的內容，黨的工作也以此為重點，努力著。

您從來就對蒙古民族事業是熱誠的，我們深知你的能力和經歷完全都好，在當地有威望，因現在是為內蒙民族爭取自由解放的最好時機，特推任你為我們黨的正式黨員，擔任喀喇沁右旗的黨務工作，請你接受黨員任務後，開始和黨員額×××××，白雲航，會×等取聯繫，互相幫助，妥善又祕密的進行黨的工作。同時須要向民眾宣傳內蒙和外蒙合併的重要性，爭取他們的意見，又同意者不分性別的要他們按指紋，上書蒙古人民共和國總理喬巴桑，希望把這書儘早寄給。此外要適當的和中國各黨建立聯繫，避免蒙漢民族間的糾紛。

特此致函

內蒙人民革命黨東蒙黨部

一九四五年十月十七日

內蒙古人民革命黨東蒙黨部指示

×××旗黨部×××同志

這次交代的任務是本黨為了在各旗發展黨和革命青年團的組織和吸收黨員，今派遣黨員到你旗，宣傳與外蒙合併一項，達到人民意志的統一，要說明長期盼望的民族統一的良機已臨，若失此良機，終不復回，以前曾失掉過好的機會，我們為使現在的機會不空過，要大家各盡全力。

現派×××同志到貴旗工作，特別的希望你們，要結合當地實際情況，領導他們，喚起他們與外蒙合併之意願，若有意願者，連名給蒙古人民共和國總理喬巴桑遞志願書，書上要詳列住址，姓名，畫押（意願者不分男女性別）後，盡速交來本部。

並令各旗旗長皆為正式黨員，因此他們須要輔助我們工作。此外吸收新黨員停止簡要三人介紹之手續，在地方有一人即可，依據具體情況，可吸收正式黨員和候補黨員，然後要列名報本部。為此致函。

內蒙人民革命黨東蒙黨部

一九四五年十月七日

吸收黨員暫行決定

文件傳閱執行委員會

一九四五年十月七日

為照顧執行委員工作的繁忙，和避免鼠疫的傳染起見，此文件傳閱代替執行委員會，若同意下列事項希簽字。

黨部祕書　哈豐阿

執行委員　寶音滿都、特木爾巴根

薩嘎拉扎布、拉木扎布

等簽字

一、候補黨員轉為正式黨員的條件為：事變後直接參加工作，並熱誠積極的候補黨員，一律轉為正式黨員，以報答其積極工作。

二、派遣地方工作人員，皆為正式黨員，並受其有權吸收黨員。

（一）派到地方的工作人員，不經候補期為正式黨員，這便於他的吸收黨員的工作。

（二）在地方暫時停用黨章上所規定的三名介紹人，地方工作人員（不分新舊人員）授予直接吸收正式或候補黨員之權，這能促成工作和吸收黨員之方便。

三、旗長特別為正式黨員，以報答其對工作的積極外，便於在地方作黨的工作，並使其負黨的責任。

四、黨本部所在地，吸收黨員的臨時規定：

黨本部所在地，吸收黨員上，依據黨章之規定，仍用三名介紹人。但有直屬支部大會之決議者，斟酌其特殊情況，直接為正式黨員。這更為吸收程度高的黨員。

對以上提出的四項每執行委員簽字後，以會議決議行事。

祕書長哈豐阿

一九四五年十月七日

給予白雲航任務書

本部執行委員　寶音滿都、特木爾巴根、薩嘎拉扎布

祕書長哈豐阿

一九四五年十月七日

白雲航同志：

由於紅軍的勝利，在日本壓迫下被解放出來，宣佈內蒙古人民解放宣言，說明了和蒙古人民共和國合併，八月二十八日召開了黨員大會，決定黨員特木爾巴根，薩嘎拉扎布，烏雲達來，烏雲畢力格，哈豐阿，寶音滿都，桑傑扎布，阿思根，旺丹，松嘎布，拉哈木扎布，額勒登台，愛仁拉圖等十三人為執

行委員，並積極的著手了黨的工作。

因為您原為我黨黨員，要告你，現在的時機是內蒙爭取得自由的最好的機會，也是你積極努力的時機。特此希望你幫助我們，聯合吳春齡，惠×二同志和這裡派去的額××××合而為力，從事黨的工作，很好的向民眾宣傳和蒙古人民共和國合併的來由，爭取民眾意見，同意者，不分男女性別，使他們署名，按指紋寫給蒙古人民共和國元帥喬巴桑的書，迅速送給我們外，適當的和中國各黨聯繫，避免蒙漢間的糾紛。

特此
請安

內蒙古人民革命黨東蒙黨部
一九四五年十月七日

內人黨東蒙黨部給兆×××的信

兆×××同志：

你的父親阿拉坦敖其爾，在一九二九年初建設本黨部時，是出色活動家之一，也是執行委員，參加了我黨的重要工作。你很早以前就和國民黨有關，但對我黨工作和他的方針，定會讚揚吧，並且希望你積極從事我黨工作，特此任你正式黨員，交待通遼的黨的工作，要你在通遼組織內蒙人民革命黨黨組，切合實地的執行下列工作。

一、宣傳和外蒙合併問題（同前）。

二、我黨行動綱領是由社會性質註定的，使國民黨不致蔓延到我們內蒙來，但在通遼國民黨已著手工作，不要和他們鬧出意外，為使其不延蔓到臨近各旗，要你努力制止，他們須要工作時，得先通過我黨。但在共產黨要緊密聯繫，使它瞭解「八一八」宣言，既可能求他們的援助，更要你瞭解「紅軍之友」的實際情況詳報本部。

三、在吸收黨上，應經三名介紹人，候補期六個月為正式黨員，但因各地情況各異，酌情辦理。

四、要經常與本部取得聯繫。

內蒙人民革命黨東蒙黨部

一九四五年十月八日

內蒙人民革命黨東蒙本部第三次執行委員會紀錄

出席會議的五名委員：博音滿都胡、特木爾巴根、薩嘎拉扎布、阿思根。

哈豐阿祕書長作了工作總結報告：

一、關於往省內外二十一個旗派遣七十名幹部之事。

二、所做的事情：向人民群眾進行宣傳「合併外蒙」，地方上搜集合併外蒙的志願書。

三、吸收喀喇沁旗的烏春靈為正式黨員。關於中國各黨派取得聯繫的任務交給了白雲航。

四、關於二十六個旗的三十一份致卻伊巴桑致信，已由蘇聯紅軍傳遞給之（明天可能已到烏蘭巴特爾）一九四五年十月十日。

五、關於確定赴蒙古人民共和國代表六名。

六、關於吸收由通遼縣來的人為正式黨員。並已交給建立通遼支部任務之事。

七、關於確定已往瀋陽，長春連絡去的桑傑扎布後邊在派五名之事。

八、關於初次確定十九名候補黨員與十五名旗長以及已派赴當地工作的六十六名，共規定一百名正式黨員之事。

九、發展新黨員：這次呈報入黨保證書的二十八名內吸收正式黨員二十二名，後補四名，兩名決定暫時考慮。

十、東科中旗塔××同志的報告：

新發展的十名黨員中除了和××××同志為本部正式委員外，決定這次來的那×××為這裡的委員。其他八名材料不足的關係另指示吸收正式或後補黨員。

致駐索倫外蒙軍隊為取聯繫書

黨部執行委員　寶音滿都、特木爾巴根

阿思根、薩嘎拉扎布

祕書長　哈豐阿

一九四五年十月十日

蒙古人民共和國革命軍指戰員同志們：祝你們將臨的幸福。

慎告，我們內蒙三百萬民眾，受盡了中國軍閥二十年及日本侵略者十四年的壓迫，陷於水深火熱，過著牛馬生活，為早日解脫這種壓迫，積極的鬥爭到現在。

我們內蒙人民革命黨，為了解放民眾，建立人民政權，在蒙古人民共和國和蘇聯的幫助下，黨的工作以祕密或公開的方式，領導人民從事革命鬥爭，並一直認為解放內蒙民族的唯有蒙古人民共和國和蘇聯的幫助，才能實現。

這次蘇聯紅軍和蒙古人民革命軍的勝利，把我們內蒙人民在日本侵略者的壓迫下解救出來，曾在王爺廟八月十八日召開了民眾代表大會，所有內蒙人民誠意的為要和蒙古人民共和國，公佈了內蒙人民解放宣言，並已著手各種準備工作。

東蒙各旗人民代表，代表其各個本旗的人民，為要向元帥喬依巴桑呈遞和蒙古人民共和國合併的意願書，都趕到王爺廟來了，可是限於道路之便，只擬六名代表派至烏蘭巴特爾，此際聞貴方軍官同志來王爺廟，使得我們歡騰鼓舞，但因本市發生百斯篤被隔於索倫地方，我們為了致書於貴方，今派賽×××、額××××二位革命青年團員，希望你們給予幫助，特別是你們對我們的六名代表，設法儘早有便利條件，到達烏蘭巴特爾，以受兄弟之援。王爺廟發生的百斯篤傳染病已近消滅，你們到達王爺廟已為期不遠，對此，我們深表歡迎外，今擬派去的代表已注射了預防百斯篤的注射液，希望你們毫無遠慮的給予幫助。

祝你們的勝利！

內蒙古人民革命黨東蒙黨部

一九四五年十月十日

第三次給東科中旗黨支部的指示

執行委員　阿思根、薩嘎拉扎布、喇木扎布

祕書長　薩嘎拉扎布

一九四五年十月十四日

內蒙人民革命黨東蒙黨部指示

東科中旗黨支部：

　　我們根據塔××同志的報告，對你們的黨務工作，有了詳盡的瞭解，所作的完全合乎道理，依次也可知你們對工作的貢獻，何等的巨大。希望你們今後加倍的努力，今後的工作指示於後：

　　一、你們要求在本旗建立黨部一事，我們暫時不允許，請等等。

　　二、你們介紹的黨員裡，青龍，和××××，那×××，達××等可為正式黨員，其餘的決定為候補黨員。

　　三、早日已指示瓜毛都原有黨員，陳×，塔××，烏×××××，等，組織黨支部，請和他們取得聯繫，特此指示。

內蒙人民革命黨東蒙黨部

一九四五年十月十四日

致去長春桑傑扎布同志的信函

祕書長：莎嘎拉扎布

執行委員：拉木扎布、旺丹、阿思根

桑傑扎布同志：

　　接到你的來信，路途中千辛萬苦的到達長春，百忙的從事工作，我們對你深表歡迎。你所詞問的幾個問題，經我們全體的協議，答覆如下，請採納。

代理祕書長：莎嘎拉扎布

執行委員：拉木扎布、阿思根、旺丹、瑪尼巴達拉

一九四五年十月十五日

　　第一，關於蒙漢合作，要和共產黨結成友誼，密切的聯繫並領他們的直接幫助，可能條件下最好是同他們合作。關於和國民黨，要完全依據「告國民黨書」辦事，勿須要特別的靠近與遠離，但有必要時可紮斷和他們的關係，更需要向他們交待「告國民黨書」的意圖。

　　第二，關於青年學舍員的問題，由本部要募集自願入學者和將來可望前途者，若有適當的人可由你方聯絡部直接報送，名單要寄給本黨部。

　　第三，已批准蘇先生所送之款，作為你們聯部的經費。

　　第四，在建軍問題上依附信所載，對劉先生講講建設蒙古八路軍之必要性。並要他給予幫助。

　　第五，建立了聯絡部這是好的，並且也規了聯絡日期。

有關政府的問題

　　一、關於在長春設立內蒙臨時政府聯絡部一事，到現在還未設內蒙政府，就是設立以後關於聯絡部一事也有考慮的必要，不知長春市的前途如何，和我們的觀點也有所關聯，蘇聯紅軍待不長的時候更沒有建立的必要了。這些事情，細究起來是輕舉妄動。現已建立黨的聯絡機關，政府方面也就不需要了。因此很難設政府聯絡部。

　　二、我們希望與紅軍政治部關係越密切越好，黨、政證明已給你捎去。

新內蒙古人民革命黨綱領

　　內蒙古人民在內曾經受過黑黃封建幾百年來的統治壓迫，在外分別受過滿清三百年，中國軍閥二十年和日本帝國主義者十四年的統治壓迫。內蒙古人民與此一直在進行著鬥爭。

　　一九四五年蘇維埃社會主義共和國聯盟和蒙古人民共和國對日宣佈正義戰爭，從內蒙古的土地上趕走了日本鬼子，使內蒙古人民擺脫了殖民主義的奴役。

　　由於這一正義戰爭的結果，內蒙古人民多年來所渴望的實現民族團結，統一和獨立的問題越來越迫切了。但是，外部仍然存在著帝國主義殘餘和中國的

反革命勢力；內部還存在著黑黃封建殘餘。因此，我們的鬥爭到此沒有結束，還必須繼續進行更加堅決，有效的鬥爭。

從當前世界局勢來看，分別以勞動人民的國家和資本主義國家構成的兩大陣營同時存在。資本主義陣營國家正在對其內部實行者剝削與壓迫弱小民族的殖民政策。

勞動人民的國家為了解放全世界的勞動人民和在殖民統治下的弱小民族，正在進行著堅決的，不調和的鬥爭。

因此，被壓迫和被奴役的各國人民，民族只有投入世界勞動人民的革命行列，並成為其中一員，在勞動人民革命的影響和領導下進行堅決地鬥爭，才能得到徹底解放，才能取得最後勝利。這是現代民族革命的唯一的真理。

新內蒙古人民革命黨是人民群眾的先進的組織。它將成為勞動人民革命的一部分，為維護內蒙古人民利益，統一內蒙古，為實現蒙古民族的團結，統一和獨立，建立民主政權而進行鬥爭。

根據這一目的，黨要解決下列根本問題：

一、為了維護內蒙貧苦的農牧民和勞動人民的利益，使他們得到解放，參與政治，黨將與外國帝國主義殘餘和狹義漢民族主義（可能是指大漢族主義）──反革命勢力進行堅決的鬥爭，並肅清內蒙古的封建殘餘。

二、尊重人民的願望，第一步應統一和獨立，建立新民主主義國家。

三、為了大大地發展內蒙古的經濟基礎──畜牧業和農業，完全禁止買賣土地；徹底消滅封建剝削制度，組織人民合作社；剷除外國資本主義在我區的剝削制度，發展與振興民族資本，對於貧困人民給予經濟援助。

四、根除在人民群眾中的落後的封建殘餘思想，實行信教自由政策，開展識字掃除文盲運動，消滅人民群眾中的文盲現象，並建立各種學校免費進行科學普及教育制。

五、普及衛生保健知識，消滅各種傳染病，保證人口的增長。

六、引導青年參加文化及其它各項事業，使他們成為政治核心力量。

七、為了保證使婦女享受與男人平等權利，積極地引導她們參加政治，經濟及社會活動，從根本上消滅對婦女地歧視和壓迫。

八、為了防止內外反革命勢力地進攻，保證人民革命鬥爭地積極進行，建

立人民地武裝力量。

九、加強和建立與一切資本主義國家勞動人民自由解放運動地聯繫，建立與蒙古人民共和國人民革命黨，中國共產黨和蘇聯共產黨地親密無間地牢不可破地關係。

為了通上述各種問題地解決，實現全蒙古民族地團結統一和獨立，建立民主政權，完全消滅壓迫與被壓迫，保證人民地永久地和平幸福，前進到文明境界，新內蒙古人民革命黨號召：一切覺醒了的人民群眾和知識分子投入新內蒙古人民革命黨的行列，貢獻自己的力量。

新內蒙古人民革命黨黨章

第一章：黨員

第一條：凡承認本黨綱領，參加黨的一個基層組織，並在其中積極工作，執行黨的決議，嚴保黨的機密，願按規定交納黨費，作風正派，並滿十八歲的蒙族男女公民，都可以成為本黨黨員。

第二條：接受新黨員由黨的支部大會討論通過，並由旗或市黨部將新黨員的入黨申請書保證書等送交省黨部審核批准。省黨部歷時三個月不作批覆，支部的決定則生效。

入黨條件：

1.貧苦牧民，農民和軍人入黨必須有黨員一人介紹，經過六個月的候補期，才能轉為正式黨員。

2.知識分子，機關與社會團體的小職員入黨，必須有黨員一人的介紹，並經過一年的候補期才能成為正式黨員。

3.機關與團體的高級職員，返俗兩年以上的下級喇嘛入黨，必須有黨員一人介紹，並經過二年的候補期，才能轉為正式黨員。

第三條：未接到上一級黨組織的批准入黨決議之前，黨的支部可以將一定的工作交予新黨員去完成，以考驗其工作能力與對黨的忠誠。

第四條：施以黑、黃封建及其它手段來破壞黨的尊嚴和革命事業以及阻礙

實行民主的人，不得吸收入黨。

第五條：黨員由黨的這個組織轉到另一個組織，必須向原黨支部書記說明情由，並向新地黨支部書記報到，轉去組織關係。但此規實不使用於地下工作的黨員。

第六條：黨員如有下述行為之一則開除其黨籍：

1.不遵循上級黨組織的決定；

2.違反黨的紀律，洩漏黨的機密；

3.勾結反動分子破壞黨的威信；

4.沒有正當理由連續五個月不交納黨費。

第七條：對黨員的開除黨籍處分應在支部大會上討論通過，報請上級黨的組織批准，始能有效。當上級黨的組織尚未作出正式決定以前，必須撤銷備受開除黨籍處分之黨員的一切職務。黨員受到開除黨籍處分以後，如果不服，可以向上級黨的組織申訴。唯有黨中央委員認為申訴無效，決定正確，並作出正式批准決定後，處分決定始能生效。

第八條：黨中央委員會和省黨部發現黨員有叛黨行為，必須立即開除黨籍，並及時地將開除理由與決定同志各有關支部。

第二章：黨員的義務和權利

第九條：黨員的義務：

1.認真地，努力地學習，認清黨的宗旨，提高政治覺悟：

2.嚴守黨的機密，遵循黨的指示，積極執行黨的決議：

3.以身作則地積極參加與黨政工作；

4.密切與人民群眾聯繫，及時地向人民群眾宣傳貫徹黨的決議和工作，以提高黨的威信；

5.按著規定每月交納黨費。

第十條：黨員有下列權利：

1.在黨的會議上切實地討論任何問題；

2.有黨內選舉與被選舉權；

3.向黨的任務組織有到黨中央委員會提出諮詢和意見；

4.自由地閱讀黨的刊物。

第三章：黨的組織機構和組織制度

第十一條：黨實行民主集中制：

1.黨的一切領導機構，自上到下均由黨員大會，黨員小呼啦爾和黨代表大會選舉產生；

2.黨的一切組織對選舉它的黨員負責，並定期地報告工作；

3.堅決貫徹執行上級黨組織的決定和指示；

4.決定問題要採取多數通過，少數服從多數的方式。當決議已經作出後，黨員必須無條件的去執行。

第十二條：黨的領導機關：

1.在全黨是黨代表大會。在黨代表大會閉會期間，是它所舉出的中央委員會。

2.在省是省小呼拉爾；在小呼拉爾閉會期間，是它所選出的省黨部。

3.在旗，市，是旗，是小呼拉爾；在小呼拉爾閉會期間，是它所選出的旗，市黨部。

4.在區，村，機關和工礦企業是黨支部黨員大會及其所選出的黨支部委員會。

第四章；黨的支部

第十三條：每一個機關，第一個社會團體，第一個工礦企業和每一個學校，凡是有黨員三人以上的，都應當成為黨的支部。黨員如果不到三人就不能成立支部，但可以加入鄰近的黨的支部。

第十四條；黨的支部是黨的基層組織，其任務是：

1.在群眾中宣傳黨的政策，組織與帶動群眾，積極地實現黨的主張和決議；

2.接受新黨員，擴大組織力量，分發黨的刊物，以提高他們的政治覺悟，特別是積極地消滅黨員中的文盲現象；

3.廣泛地進行對群眾的教育工作，組織群眾的掃除文盲工作和對衛生保健知識的學習；

4.執行上級黨組織的一切決議，並積極地參加與人民群眾的利益有密切關係的經濟與政治活動；

5.黨員多的支部選舉支部委員三至四人，並從支部委員中推選書記一人，負責領導支部工作。

第十五條：支部全體黨員大會每月召開一次以上。

第十六條：黨支部書記每年選舉一次。

第五章：旗，市黨部

第十七條：旗，市黨的小呼拉爾（可能指旗，市黨的代表大會）由旗，市黨部主持，每年召開一市（在黨的省小呼拉爾召開以前）非常小呼拉爾則按著省黨部和旗市黨部的決議及三分之二以上組織的要求在必要時召開。

第十八條：旗，市黨的小呼拉爾聽取旗，市黨部和監察委員的報告，作出決議，並按本呼拉爾所定的名額選舉旗，市黨部委員和監察委員會，選舉除夕黨的省的小呼拉爾會議的代表。

第十九條：旗，市黨部委員推選五至七人組成主席團，主席團又選舉出旗，市黨部書記長一名；旗，市黨部委員會每年必須召開二次以上。會期個別規定。

第二十條：旗，市黨部設立如下各部：

1.建立與鞏固黨支部；

2.掌握黨員與候補黨員的數字；

3.領導宣傳工作和政治教育工作；

4.審核通過黨支部關於接受新黨員的或開除黨員黨籍的決定；

5.指導在機關與社會團體中工作的黨員的工作。

第六章：省黨部

第二十二條：黨的省小呼拉爾由省黨部主持，每年召開一次。非常小呼拉爾則根據黨中央委員會和省黨部的決議及三分之一以上組織的要求，必要時召開。

第二十三條：黨的省小呼拉爾聽取省黨部和監察委員會的報告，作出決議，並按著本呼拉爾的規定選舉省黨部委員和監察委員會，選舉出席黨代表大會代表。

第二十四條：省黨部委員推選七至九人組成主席團，主席團又選出書記長一人。

省黨部委員會每年必須召開二次以上。會期個別規定。

第二十五條：省黨部設立如下各部：

1.組織部

2.宣傳部

3.婦女工作指導部

第二十六條：省黨部執行黨的省小呼拉爾的決議和黨中央委員會的指示，並建立與領導黨的各種組織，領導一切非黨的組織。省黨部定期地向中央委員會報告工作，並抄發給下一級的黨部。

第七章：黨中央委員會

第二十七條：黨的最高機關是黨代表大會。黨代表大會每年召開一次。特別黨代表大會則按著黨中央委員會的決議及全黨三分之一以上組織的要求召開。

第二十八條：黨代表大會，1.聽取和審查通過黨中央委員會和黨的中央監察委員會的報告；2.審定黨的綱領和黨的章程；3.制定黨的政策以及處理基層組織有關的問題；4.根據黨代表大會既定的名額，選舉黨中央委員會委員和黨的中央監察委員會。

第二十九條：黨中央委員會在黨代表大會閉會期間領導黨的全部工作。

第三十條：按著黨代表大會既定的名額選舉黨中央委員會主席團，主席團選出書記長。黨中央委員會會議每年必須召開二次以上，會期由黨中央委員會自行決定。

第三十一條：黨中央委員會設立如下各部：

1.組織部

2.宣傳部

3.學校工作部

4.幹部部

5.工礦企業部

6.婦女工作部

第三十二條：黨中央委員會根據地方情況確定各地黨部的活動範圍。

第八章：監察委員會

第三十三條：為了考察各級黨工作進行的正確與否，進度部調和財政收支情況是否有當，黨代表大會和省旗市設監察委員會。

第九章：黨的紀律

第三十四條：嚴格遵守黨的紀律是黨員的義務。黨代表大會，黨中央委員會及其它上級黨組織的決議必須要迅速地認真地貫徹執行。在問題尚未定案討論過程中，黨員有權坦率地發表自己的意見，但問題已定就必須無條件的去執行。

第三十五條：對於不執行上級黨的組織的決議經查明有錯誤者，按下列方法進行處理：

1.整個組織犯錯誤的則分別給予警告，改組，撤消處分。

2.黨員個人犯錯誤的則分別給予警告，撤銷工作，開除黨籍相當時間的留黨查看處分。對於違反黨的紀律者的處分，由黨的支部大會各級黨部審察決定。

第十章：軍隊和青年團中的黨組織

第三十六條：在蒙古軍隊裡建立各級黨的組織，積極地開展政治宣傳工作。

第三十七條：為了對青年團的各級組織進行領導，黨分別派遣具有商議權的黨員代表參加青年工作。

第十一章：黨的財務經費

第三十八條：黨的財務經費由黨員自個交納的黨費及其本身的收入構成。

第三十九條：按著下列標準每月向黨員和候補黨員徵收黨費。

一‧對於有固定收入的黨員按著下列標準徵收黨費：

1.收入二百元以下的百分之一；

2.收入二百○一元至四百元的百分之二；

3.收入四百○一元以上的百分之三；

二‧對沒有固定收入的黨員則根據其牲畜頭數和土地面積數字徵收黨費，

標準是：

甲　牲畜：

1.一至二十頭牲畜徵收一元；

2.二十一至五十頭牲畜徵收二元；

3.五十一至一百頭牲畜徵收四元；

4.一百〇一頭以上徵收十元。

乙土地：

1.一至五垧地徵收一元；

2.六至十五垧地徵收二元；

3.十六之三十垧地徵收四元；

4.三十一垧以上徵收十元

有固定收入，並有牲畜和土地的黨員則以其固定收入標準徵收。

黨的組織系統

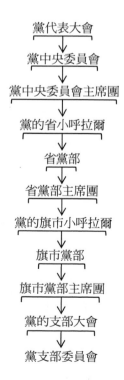

東蒙古人民自治政府樹立宣言（譯文）

　　自從人類公敵德日帝國主義者先後被打倒之後，歐亞二洲內所有各弱小被壓迫民族相繼得到解放，樹立政權，享受自由平等之生活，舉世呈現和平氣焰，誠吾人不勝慶幸者也。內蒙古乃東方弱小民族之一，歷受軍閥與帝國主義之壓迫與侵略，民眾渴望解放已非一日。溯自滿清入主中國，為利用蒙古民族之武力，並企圖削弱蒙古，採取懷柔愚弄政策，相與締結同盟關係，陽示和好，陰則大施其弱化蒙古民族之謀略，三百年來，以致吾蒙古民族幾達無可救藥地步。嗣中國辛亥革命成功，創立五族共和國家。高唱一掃從前專制，實行民主政治，五族一律平等，決無尊卑貴賤之分，以相號召，蒙古乃欣然參加，以為吾蒙古民族復甦之良機至焉，詎料共和成立後，軍閥割據，各自為政，連年內戰，民不聊生，徒有共和民主之名，而毫無其實，至於少數民族之利益，更未邇顧及，蒙古民族之所期待者，仍皆歸為泡影。迨之孫中山先生倡行三民主義，推翻北京政府，提倡民族一律平等，有自治自決之權，其為大革命精神，實令吾人可欽可敬者也。吾蒙古民族以為自此可得真正自由平等焉。孰意國民政府成立後，政令不達邊陲，地方政權，仍未脫軍閥專橫，依舊施其壓迫政策，視蒙地如征服地，視蒙民如奴隸，開放蒙古土地以盛蒙民生計，戍兵屯墾，強制移民，以奪蒙民牧場，等等。以致蒙古大眾，日陷貧困；蒙古社會，日趨黑暗。因此蒙古有志之士，為求民族之解放，爭取民族之自由，數十年來，曾多次發起民族獨立運動，惜皆遭受軍閥摧殘而行失敗，終致吾蒙古民眾輾轉於軍閥暴政威脅之下，敢怒而不敢言。似此蹂躪民眾，違反革命之黑暗政治，實令吾人痛恨無人道之壓迫與榨取，十四年間，民眾牧農財務被奪一空，饑寒交迫，已達極點。幸去年八月九日，偉大之蘇聯紅軍及蒙古人民共和國軍為解放內蒙古及東北民眾，毅然出師，掃滅日寇，吾人所渴望之解放，於茲實現，曷勝慶幸。吾人對於蘇聯紅軍，蒙古人民共和國及參加消滅侵略者之聯合國側之感激，實非以文字所能表現者也。吾人複更念及指導此次戰爭勝利諸公，不僅打倒人類公敵，直接拯救被壓迫各弱小者於水深火熱之中，且為樹立世界人類永久和平顯徹底解放，實行建立世界和平集團保障機構，成文如大

西洋憲章，舊金山會議之協定及克里米要領之成立，而聯合國間對其規定有皆忠實信守奉行，為剷除將來紛爭根源，為確立永久和平基礎，使被侵略壓迫之弱小者或從前無完整主權之民族及國家先後得到解放，予以自治或獨立者已不下十有餘國。似此義舉，誠全世界人類所同慶者也。其與吾蒙古民族關係直接者，如：八月二十四日中華民國承認蒙古人民共和國之獨立，且於同日偉大之蔣主席鄭重發表聲明曰：「國民革命之目的，對內求各民族之平等自由。」「對持有自治精神與獨立能力之民族，必扶持其成長，達成自主獨立之目示以中國為自由平等之邦。」此不獨吾同族之蒙古人民共和國獲得獨立國家之地位，同時對於吾內蒙古賦予以樹立自由政權之矣！吾人對於蔣主席之為大革命精神，衷心感戴。於此，吾等根據蔣主席之發表及一九四一年八月十四日大西洋憲章所稱：「尊重各民族在生存上所選擇的趨向和形態，恢復曾經被壓迫過的各民族的自治自決的權利。」更信賴國父孫總理在第一全國代表大會宣言內之承認中國內各民族之自決權，於反對帝國主義及軍閥之革命獲得勝利以後，要組織自由統一的（各民族自由聯合的）中華民國之指示，根據人民總意，乃於中華民國三十五年一月十六日於東蒙古葛根廟舉行東蒙古人民代表大會，公推博彥滿都先生為主席。於主席領導下，協心戮力，發足開始吾等自治建設焉。自治區域以哲里木，昭烏達，卓索圖三盟，呼倫貝爾，布特哈二部及伊克明安，齊齊哈爾，蘇魯克三旗為東蒙古人民自治政府領域。對於境內所有各民族，無論其現在與將來，一視同仁，政治上，經濟上及其他一切上，當一律予以平等待遇。茲當吾東蒙古人民自治政府樹立之際，謹將吾等自治決意，宣佈中外。深望中央政府及其他各方，對於吾等自治政府，不惜援助指導，俾得健全發達，則甚幸焉！

東蒙古人民代表大會
中華民國三十五年一月十九日

東蒙古人民自治法（譯文）

第一章　總則

第 一 條　東蒙古人民自治政府根據東蒙古人民之總意並根據中華民國發表之民族政策，實行高度民族自治。

第 二 條　根據歷史的，現實的血緣，地緣及語言，文字，風俗習慣，宗教信仰等共同的基本要素，以東蒙古各旗及其他蒙古地帶內各縣市之區域為自治區域。

第 三 條　東蒙古人民自治之根據要求是為打破封建制度之殘骸，實行建設全民自由平等之民主政治。

第 四 條　東蒙古自治區域內之一切權力，屬人民，而以人民代表大會及其所選舉之政府行使人民之自治權。

第二章　自治權及最高自治機關

第 五 條　東蒙古人民自治區域內之自治權，屬東蒙古自治區域內人民代表大會。大會閉會期間屬小會。小會閉會期間屬幹部會及自治政府。

第 六 條　東蒙古人民最高自治機關在民主與自治的範圍內制定法律，發佈命令，並在不侵害中華民國主權下得締結通商條約。

第 七 條　為保護東蒙古人民之自治權，組織東蒙古人民自治軍。

第三章　人民代表大會

第 八 條　人民代表大會以省，旗，縣，市之地域代表及民族代表組織之，代表額數，任期及選舉方法以法另定之。

第 九 條　大會之定期會議由小會決定，三年召集一次。

第 十 條　大會之臨時會議由小會召集；或有大會代表三分之一以上請求時，亦得召集之。

第十一條　大會應選出組織小會之代表四十五名，並選舉政府主席。

第十二條　小會決大會負完成責任。

第四章　小會及幹部會

第 十 三 條　小會決定法律及發佈命令，決定幹部會與政府間之權限範圍，並
　　　　　　　監督政府實行法律及大會各決議案。

第 十 四 條　小會一年召開一次，由幹部會召集之。

第 十 五 條　小會臨時會由幹部會召集，或由政府提議，幹部會通過時；或由
　　　　　　　小會代表三分之以上請求時，得召集之。

第 十 六 條　小會應選出組織幹部會之代表七人，並選舉組織政府之政府委員
　　　　　　　十五人。

第 十 七 條　小會應向大會提出會務及重要政務報告。

第 十 八 條　小會代表依幹部會之委任從事於幹部會或其他職務。

第 十 九 條　幹部會提出附議小會之法律案。

第 二 十 條　小會決定案由幹部會監視實行之。

第二十一條　小會閉會期間，幹部會認可及決定法律或中止政府之命令，調教
　　　　　　　小會審議。

第二十二條　幹部會對小會負完全責任。

第五章　自治政府

第二十三條　自治政府為最高執行機關，總攬東蒙古人民自治區域之一切行
　　　　　　　政權。

第二十四條　自治政府對小會及其幹部會負責。

第二十五條　自治政府以政府主席及政府委員組織之。

第二十六條　自治政府主席對外代表自治政府，任期為三年。

第二十七條　自治政府主席得發佈政府令。

第二十八條　自治政府主席就政府委員中任命政府祕書長及各部長。

第二十九條　自治政府祕書長，各部長及政府之執掌任務以法另定之。

第 三 十 條　自治政府各部及主席直轄機關之組織並掌管事項以法另定之。

第六章　地方制度

第三十一條　自治政府治下地方行政區劃暫定為省，旗（縣，市），努圖克（街，村，區）三級制。省，旗（縣，市），努圖克（街，村，區）之行政區劃及名稱以法另定之。

第三十二條　省政府為高級地方行政機關，以主席一人，委員若干人組織之。主席及委員均為民選而由自治政府任命之。

第三十三條　省政府組織、省政府主席及委員之執掌任務以法令另定之。

第三十四條　旗（縣市）政府以下為初級地方行政機關或自治團體，其組織及權限以法另定之。

第三十五條　省，旗（縣市），努圖克（街，村，區）之權力機關為各該級人民代表會及小會，其組織及權限以法另定之。

第七章　人民之基本權力義務

第三十六條　自治區域內之人民，不分種族，性別，其權利義務一律平等。

第三十七條　自治區內之非開放蒙地及地方埋藏物，天然森林，河川湖沼等富源及其他公共施設，在法律規定範圍內，自治區域內人民均有使用及利用之權力，但其所有權之歸屬，依據蒙古之習慣法規定之。

第三十八條　自治區域內之人民由居住，移轉，書信祕密，集會，結社，言論，出版，宗教信仰之自由。

第三十九條　自治區域內之人民有身體安全之保障，非依法律不得逮捕，拘禁，審問，處罰。

第四十一條　自治區域內之人民有選舉權，被選舉權，請願權及投票權。

第四十二條　自治區域內之人民有左列各項義務；
納稅之義務，
守法之義務，
愛護公共財產之義務，
保護祖國之義務，

忠誠勞動之義務，

有受普通教育之義務。

第四十三條　自治政府尊重自治區域內人民之權利利益，但個人或團體如有違
　　　　　　反公益時不在此限。

第八章　財政

第四十四條　自治政府之歲入，歲出，統一於政府預算，由自治政府編成之。

第四十五條　自治政府預算在會計年度開始二個月內提出，於小會及其幹部會
　　　　　　受其認可。

第四十六條　自治政府決定算在會計年度終了後三個月內提出，於小會及其幹
　　　　　　部會受其認可。

第四十七條　自治政府歲出以自治政府資金充當之，地方自治機關之地方經
　　　　　　費，由自治政府查定之。

第四十八條　租稅及其他一切政府之收入為自治政府之資金。

第四十九條　自治政府及地方自治團體依法向人民課稅。

第 五 十 條　政府會計以法律規定之。

第九章　政府旗及首府

第五十一條　政府旗為牧農旗，旗之上下兩側為赤色，中間為青色，青色之上
　　　　　　交叉黃色鋤于套馬杆，交叉上置赤星。其制法另定之。

第五十二條　自治政府之首府奠於王爺廟。

第十章　自治法修改程序

第五十三條　自治法之修改於人民代表大會施行之；大會代表三分之二以上同
　　　　　　過時得修改之。

東蒙古人民自治政府施政綱領（譯文）

一、與一切贊許少數民族自治自決，援助東蒙人民自治政府之各黨，各民族，各階層緊密的團結起來，建設自由的、和平的、民主的新東蒙，同時進一步為宗主國之繁榮發展而奮鬥。

二、打破封建餘勢，剷除不合理之特殊權益，消滅侵害東蒙古人民自治政府健全發展之一切反動勢力。

三、反對利己的狹隘民族主義，實行廣義和平等的新民族主義。

四、尊重自治區域內之漢族，回族及其他民族之政治權，經濟權，並積極贊助其發揚民族固有之文化。

五、鄰接各省縣內居住之蒙民歸屬問題，依其民意趨向，與關係方面協力解決之。

六、根據男女平等原則，從政治上，經濟上，法律上，提高婦女社會地位，使婦女積極參加社會上各種事業。

七、對於工人，技術人員及各種專門家，不分其國籍種族之別，一律優遇聘用之。

八、在尊重自治政府法律範圍內，允許任何外國人於自治區域經營事業及宗教文化活動，並保護其生命財產之安全。

九、成立東蒙古銀行，發行貨幣，整理金融，安定經濟。

十、發展各種公營企業，保護獎勵私人工商業，歡迎內外財界投資，以繁榮經濟，充裕自治區域內之人民生活。

十一、發揮凡有物力，人力，智力，開發礦生及地下富源，並保護天然森林，以合理的方法採伐樹林，利用未墾地帶種植森林，獎勵個人及團體之造林事業。

十二、建立一貫的、綜合的輕工業計劃，使自治區域內之消費生產達到自給自足之目的。

十三、設立產業立地計劃，按經濟地理之分佈狀況，使牧、農、工、礦各產業部門均衡綜合的發展。

十四、強化牧畜業，建設近代牧場，徹底實行防疫工作，並提倡數量的增殖，質量的改良。

十五、廢除國兵法，實行志願兵制度，建立必須為人民服務並為保障東蒙古人民之自治權而鬥爭的軍隊，養成良好之軍隊紀律，以求達成軍民一體的建軍理想。

十六、廢除害人民的警察制度，於必要時設立合理的人民自己的民警。

十七、剷除奴化教育，實行自由平等的真，美，善，勇並重的合理教育，在最短期間，實行免費義務教育。極力增設各級學校，培養學生自治自勉的精神，提高教職員之質量與待遇。

十八、積極輸入國際文化之精粹，振興科學，發揚藝術文明，普遍提高人民的文化生活。

十九、救濟失業者及災民，難民，並提高勤勞大眾之經濟生活及文化生活。

二十、積極建設健全幸福的農村，牧村，組織農牧自己的各種組合，俾免中間榨取者之剝削。

二十一、廢除「配給」、「出荷」、「獻納」各種統制制度，實行生產消費分配之自由經濟制度。

二十二、實行普通的免費醫療制度，並於各地方設立醫院，於人口集中地帶設置治療所，並組織巡迴治療班，舉全力撲滅風土病或傳染病。

二十三、嚴禁鴉片及麻醉藥品之流毒，樹立妥善徹底之斷絕政府。

二十四、設置無線電臺及通信網，經營郵政事業，恢復固有之驛站郵傳制度。

二十五、開發空路，極力提倡航空業，並獎勵民營航空，培養航空人才。

（這是東蒙古人民代表大會一九四六年一月通過的）

東蒙古人民自治政府經濟建設總要（1946年度）
經濟部
第一章　序言

查我東蒙古地方賦有豐富之資源及廣大之物產，然以長期間被帝國主義批

政之剝削及強制蒐荷，強制經濟，統制政策之壓迫，而致我人民之生產機構破壞，經濟來源破產，甚者強制徵兵，徵役，強制發行公債儲蓄，年積月累，人民勢將殆皆與生產脫離，因而人民受凍餒之情形到處發生。曷幸八一五之解放事變勃發，蘇蒙聯軍驅除了日本帝國主義，擺脫了侵略我人民之惡政及束縛我人民之桎梏，遂於今歲二月，根據我東蒙古人民之總意，決定了我們東蒙古人民之高度自治。當政府創設之初，百政皆待積極復興躍進之期，首以經濟為我政府命脈，人民之生活之淵源，倘不早日樹立經濟方策，則對於整個之革命力量上要發生障礙。茲確立新經濟方策以振興產業，鞏固金融，充實民生，繁榮濟之原則，使之有具體的，均衡的發展；更以穩健之步聚，綿密之計劃及明確之方針，而從事建設我政府之經濟基盤，發展我經濟事業。同時更深望我人民共同協力，公共負責，而向非資本主義之途上邁進。則我東蒙人民生活向上，可立而待矣！茲明示我政府經濟建設之方針及計劃要領，以為人民共同勵行，共同奮鬥之目標。

第二章　總括方針

當我政府確立經濟方針之際，吾人簽於偽滿時代之不合理之強力統制經濟制度是有礙於人民經濟之健全發展及人民生活之向上，故此本我政府施行綱領，積極剷除既往之不合理之統制制度，並消滅資本主義經濟之弊害，打破少數資產階級之壟斷及封建殘餘勢力之剝削，而實行非統制合理話的，有計劃性的經濟制度，擬使我政府之經濟化為有機的一元化的經濟制度為方針。

第三章　要領

第一、產業之開發

（一）農產業

一、我農民經濟以為其主要根幹之一，今欲圖其振興，對於不定之特殊農產物急講求自給之法，一面盡力一般農產物之輸出以增進農民大眾之福利。

二、農產之改良與繁殖

甲、大豆，高粱，穀子，包米等實為我大宗農產物，對其栽培加以指導獎勵，而圖品種之改良與繁殖。

乙、棉花，小麥栽培面積使其增加現在吾（是否五十）倍以上。

丙、水稻，瓜子，煙草，蓖麻，甜菜，果樹，蔬菜等講適地之栽培，除自給外，講輸出之增加。

（二）畜產業

一、畜產資源實我區域內最大之富源，惜其質劣，故振興畜產業以家畜數量之增加與品種之改良為其主眼。

二、家畜之改良與繁殖

甲、以「透魯茲達」或「昂克羅諾爾曼」等之馬改良從來之馬種。

乙、畜牛

1、乳牛以荷蘭牛或新緬塔爾牛改良之。

2、肉牛以短角牛改良為原則。

3、其他則用在來牛淘汰法改良，使其品質向上。

丙、以「庫里迭爾」種之羊改良從來之綿羊，淘汰山羊，增殖綿羊。

丁、以「巴克夏」種之豕改良從來劣種而圖其繁殖。

三、確立家畜衛生制度以圖畜產業之安定而資畜產資源之培養。

四、建設近代牧場或共同牧場以促進家畜數量之增加及經營之合理化。

（三）林業

一、禁止森林之濫伐，盡力保護增植，而以合理的經營，圖林力之維持保養為林業之主眼。

二、對於主要森林施以基本的調查，整頓政府有森林，確立合理的經營基礎。關於政府有森林以政府直營為原則，至於公有森林，私有森林，在政府監督之下，使行合理的經營，一面利用未墾地帶種植森林，獎勵個人及團體之造林事業，以謀林業之發達。

（四）水產業

一、用孵化養殖法盡力培養資源，戒濫捕以圖恒久利用。

二、達賴，貝爾兩湖漁業公營或使公私合辦之公司營之。

三、鹽之採取與精製政府直接營之，以政府管轄區域內各地之情形實行適宜之經營。

（五）農業經營

農業經營以因地制宜，按照各地區土地條件與具體情況樹立個別之經營方案而圖農牧業之改良與進步。

一、主牧輕農地帶：呼倫貝爾省，昭烏達省。

二、主農輕牧地帶；興安省，哲里木省。

三、牧農果營地帶：納文暮仁省及其他。

（六）農業施設

一、以振興農村充實農家經濟為目標，廣興農村合做事業，以圖生產消費之改善，融資之圓滑。

二、改其租佃關係，獎勵共同耕作，使其自作農化。

三、指導並獎勵農業，漸次設置並復興各種試驗機關，家畜改良機關，獸醫研究機關，苗圃公營農場，模範造林地等。

四、自民國三十五年起三年間完成氣象觀測之設備。

五、對於治水及灌溉事業施以基本調查。

（七）土地

一、確立土地制度，對於非開放之土地仍保持原來之總有制度；既開放之土地則承認其私有權，但對於大地主之壟斷及土地之兼併則防止之。

二、對於公逆產土地則以公營或共同經營方式實行之。

三、開拓團用地以合理之方法對於貧農分配之。

第二、礦工業之振興

（一）方針

發揮凡有物力，人力，智力，開發礦產及地下富源，確立基本工業及輕工業，充裕人民經濟，曾大國富為方針。

（二）礦業

一、在煤炭則統一各煤礦實行合理的生產與供給，俾得有低廉豐富之燃料。

二、重要礦產資源公營之。

（三）工業

一、左開工業隨區域內之需要在綜合計劃之下逐漸發達之：

1、皮革毛皮工業

2、製材工業

3、罐頭工業

4、紡織工業

5、油脂工業

6、酒精工業

7、製紙工業

8、曹達工業

9、機械工業

10、製糖工業

二、除上開各種工業外，人民自由經營，將來有必要時加以計劃。

（四）施設

一、為促進工業之發達與謀建設集中之利益起見，在左開地方特定工業區域；王爺廟，通遼，海拉爾，紮蘭屯。

二、統一工業之標準。

第三、金融之整備

政府鑑於解放後偽滿紙幣等充斥，暫時發行流通券回收次等紙幣，力圖流通券之流通與市價之維持，並行法幣，以鞏固金融之基礎。

一、東蒙銀行從速調劑通貨，並安定金融。

二、獎勵民眾金融機關之設置與以適當之扶助。

三、為引起一般人民儲蓄心起見，實行簡易儲金制度而謀其發達。

第四、促進工商業

（一）對於一般工商業銳意促進之，力謀交易之通暢，廣拓區域內產物之銷路於區域外，以圖商業之繁榮。

一、對於左右人民生計之大企業公營之。

二、中小工商業合作社營或私人經營之。

三、對於大宗糧穀政府收買販賣，以免價格之騰落。

四、對於生活必需品及其他有關國民生活之商品，就其供給與價格施以適當之調劑。

（二）對於貿易，政府加以管理，輸出畜產糧穀木材等及其加工品，輸入機械及主要生活必需品。

（三）頒佈特許法及商標法，保護工業所有權，制定寄託保險等法制，統一度量衡制度，設立交易通信之充實整備。

第五、交通通信之充實整備

（一）方針

我自治政府之區域，土地雖廣袤而人口稀少，更以南部多沙漠，北部多山嶺之關係，交通除一部鐵道及公路外，極為不便。茲為振興商工業，開發產業資源，確保治安之見地上，對於交通網之建設充實，通信施設之整備工作，積極企圖其有整個的擴充與發達。

（二）交通分野

一、鐵路

鐵路以政府直營為原則，但不妨以合營（包含外界政府）方式行之。對於舊有之鐵路，積極援助，使之充分發展鐵路固有之性能，使之從速恢復其業務，再於可能範圍內及可能的期間內敷設新鐵路或敷設橫貫於主要產業地帶及商工業地帶之經濟路線。

二、公路

陸運以公路復修或開闢新公路及其他道路之建設為主眼以便鄉村與主要都市間之連絡線日趨緊密，更利用電車以補鐵路之不足及運輸之發達。

三、通信、郵政

甲、通信事業由政府統一經營之，電信電話之設置及電線柱之復修，積極為之於主要府市或街，講求設置無線電臺擴充放送之事業。

乙、郵政事業得利用鐵路及公路外，於交通不便之外，使用我蒙地固有之驛站郵傳制度。

四、河運

於河川便利之處利用河運或開發運河，以補足陸路交通力之不足。

第六、人民經濟生活之改善

政府不但排除偽滿榨取殘民之批政，且積極的努力實行各種政策與施設，深期人民大眾生活安定。惟遊手好閒之徒，絕對不容其存在。振興自治與鄉鄰互助之美風而求其普及。

（一）講求所有方法以期工農大眾生活之向上。

（二）極力實行適當之社會事業及施設。

（三）整備稅制，謀負擔之均衡與輕減，以期民力之復甦。更於必要時則設累進稅制以紓民困。

（四）對於民眾生活必需品力圖低廉供給。

（五）力謀合做事業之發達，冀舉相互扶助之實。

第四章　結論

以上所開建設方針，係就經濟各部門略舉綱要，雖其規模較小，但將隨我政府經濟之實力而擴充之。苟能切實實行，則生產力定能逐漸增加，超過自給自足之域。但在初創時需要巨額之資本及精良之技術，此項資本當急速吸收中小資金及外來投資；至於技術者亦須積極養成而招聘外國專家。總之，以人民大眾永遠繁榮為主旨，冀得完成新經濟組織，剷除資本主義之弊，將以本要綱公諸數百萬人民之前，希同心協力突進焉。

東蒙古人民自治政府佈告

為佈告事：吾東蒙古數百萬民眾，根據孫中山先生在第一次全國代表大會宣言內聽指示之民族政策，並遵循去年八月二十四日中華民國政府發表之完成民族主義之聲明，為求東蒙古人民之自決自治，乃於本年一月十六日，在東蒙古葛根廟舉行東蒙古人民代表大會，議決成立代表人民意思之機關小會及其幹部會，並議決樹立東蒙古人民自治政府。本人忝被推舉為主席，自思德薄能尟，時虞隕越，尚望自治區域內蒙漢同胞，時加援助指導，則甚幸焉，根據代表大會之決議，於二月十五日在東蒙古首府王爺廟正式成立東蒙古人民自治政府，開始吾等和平的、民主的自治建設。自治政府根據東蒙古人民代表大會議決之施政綱領，首先剷除偽滿時代之害民制度，並舉全力確保治安，改善民生，發展經濟，促進文化，為吾政府目前之施政重點。本主席願與自治區域內之蒙漢同胞協力同心，建設吾等全民自由平等之新東蒙。深望東蒙民眾及各界

人士，對我東蒙古自治政府之建設發展，不惜加以援助指導，時所盼望之至。切切此布。

東蒙古人民自治政府主席　博顏滿都

中華民國三十五年二月十五日

暫行援用舊法由

　　第一條　自治政府法令未公佈以前須以從前實行之一切法令暫時選其不抵觸於左列各項者一律援用之。

　　1，中華民國諸法令；

　　2，政府宣言及自治法或施政綱領之主旨；

　　3，政府之法令；

　　4，自治政府區域內之風俗習慣。

　　第二條　依前條之規定尚不足適用時須依原有之習慣及慣行，若無習慣或慣行時，依條理。

　　第三條　本令自公布日實行之。

省政府暫行組織規程

　　東蒙古人民自治政府

　　中華民國三十五年

第一章　總則

第　一　條　本規程依據自治法第三十一條第三十二條及第三十三條之規定制定之。

第　二　條　為謀行政上之便利將自治區域劃分為六省各省之名稱區劃及省政府所在地如附表。

第　三　條　省政府為高級地方自治行政機關承自治政府之指揮監督執行法律命令管理省內行政及公共事務。

第　四　條　省政府以主席一人委員五名乃至七名組織之主席及委員經由省民代
　　　　　　表大會選出後而由自治政府任命之任期為三年。

第　五　條　省主席關於省內之行政及公共事務得依職權或特別委任發佈省令。

第　六　條　省政府主席指揮監督所屬職員關於科長級以上職員之進退賞罰呈請
　　　　　　自治政府核辦科員以下之職員則事行之。

第　七　條　省主席指揮監督省內旗縣市長，對於旗縣市長之命令或處分認為有
　　　　　　違反成規妨害公益或有越權行為時得撤銷或停止之。

第　八　條　省主席得將其屬職權事務之一部委任旗縣市長辦理之。

第　九　條　省政府主席遇非常事變需要兵力時得向地方駐紮之軍隊長請求出兵。

第二章　省政府組織

第　十　條　省政府置祕書、民政、內防、教育各處，省政府主席就省政府委員
　　　　　　中推選，各處長呈請自治政府任命之。

第十一條　省政府主席有事故時由祕書長代理其職務。處長承省政府主席之命
　　　　　　掌理處務

第十二條　省政府為辦理一般行政及公共事務得置左列職員：
　　　　　　科長
　　　　　　技術員
　　　　　　旗學
　　　　　　科員

第十三條　自治政府所指定之省得不置教育處關於教育事項由民政處掌管之。

第十四條　省政府委員依省主席之委任從事於省政府職員。

第十五條　由省政府主席主宰召集省政府委員會議省政府委員會議為省政府之
　　　　　　最高行政會議審議決定各種省政。

第十六條　祕書長掌管左列事項：
　　　　　　一，關於機密事項；
　　　　　　二，關於銓敘事項；
　　　　　　三，關於印信之典守及文書事項；
　　　　　　四，關於會計及庶務事項；

　　　　　　五，關於宣傳統計及調查事項；

　　　　　　六，不屬於他處所管事項。

第十七條　民政處掌管左列事項；

　　　　　　一，關於地方行政之監督事項；

　　　　　　二，關於地方財務之監督事項；

　　　　　　三，關於交通驛站事項；

　　　　　　四，關於土木事項；

　　　　　　五，關於土地事項；

　　　　　　六，關於賑災及救恤事項；

　　　　　　七，關於地方商工事項；

　　　　　　八，關於租稅事項；

　　　　　　九，關於省有財產之管理事項；

　　　　　　十，關於農牧業增產事項；

　　　　　　十一，關於林礦事項。

第十八條　內防處掌管左列事項：

　　　　　　一，關於內防事；

　　　　　　二，關於保安事項；

　　　　　　三，關於司法事項；

第十九條　教育處掌管左列事項：

　　　　　　一，關於教育及學藝事項；

　　　　　　二，關於社會教育事項；

　　　　　　三，關於禮俗及宗教事項；

　　　　　　四，關於史跡名勝及天然紀念物事項。

第二十條　省政府之分科規程經呈請自治政府認可後由省政府規定之。

第三章　財政

第二十一條　省政府為辦理省內公共事業得向省民賦課徵收省稅。關於省稅之
　　　　　　　賦課徵收在司法規定範圍內得以省命令規定之。

第二十二條　省政府之省稅及由省財產所生之收入或以其他依法令屬省之收入

充當前條第一項之支出如仍不足時得呈請自治政府補助。

第二十三條　省政府之歲出入預算須呈請自治政府核准。

第四章　附則

第二十五條　本令自公佈日施行之。

附表

名稱	位置	管轄區域	摘要
興安省	王爺廟	西科前，中，後三旗，紮賚特，喜紮嘎爾，郭前旗，杜爾伯特，突泉縣	八旗一縣
哲里木省	通遼	東科前，後，中三旗，庫倫，奈曼，蘇魯克三旗，通遼縣	六旗一縣
昭烏達省	林東	紮魯特旗，阿魯科爾沁旗，巴林左，右二旗，克什克騰旗，林西縣，開魯縣	五旗二縣
卓索圖省	赤峰	喀爾沁左，中，右三旗，土默特左，中，右九旗三旗，翁牛特左，右二旗，敖漢旗	
呼倫貝爾省	海拉爾	索倫旗，東，西，新巴，陳巴爾虎，額爾古納左，右各旗，海拉爾市	六旗一市
納文慕仁省	紮蘭屯	布特哈旗，阿榮旗，莫力達瓦旗，巴彥旗，納文旗，依克明安旗	

政府各部及主席直轄各處局暫行組織規定

第 一 條　主席直轄各處局置處局長各一人處局長承主席之命掌管處局務；

第 二 條　各處局掌管左列事項；

　　　　　一，祕書處

　　　　　1.關於庶務及機密事項；

　　　　　2.關於涉外事項；

　　　　　3.關於印信之典守事項；

　　　　　4.關於法令預算之公佈事項；

　　　　　5.關於文書事項；

　　　　　6.關於人事及職員給與事項；

7.關於經費及歲計事項；

8.關於會計及用度事項；

9.不屬於他處局之事項。

二，宣傳處

1・關於宣傳及新聞事項；

2・關於資料蒐集事項；

3・關於調查及研究事項；

三，參事處

1.關於特命企劃及監察事項；

2.關於其他特命事項。

四，印刷局

1，關於印刷事項。

第 三 條　各部置祕書室及司祕書室置祕書一人司置司長一人。

第 四 條　祕書承部長之命掌管室務部長有事故時代理其職務司長承部長之命掌管司務。

第 五 條　民政部置左列一室三司

祕書室

民政司

教育司

保健司

第 六 條　祕書室掌管左列事項

1.關於庶務事項；

2.關於部內及地方人事事項；

3.關於企劃事項；

4.關於文書及會計事項；

5.不屬於他司之事項。

第 七 條　民政司掌管左列事項：

1・關於地方行政事項；

2・關於社會事業事項；

3・關於建設事項；

4・關於交通事項。

第 八 條　教育司掌管左列事項：

　　　　1.關於學校教育事項；

　　　　2.關於社會教育事項；

　　　　3.關於教育制度及企劃事項；

　　　　4.關於教育指導監督事項；

　　　　5.關於編審事項。

第 九 條　保健司掌管左列事項：

　　　　1.關於保健事項；

　　　　2.關於防疫事項。

第 十 條　經濟部置左列一室二司：

　　　　祕書室

　　　　經濟司

　　　　產業司

第十一條　祕書室掌管左列事項：

　　　　1.關於庶務及會計事項；

　　　　2.關於部內及附屬機關之人事事項；

　　　　3.關於企劃及文書事項；

　　　　4.不屬於他司之事項。

第十二條　經濟司掌管左列事項；

　　　　1.關於稅務事項；

　　　　2.關於財產事項；

　　　　3.關於商工事項；

　　　　4.關於金融事項。

第十三條　產業司掌管左列事項：

　　　　1.關於農業及水產事項；

　　　　2.關於畜產事項；

　　　　3.關於林礦事項。

第十四條　內防部置左列一室二司：

　　　　　　祕書室；

　　　　　　軍事司；

　　　　　　內防司。

第十五條　祕書室掌管左列事項：

　　　　　　1.關於庶務事項；

　　　　　　2.關於部內及隸下屬全般人事事項；

　　　　　　3.關於企劃事項；

　　　　　　4.關於文書事項；

　　　　　　5.關於經理事項；

　　　　　　6.關於醫務及獸醫事項；

　　　　　　7.不屬於他司之事項。

第十六條　軍事司掌管左列事項；

　　　　　　1.關於軍事事項；

　　　　　　2.關於用兵事項；

　　　　　　3.關於軍事教育事項；

　　　　　　4.關於測量事項。

第十七條　內防司掌管左列事項：

　　　　　　1.關於內防事項；

　　　　　　2.關於保安事項；

　　　　　　3.關於法務事項。

第十八條　司法部置一室一司：

　　　　　　祕書室

　　　　　　法務司

第十九條　祕書室掌管左列事項：

　　　　　　1.關於項庶務事項；

　　　　　　2.關於部及法院監獄人事事項；

　　　　　　3.關於企劃事項；

　　　　　　4.關於會計事項；

　　　　5.關於文書事項；

　　　　6.關於不屬他司之事項。

第 二 十 條　法務司掌管左列事項：

　　　　1.關於法務事項；

　　　　2.關於民事事項；

　　　　3.關於刑事事項。

第二十一條　本規程自公佈日施行。

東蒙古人民代表臨時大會宣言

全國同胞們！全內蒙同胞們！全東蒙古同胞們！

　　我們東蒙古人民飽受了日寇和偽滿十四年的壓迫剝削，去年八月依靠著堅持八年抗戰的偉大中國抗日軍隊，蘇聯紅軍和蒙古人民革命軍的援助加上自己的武裝起義，消滅敵偽勢力，迅速取得了自由解放。充滿血淚痛苦的歷史告訴我們，一個真正擺脫法西斯統治和軍閥官僚大漢族主義壓迫的時機到來了。我們為了自己的力量來鞏固這一成果和保證永遠再也不受任何新的束縛，東蒙各地人民依據自己的意志，在本年一月會召開了第一次東蒙人民代表大會，樹立了東蒙自治政府。五個月來東蒙自治政府在保障人民民主自由，促進蒙漢民族團結，掃除反動勢力，消滅土匪，調劑民生，安定社會秩序各方面都做出不少的成績。但這樣一個為東蒙人民所喜愛的自治政府，卻又成為國民黨反動派惡毒污衊的藉口。只是又一次暴露了它們法西斯大漢族主義壓迫國內少數民族的政治本質而已。

　　現在為了全內蒙自治運動的統一和執行政治協商會議的決議，我們召開了第二次東蒙人民代表大會，決定解消東蒙自治政府，在各民族平等自治，蒙漢人民團結合作的自由空氣中，無拘束的選舉了蒙漢人民的政府委員，成立興安省政府制定為人民謀福利的施政綱領。今後在內蒙自治運動聯合會的領導配合下共謀民主與自治的各種建設。

　　國民黨反動派在民族問題上，一貫違背了孫中山先生收訂的「中國境內各民族一律平等」，「承認中國境內各民族之自決權」的民族政策把它變成民族

獨裁，武力鎮壓，屯墾戍邊的反動政策。因此在其二中全會所發表的關於民族問題的決議中，一切好聽的名詞，以及在別處的動人的諾言，都成為它們掩蔽反動企圖，欺騙少數民族，麻痺自治運動的裝飾品，而在另一個聲明內，國民黨反動派則露骨宣佈「內蒙僅為歷史上的名詞」云。

因此，全興安省蒙漢人民，特別是蒙古人民，為了爭取民主和平，地方自治與民族解放，對反動派必須有實足的警惕，對自己必須親密團結互信互助，聯合各民主黨派，民主人士，以求得自己徹底的自由與解放，和最後實現孫中山先生所主張的「各民族自由聯合的新中國」。

目前國民黨反動派正在繼續擴大東北內戰，實行其所謂「武力接收」。東北和平與我們的自治唇齒相關，因此我們堅決反對國民黨反動派的「武力接收東北」的荒謬方針。我們高呼：

一・立即停止內戰，徹底實現東北與全國的和平；

二・實行政協決議，承認民選的地方自治政府；

三・反對大漢族主義，實現少數民族自治自決；

四・蒙漢人民團結起來，為自己的徹底解放而奮鬥；

五・擁護內蒙自治運動聯合會，擁護內蒙人民自衛軍；

六・為實現自由聯邦的新民主主義的新中國而繼續奮鬥！

東蒙古人民臨時代表大會

中華民國三十五年五月二十七日

7.徹底粉碎反動民族主義的堡壘

——內蒙古人民革命黨
（內人黨資料第二集　供批判用）（1968.02）

（內部資料不得外傳）

內蒙語委、哲學社會科學研究所《東方紅》編

1968・2

最高指示

中國共產黨實全中國人民的領導核心，沒有這樣一個核心，社會主義事業就不能勝利。

國家的統一，人民的團結，國內各民族的團結，這時我們的事業必定要勝利的基本保證。

混進黨裡，政府裡，軍隊裡和各種文化界的資產階級代表人物，是一批反革命的修正主義分子，一旦時機成熟，他們就會要奪取政權，由無產階級專政變為資產階級專政。這些人物，有些已被我們識破了，有些則還沒有被識破，有些正在受到我們信用，被培養為我們的接班人，例如赫魯曉夫那樣的人物，他們現在睡在我們的身旁，各級黨委必須充當注意這一點。

策馬揚刀，乘勝追擊

去年十一月二十四日，我們內蒙古自治區的無產階級革命派緊跟偉大領袖毛主席的戰略部署，響應江青同志十一月十二日的報告，張旗鼓勇，揪出了漏網烏蘭夫分子，哈豐阿的死黨，反革命修正主義分子，民族分裂主義分子特古斯，在敵人最頑固的一道線上突破了一個缺口，把內蒙文化大革命推向了有一個新的高潮。幾個月來，我們全區革命造反派萬眾一心，並肩前進，把戰鬥繼續向敵人營壘的縱深發展，取得了巨大的勝利。

　　目前，徹底揭發批判內人黨的反動本質，徹底粉碎內人黨的叛國分裂活動是擺在全區革命造反派面前的一樁光榮而艱巨的任務。不徹底從思想上，政治上批臭內人黨，不徹底從組織上粉碎內人黨，暗藏的烏蘭夫，哈豐阿死黨分子就不可能肅清，內蒙自治區的幹部隊伍就不可能純潔，民族分裂主義的根子就不可能刨除，祖國的北疆就不可能鞏固，我區的文化大革命就有半途夭折的危險。我們革命造反派絕不可以掉以輕心。

　　所謂內人黨在歷史上有白記（即白雲梯）與哈記（即哈豐阿）之分。白記內人黨在1925年成立，1927年，這個黨的委員長白雲梯追隨蔣介石叛變革命，改組後的內人黨總部流亡在蒙古烏蘭巴托，1936年正式解散。

　　哈記內人黨是1945年八‧一五以後從敵偽的臭毛廁坑裡冒出來的。45年8月8日，蘇聯對日宣戰，10日，哈豐阿，博彥滿都等敵偽高級官僚分別由日本官員監視撤出王爺廟。但是，幾天之後，這批人卻一個個都神祕地脫離了日本人的監視，集聚到王爺廟來，掛起了內蒙古人民革命黨東蒙本部的黑牌子。這個黨由哈豐阿，博彥滿都一手圈定的所謂十三名執行委員是：除哈豐阿，博彥滿都外，還有特木爾巴根，阿思根，沙嘎拉扎布，烏雲達賚，旺丹，烏雲必力格，桑傑扎布，額爾登泰，乃日拉圖，宗格布，拉木扎布；候補執行委員有四名：都固爾扎布，尼瑪，溫都蘇，烏力吉陶克陶。這些人在敵偽時期無例外的都是廉恥喪盡，豬狗不如的大蒙奸，大賣國賊。他們中有的是偽興安省的高級官僚，偽興安軍和五三特種部隊的高級軍官，有的是日特，國特或老民族分裂主義分子。在日本統治時期，他們甘心充當敵人的鷹犬，為虎作倀，剝削和鎮壓中國人民，犯下了出賣祖國，出賣民族的滔天罪行。就在45年初日寇即將垮臺的前夕，這班老賊們仍死心塌地的效忠日寇，積極配合日本關東軍特務機關，組織了反蘇反蒙游擊報導處，「日蒙同命體」，「護國同盟興蒙會」（即安達會）等等特務組織，拼湊特務武裝，制定爆破，破壞和游擊戰等計劃，以便一旦在蘇日戰爭爆發時能配合日軍進行進攻或掩護退卻。然而日本一垮臺，中國人民取得了反法西斯戰爭的隨後勝利，這班昨天還是堅持反共反蘇的賣國賊們卻十分可疑地脫離了日本人的監視，搖身一變，把自己打扮成在第三國際領導下堅持地下抗日的「英雄」，掛出內人黨東蒙本部的黑牌，原封不動地恢復了偽興安省政府，企圖搶奪內蒙古這個從1931年九‧一八算起，中國各族人

民經過十四年浴血抗戰所得來的勝利果實。

為了欺騙輿論，這批內蒙的汪精衛使出了極其卑劣的手法，顛倒黑白，捏造了所謂內人黨的「鬥爭歷史」，同時又以追贈黨令為拉攏，匆忙地招納黨徒。所謂的「內蒙古人民解放宣言」（即八・一八宣言）就是政治騙子哈豐阿之流漫天撒謊的最拙劣的標本。宣言中竟然厚顏無恥地吹噓什麼在日寇統治時期，「內蒙人民革命黨的工作仍然在不屈不撓的祕密進行著。我們的血沸騰了，信仰更堅強了，組織更嚴密了。在這被壓迫的時期內，我們做出了許多有價值，有意義的工作」。明明是無人格的禽獸，卻自吹為抗日的英雄；明明是賣國罪該萬死，卻厚著臉皮冒充有功之人，婊子樹牌坊，真是不知人間有「羞恥」二字。

據哈豐阿在內人黨的所謂首次黨員大會上所做的「黨的經歷」這一報告，說什麼內人黨曾在內蒙的十六個城鎮旗縣「建立了黨部和黨支部，黨員共有一百來名」。其中，「為了防禦特務的陰謀破壞，已發展的黨員，幾年過程中，未使其本人知道本身是黨員的事例，為數也不少。」妙極了！原來在日本統治時期內人黨所發展的黨員，是連他自己也不知道自己是否是黨員的。真是一種古今僅有，荒唐絕頂，可笑之極的發展辦法。按照這種離奇的發展辦法，凡是哈豐阿的心腹入黨，都被慷慨地贈給黨令，追封他們為8・15以前的地下黨員，旺丹追封43年入黨，額爾敦陶克陶追封45年5月入黨。特古斯，木侖是45年9月間到王爺廟加入內人黨的，哈豐阿就偷偷地囑咐這兩人說，你們就算是43年入黨的。吳春令因為「在當地有威望」，「特推任」為正式黨員，白××××因「在軍隊中有威望」，吸收為正式黨員。偽旗長是當然的黨員，「積極」的偽科長也應優先發展為黨員……等等。內人黨就是通過這種欺騙和拉攏的可恥手法把所有蒙奸敵特，牛鬼蛇神等社會渣滓集聚起來，組成一個烏龜王八，臭不可聞的大雜燴。

這麼一班奇臭燻人的變色龍，匆匆忙忙從敵偽的毛廁裡跑出來要摘抗日勝利的桃子，光靠捏造謊言來梳洗打扮是很難騙人的，唯一可以暫時迷惑一部分人的就是大張旗鼓地利用民族主義的思想，搞所謂的「內外蒙合併」。內人黨粉墨登場的唯一活動就是公開聲言要把內蒙分裂出去，同外蒙合併。為此，他們在各旗縣進行了強姦民意的「內外蒙合併簽名」運動。在簽名中威脅利誘，

生拼硬造，手法之惡劣，不一而足。45年10月，哈豐阿，博彥滿都等還僕僕風塵，親自跑到蒙古去，進行拍賣內蒙的勾當。從蒙古回來後，哈豐阿看到合併暫時還不行，於是又著手組織東蒙自治政府，企圖把內蒙搞成獨立王國，為內外蒙合併準備條件。

　　哈豐阿之流為什麼這樣急急忙忙地不擇手段地要搞內外蒙合併呢？簡簡單單地是出於一種民族主義思想嗎？不是，絕不是。日本統治的時候，內蒙人民倍受壓迫，水深火熱，哈豐阿之流從不反對民族壓迫，而且，哈豐阿之流夥同日寇還大反蒙古。為什麼日本倒臺了，他們卻立即一反常態，傾情於蒙古呢？這裡有他們的隱衷。說穿了，就是想把內蒙古當成投獻禮，躲到蒙古去，逃避中國人民對他們的賣國罪行的正義懲罰。但是，在當時國內外局勢下，搞合併顯然有困難。因此，哈豐阿之流一面積極進行分裂活動，一面則不放棄任何機會，同國民黨暗中勾搭。臭名昭著的「致在東北國民黨員書」就是哈豐阿之流上給蔣介石的一份奴顏媚骨的「陳情表」。信中除極端肉麻地對國賊蔣介石無恥頌揚外，且明白的示意國民黨說：內人黨和國民黨是「分工合作，殊途同歸」。從這封信的原稿看，「分工合作，殊途同歸」這八個字是哈豐阿親筆添上去的。這裡再明白不過的流露出了哈豐阿之流對國民黨蔣介石的真情實意。從蒙古回來之後，合併已肯定無望，於是哈豐阿開始一頭栽向國民黨。45年年底，正當所謂東蒙自治政府的籌備工作正在緊張進行之際，哈豐阿夥同瑪尼巴達拉詭密地離開王爺廟。瑪尼巴達拉去了瀋陽，哈豐阿則在長春，海拉爾，瀋陽之間往復奔波。哈豐阿初到長春的時候，還惴惴不安，深恐國民黨要作賣國賊抓他。經過大特務阿成戈的疏通說合，見到國民黨東北行轅參謀長董彥平，興安省省長吳煥章。董彥平，吳煥章表示；「中央」是寬大的，對哈豐阿的主張都瞭解，特別是對「分工合作，殊途同歸」的說法極為欣賞，並且勉勵哈豐阿同舟共濟。哈豐阿回王爺廟時，同行的除特古斯外，就有國民黨東北行轅的祕書，美特分子烏如根格和何躍國。這位烏某人到王爺廟就住在哈豐阿家，十幾天之後，滿載而歸。哈豐阿回到王爺廟後立即派遣以瑪尼巴達拉為首的代表團去重慶見蔣介石。瑪尼巴達拉到了北平，基本上完成使令，回來時候直接接受了大特務頭子戴笠，馬漢三的任務，帶來了電臺和諜報人員。只是因為這時的王爺廟實際上已被我西滿軍分區控制，而且4月3日承德會議後，烏蘭夫，哈

豐阿第一次達成了交易，哈豐阿的這一段罪惡的歷史，由於烏蘭夫的包庇，長期以來，隱的隱瞞，推的推脫，沒有人敢於追究，知道今天才揭露出來。

在派遣瑪尼巴達拉去重慶的同時，哈豐阿著手組織了新內人黨，進行祕密活動。

4・3會議是烏蘭夫，哈豐阿合流的開始。從這以後，所有老，新內人黨徒大多被拉到共產黨內來。但是，新內人黨作為一個組織，哈豐阿始終不曾聲明解散。這些混進共產黨內來的內人黨頭目，他們究竟算是跨黨分子呢？還是共產黨人？這一點始終是一個值得懷疑的問題。譬如：1947年5・1大會前，以哈豐阿，特木爾巴根，朋斯克，烏力吉敖其爾等「四巨頭」為首，召集舊部，祕密開會，又一次要策劃重建內人黨。接著哈豐阿等還公開揚言在內蒙不應該建立共產黨，而只應該建立內人黨。烏力吉敖其爾的態度尤為囂張，甚至破口大罵共產黨是法西斯。當他們阻止在內蒙成立共產黨的狂妄企圖沒有得逞時，哈豐阿，朋斯克，烏力吉敖其爾又唆使張尼瑪，郝永芳等成立反革命組織「勞動農牧民前進會」，陰謀舉行武裝暴動。在醞釀自治政府候選人名單時，哈豐阿，朋斯克等又控制舊黨，私定名單，並規定統一行動，排斥外來幹部，反對共產黨的領導。這些行動都十分明顯的說明，在4・3以後，內人黨仍然在進行有組織的活動和共產黨相對抗。

5・1大會上烏蘭夫對哈豐阿之流執行了完全的投降主義政策，用高官厚祿實權為代價，把哈豐阿的全套人馬收買到自己麾下來。結果，哈豐阿當了自治政府的副主席，阿思根當了軍區司令員，特木爾巴根當了財政部長，朋斯克當了公安部長，烏力吉敖其爾當了交通部長，其餘新，老內人黨骨幹加官晉爵，各得其所。哈豐阿的衣缽，完全由烏蘭夫接了過來。內人黨所未完成的事業，在烏蘭夫的大黑傘下，依靠哈豐阿的全班人馬繼續進行。

為了掩蓋內人黨反動的性質，烏蘭夫編造了顛倒是非，混淆黑白的結論文件，說內人黨還有它進步的一面，理由是：一曰反帝；二曰反對民族壓迫；三曰有與共產黨作朋友的思想基礎。真是一派胡言，荒謬絕頂！

這樣一般死心塌地的狗奴才，喪心病狂的老賣國賊們有什麼臉皮談反帝！這些行屍走肉上那有半點中華民族的骨氣！哈豐阿之流也反帝，不單德王，李守信會為之不平，就是汪精衛，陳公博的鬼魂也會不服。說哈豐阿之流反對民

族壓迫更是胡扯！「民族鬥爭，說到底；是一個階級鬥爭問題。」內人黨是一個由敵偽官僚操縱，代表內蒙地區封建地主牧主階級利益的臭毛坑。民族利益從來不過是披在哈豐阿之流身上的騙人輕紗。這些人在日本統治下投靠日本，國民黨來了又投靠國民黨，他們的全部罪惡活動有那一點符合內蒙古人民的利益？至於說內人黨有與共產黨作朋友的思想基礎，這種說法本身就恰恰只能證明內人黨的反動本質。哈豐阿之流的混蛋邏輯就是內蒙沒有工人階級，因此，不應該建立共產黨，而只能建立內人黨。內人黨可以和共產黨作「朋友」，稱「兄弟」，平起平坐，分庭抗禮，但決不承認由共產黨來領導。烏蘭夫不顧問題的實質，妄加曲解，算成內人黨的進步性，真是是非顛倒，人要混淆，荒唐之至！可惡之極！

如上所述，內人黨純粹是一個反動的代表封建地主牧主階級利益的民族主義集團，本身絲毫無任何進步性之可言。4‧3會議以後，這個反動集團則變成了現行的反革命組織。這個集團有自己的黨——內蒙古人民革命黨，有團——內蒙人民革命青年團，有政府——東蒙自治政府，有軍隊——內蒙自治軍，這一全套人馬都由烏蘭夫不加改造地全盤承包下來。他們的頭目們入了共產黨，作了管，有權有勢，把持了全區黨，政，財，文等各界，互相勾結，狼狽為奸。他們身在共產黨，心在內人黨，心在內人黨；掛著共產黨的牌子，幹著內人黨的事情。哈豐阿，特古斯等人就是這樣一些危險的兩面派人物。

觸目驚心的事實告訴我們，內人黨這個反革命組織，從來沒有解散過，時至近幾年，還在猖狂地祕密地進行活動。這些長期來躲藏在陰暗角落裡的反革命分子，配合著國內外反華反共的反革命潮流，蠢蠢欲動。這些反革命分子用世界上最惡毒，最黑暗的語言咒罵我們光榮，偉大，正確的中國共產黨。公開策劃武裝暴動，要「隨時隨地拿起槍桿瞄準中國進攻」，企圖實現其顛覆祖國北疆的迷夢。狼子野心，是可忍，孰不可忍！二十年來，內蒙自治區的叛國案件高達二、三百起，其中大多就是和內人黨的活動密不可分的。我們清楚地知道，要從思想上，政治上批臭內人黨，要從組織上粉碎內人黨，不會是一件輕而易舉的工作。君不見，單是揪出一個特古斯來，社會上的波動何等強烈。一個時候陰風大作，謠言滿街，什麼「新思潮」呀！「聯動行為」呀！「矛頭對準了革委會」呀！「特古斯肯定打不倒呀！揪特古斯的人現在騎虎難下啦！」

「有5‧16式人物，有王力式人物」等等，等等，流言，蜚語，譏笑，咒罵傾盆潑雨而來。除了來自右的攻擊和反對外，另一種手法就是以極「左」面目出現，亂揪亂轟，把水攪混，轉移鬥爭大方向，保駕特古斯之流過關。鬥爭是極其艱巨的，同時也是極其複雜的。但是，用毛澤東思想武裝起來的革命造反派，火眼金睛，鋼筋鐵骨，決不會被敵人的反撲所嚇倒，也決不會為敵人的詭計所迷惑。「獨有英雄驅虎豹，更無豪傑怕熊羆」。想要阻擋革命巨輪前進的反動分子肯定是有的，但是他們終久逃脫不了革命造反派鐵拳的懲罰。

當然，在批判和粉碎內人黨的鬥爭中，我們應該看到，頑固不化，拒不交待或繼續在進行反革命活動的內人黨徒只是極小極小的一小撮。我們必須嚴格地掌握界限。要把內人黨的主要反動頭目和廣大被欺騙，被利用的內人黨一般黨員嚴格區分開來；要把1946年4‧3會議以前的政治歷史問題和4‧3以後的現行反革命活動嚴格區分開來。混淆這兩種界線，亂揪亂轟，不適當地擴大打擊面，這只能有利於敵人乘機破壞，我們千萬不可上當。

戰友們！同志們！徹底批判內人黨，徹底粉碎內人黨的嚴重任務擺在我們面前。衝鋒的號角吹響了。讓我們緊密團結，奮勇直前，踏平內人黨這個烏蘭夫反黨叛國的老巢穴，創今反動民族分裂主義這個最頑固的堡壘。「四海翻騰雲水怒，五州震盪風雷激。要掃除一切害人蟲，全無敵。

打倒劉，鄧，陶！

打倒烏蘭夫，哈豐阿！

無產階級文化大革命勝利！

毛主席的革命路線勝利萬歲！

偉大光榮正確的中國共產黨萬歲！

外大領袖毛主席萬歲！萬歲！萬萬歲！

內蒙語委《東方紅》
1968年1月

內蒙古國民黨成立宣言（1925年10月）

　　嗚呼！蒙古之父老兄弟，吾等沉淪於專制壓迫之下久矣！今也，幸民族運動曙光找我蒙疆。何謂民族運動曙光？乃內蒙國民黨第一次代表大會是也。本大會除於創設蒙古有志之士，連袂奮起，從事其組織外，內蒙六盟各旗及察哈爾，巴爾庫，達胡爾，索倫，阿拉善，額魯特，青海等民眾，各派遣代表於茲大會，本會於是為內蒙古全體之黨員代表機關，而得成其完全組織。本會宗旨，無論如何，決議排除一切專制壓迫之慘禍。關於各代表報告各地方之壓迫狀況，其結果發現蒙古各地所受壓制慘害，率皆特權階級之扎薩克王公等互相結托，以壓迫民眾，賣土地以圖私利。故吾等不得不圖協力，為蒙古民族之平等主義，以謀人民全般幸福。欲完成此大業，不得不先創立革命團體，以指導壓迫下之民眾。本大會於茲組織內蒙古國民黨，宣言下列方針：

　　（一）蒙古在清朝專制下久矣！十四年前，因中國革命勃發，清朝遂倒，因制五族共和約法。內蒙古與中國內地，同因專橫，任意侵害民權，吾儕不可不先打倒此狀態。

　　（二）十四年來，乘軍閥紛爭，各國帝國主義益形跳樑，日，英，美，法等列強利用軍閥，勾結供款，極其專橫。尤其日本，乘歐洲大戰之機，獲得東蒙古鐵道敷設權，且已著手敷設。斯鐵道完成之日，內蒙古全部將化為其殖民地。故本黨引導民眾，與各弱小民族及革命運動各黨派相聯合，以期各民族安全。

　　（三）1911年之革命事業，尚未成功。吾等與本黨同一意見，乃與革命之中國國民黨聯合協力，以期打破列強之帝國主義與專制主義，實現真正之五族共和國家。

　　（四）內蒙古各地人民，撤廢加以直接壓迫之旗制，剝奪王公扎薩克之實權，以實行自治制。

　　（五）為保全蒙古人民共有之土地，禁止王公等之出賣土地。

　　（六）本黨乘內蒙古民族已對王公軍閥及奸商抱極端反感，提倡革命運動，以全力傾注蒙古民族之平等主義，及增進其幸福；而與居住蒙古屬被壓迫

階級之漢人相提攜，以期完成中國國民革命。

（七）本黨負內蒙古革命之全部責任，由漸進主義以完成此事業。本黨又力行下列之事項：

1、中國領土內，各民族各有其自決權；

2、中國國民黨，打破外來之帝國主義，撲滅國內慘虐之軍閥，建設真正之民權政府時，我等內蒙民眾，亦設立同樣之民族政府；

3、我內蒙古民眾系族姓之分別，有自由參加國政權力。本黨於短期內，應為之事如下：

甲，廢除王公專制制度；

乙，各族之政權完全移入人民之手時，制行民選制度；

丙，召開內蒙人民代表會議。

經濟事項：

甲，王公扎薩克等所領土地，一切均移交民選機關；漢蒙雜居之土地，由互相協定，以期雙方互利辦法；

乙，土地利益之保獲，民選機關執行之；廢除蒙古地方現行一切之虐政；

丙，停止各旗人民代王公償還內外商人一切債務；

丁，設立生產及消費組合，以圖民生發展。

教育事項：

甲，以國費設立大，中，小三級之平民學校，及各種專門學校，實行強迫教育；

乙，實行貧民子弟免費教育；

丙，設立平民衛生局及各種慈善機關；

丁，信仰自由，但禁止一切藉宗教之名，以欺騙人民獲取財物。贊本黨主義者，無僧，俗，男，女之別，皆得引以為黨員，以期協力一致。解放蒙古民族，及完成革命，茲本大會決議宣言之。

內蒙古人民革命黨工作執行草案

內蒙古革命事業根據內外時局的變化，黨的工作已是走入了極艱巨而緊張

的時期。解放人民的革命的總的方針雖無改變，但根據全世界帝國主義與資產階級間的破裂和發生經濟危機這一情況下，我黨有必要和中國的工農革命取得密切的聯繫，並結合已得解放的蒙古人民共和國和蘇聯的各種政策，遵著領導全世界革命的第三國際的指示，考慮革命陣營走統一的道路，有必要時我黨的現行策略作以變更，採取新的策略路線，以適應這一情況。因此黨的工作時必須祕密進行，應將黨的工作轉入地下。並且重整黨的力量，進行黨的工作。

一，派一名中央委員駐烏蘭巴托市，從事同外蒙古革命黨與第三國際聯繫。並且與派往各地的中央委員取得聯繫，瞭解黨的工作及各地情況。取聯繫時密碼暗號。

二，分派中央委員到五個分局進行領導工作，及建立新的分局或改組工作。

三，中央委員經常以密碼暗號互相交換各地情況。遇特殊情況不能親自會面時，可以派一名可靠的黨員投送，但必須用密碼暗號。

四，中央委員經常通音訊外，依具體情況每三個月開一次會，互相瞭解各分局的情況。

（註）這個文件根據內容推測，大概是在1927年6，7月間制定的。

證明書

一、身分

伊克昭盟烏審旗人，現年五十二歲，十七年十月十七日入黨。

簽名　官布色楞

二、宣誓

我和同志們建立兄弟關係，加入本黨，宣言如下；

（一）未完成黨的綱領，寧願不護自己的生命和財產。

（二）將黨的紀律視同自己的生命，堅決維護，絕不違背。

（三）與本黨同志們兄弟般的親密團結，勿論何時何地不辭互助。

（四）扶助人民如同雙親，保衛民族如同自家。

（五）一切為人民服務到底。

（六）如果違背宣言，必遭革命和人民的懲罰，為此簽名保證。

三、總的目的

（一）尊重人民權利，實現自由幸福。

（二）民族自決權交給人民大眾。

（三）發展人民教育事業。

（四）消除一切剝削制度，發展經濟事業。

（五）施行民族一律平等。

（六）團結全世界人民，打倒一切帝國主義。

（七）蒙古民族團結一致，建立統一國家。

（八）消除舊的專制制度，建立利民制度。

（九）支持中國人民革命。

（十）堅定不移的為世界大同而奮鬥。

四、黨員的義務

（一）全心全意為完成任務而努力。

（二）對一切所作所為不得推脫，敢作敢為。

（三）瞭解時局並掌握發展規律。

（四）要熟悉執行黨章的知識。

（五）上級的指示，不但自己完成，而且要使別的人能夠完成。

（六）對自己的錯誤和缺點要及時的認識和糾正。

五、黨員守則（民主主義）

（一）嚴戒唯利是圖，損人利己的行為。

（二）不得橫暴，責罵他人。

（三）嚴戒貪污行為。

（四）以始終忠實慎重為黨員的準測。

如違背以上的四項，則有損黨的榮譽，與敵同流。

六、善之報應

（一）能執行本當義務者為黨的永遠的忠實同志。

（二）遵守並執行本黨的紀律者，乃得人民大眾的擁護。

（三）將追求真理，忘我奮鬥犧牲者，立碑永念。

（四）對不論何事起帶頭而謹慎的同志，信用於任何職務。

（五）對本黨永遠忠實者，是人民的先行者，國家的骨幹。

七、惡之報應

（一）欺騙入黨分子，一旦被發現時，自食其禍。

（二）叛變者應得革命的懲罰。

（三）違犯黨紀者，除受處分外，將失掉信用。

（四）在重要關頭，顧己不肯完成任務者，被視為同敵。

（五）對任何事物不虛心誠意者被視為騙子。

八、攜帶本證明書的制度

（一）必需隨身攜帶本人證明書。

（二）對真摯的人民和可靠的同志可以給看閱。

（三）絕對不得給反動派看觀。

（四）對本證明的章節要熟記如背。

（五）本證明書在任何地方證明黨員的身分。

（六）對不攜帶本證明書而自稱黨員者，不可信任。

（七）如失掉本證明書時再不補發，以示處分。

（八）在證明書發放後滿三年時，黨中央收回後另新發放。

（九）承認本黨章，向黨宣誓後才得簽名，並蓋中央的印鑑後發此證。

（十）領取本證書時交黨費一元。

暗號

（一）本證明書的號碼就是本人的代號。

（二）不相識的同志可以彼此問代號，經報號後方得互相檢閱證明。

第七〇三號

民國十七年十月十五日

中央委員長　色仁東洛夫

祕書長　莫爾色

組織部付部長　阿拉塔

（註）：色仁東洛夫即白雲梯，莫爾色即郭道甫，阿拉塔即金勳卿。

白雲梯聲明（1928年10月26日）

「……本年（1928）一月雲梯到京，曾將内蒙共產黨（？）徒郭道甫等十
餘名，開單提請中央通緝，現在内蒙黨部，改組為中國國民黨，……深恐外邊
不明真相，或有誤會，特將上年九月在寧夏拍發清黨宣言，重新登載新聞，以
供眾覽……」

清黨宣言（1927年9月）

「本黨於民國十四年十月，在張家口召集帶一次代表大會，選出中央執
行委員會，組織各盟旗分支黨部以來，即根據中國國民黨第一次代表大會，
民族主義議案内，承認各民族之自決權，於反對帝國主義及軍閥革命之後，當
組織自由統一的，各民族自由聯合的，中華民國之宣言，實行内蒙革命工作，
除派黨員分赴各盟旗進行黨務外，於國民軍由熱河驅逐奉軍之時，亦組織内蒙
民軍參與戰事，次第佔領林西，赤峰等處。嗣後，以環境關係，改機西進，分
駐烏，伊兩盟各旗，宣傳工作，喚起民眾，黨部暫駐寧夏，指導一切，始終未
離革命戰線一步。奮鬥至今，其目的在於内蒙三百萬袍澤之解放，脫離王公及
一切惡勢力之壓迫，得到自由平等；並期促進内蒙革命，以助中國之國民革命
早日成功者也。近來竟有少數投機分子，由莫斯科回庫，宣傳共產主義，破壞
本黨原有組織，利用本黨在庫所開特別大會之機，假借第三國際之勢力，操縱
會務，強制代表，推翻本黨第一次全内蒙代表大會宣言及決議案，另行組織共
產黨部，實行紅色主義。查我蒙古區域，地廣人稀，大多數之人民，以游牧為
生活；文化閉塞，經濟落後，無工農之階級，無社會之組織，彼等不顧現狀，
而竟以社會主義行之内蒙者，蓋欲將内蒙之一片淨土，作將來赤化之戰傷，置
數百萬人民於慘劇之中，引火焚身，害國殃民，與本黨救人民之主義大相逕
庭。蘇俄假第三國際扶助全世界弱小民族之美名，而實行赤色帝國主義侵略之
事實，如諸梁海一區及布里雅特蒙古共和國現狀，可見一斑……本黨為保持蒙
古，解放人民，脫離封建專政，完成國民革命起見，斷不容赤色帝國主義流行

於內蒙古，陷我數百萬人民於水深火熱之中也。故將混入本黨內之共產分子，按名清查，一律開除黨籍……茲將本黨主義及最近之主張，一併宣言如左：

（一）擁護本黨第一次代表大會宣言及一切組織決議案；

（二）實行中國國民黨三民主義，與中國國民黨旗幟下各黨軍，各團體及與外蒙古國民黨徹底合作，共同奮鬥，鞏固革命戰線，以期國民革命早日完成；

（三）本黨黨員，凡有違反本黨主義者，均一敵待，立行剷除。

編者說明：「白雲梯聲明」和「清黨宣言」兩件材料，都是我們從別的材料中轉引來的，原引者做了刪節，由於時間限制，我們還來不及和原文核對，請讀者注意。

內人黨一九四五年報告記錄

一、西蒙情況（胡利清貴）

一九四五年十一月十七日：

1.革命發生前七天接受了日本武器分發給了我們部隊。

2.蘇聯和蒙古人民共和國軍隊進來後，西蒙的軍隊漢三個師跑到張家口投降了日本帝國主義。

3.西蒙蒙二個師部隊都向蒙古人民共和國人民軍投降。

4.德王李守信，吳鶴令，烏古廷等七人到重慶談判的主要內容有：

甲，我們經受了日本帝國主義十四年的統治，沒有進行活動，感到很慚愧。

乙，現在，給我們蒙古什麼樣的權利？

蔣介石方面答覆的是：

一，因為日本不准活動，故不能對你們譴責；

二，因為現在對世界形勢不明瞭，故不能決定。但蔣介石的宣言中曾說，給予各弱小民族自治和自治的權利。

5.蒙古人民共和國方面的態度是；雖不能直接的協助全蒙古民族的解放，

但可以祕密的幫助。

6.由烏力吉敖其爾負責在商都籌備建立內蒙古人民共和國籌備部。

在籌備部內設八個大部。

7.給西蒙部隊全部發給了武器，正在烏德軍訓。武器主要有「胡日都圖炮」和五十輛汽車。

8.在張家口和呼和浩特都正在建立「同鄉會」。

9.蔣介石因為曾命令傅作義部隊不能反抗紅軍，所以，從七個縣的地方撤出去了。

10.東，西蒙和各地的蒙古人都決定走向社會主義。

二，新疆情況（胡利清貴）

（1）一九四五年十一月十七日

1.新疆要獨立了。

2.把80多萬蒙古人誇張200萬人。

3.蒙古，回族為主。

4.主席是吳×××（蒙古人）。

5.吳×××主席為首30人去重慶。

（2）舉行了三天會議，吳×××主席發言三個小時，受到多數人的敬佩。

三，蒙古人民共和國情況（胡利清貴）

1.18歲以上的17萬男女對於獨立問題投了票，打破了世界記錄，達到97%。

2.10月18日舉行了全國「小呼拉爾」

3.10月20日投了票。

4.10月22日召開了聯歡大會。

5.蒙古人民共和國獨立時，從重慶派雷煥章去祝賀。

6.蒙古在烏蘭巴托東南三十里舉世無雙的樓裡招待中國大使，叫蒙古姑娘演出漢族歌舞，招待幾天後送回來了，沒有讓他們進烏蘭巴托，對他們什麼也沒有說。

7.雷煥章說：蒙古和內蒙古文化比較起來，有天地之差，內蒙古文化落後的原因是中國政府壞統治的結果。這個我去重慶後，向上級報告。今後必須改善蒙古政權，否則是不行的。

8.蒙古為了同內蒙古合併而蔣介石反對時，有決心要堅定戰鬥。

四，北京情況（胡利清貴）

一九四五十一月十七日

1.充滿了國民黨的勢力；

2.日本和中央軍聯合作治安工作；

3.170萬日本軍中的30萬原封當軍隊使用，其餘140萬使用於修繕戰爭中受破壞的建築物工作到結束止。

五，赤峰情況（胡利清貴）

一九四五年十一月十七日

1.建立了內蒙自治籌備部；

2.由十一個旗參加；

3.和蒙古人民共和國合併獨立為目標。

六，科左前旗情況（　　）

一九四五年十一月十七日

1.國民黨和紅軍互相交戰；

2.在後新秋建立了旗政府；

3.漢族屯不讓蒙古軍進駐，射擊趕跑了。賓，博，達等三旗趙開了會議。

七，科左後旗情況（賽××）

一九四五年十一月十七日

1.破壞了學校和機關的門窗；

2.無知者和漢人準備迎接國民黨；

3.「蒙古真」王雲登桑布，扣開堃賽音朝克圖等人帶領50多個兵到博王旗

叫他們向國民黨投降，否則用軍隊鎮壓。旗方面的人講，因為不瞭解當時形勢準備投降，但有些青年說：「現在不瞭解形勢，故不能投降」。這樣頂回去了。

4.後來雲登桑布帶軍隊向博王旗投降了。

5.漢人的思想發生很大混亂，後來八路軍方面解釋了蒙漢問題後形勢好轉了。

6.額爾敦必力格因為在日本投降時索留了大煙，開槍打了蘇聯紅軍，被告到鄭家屯八路軍那裡，同希日布僧格到吉爾嘎朗逮捕了額爾敦必力格。

7.從徐邦統處沒收的三麻袋大煙，幾個紅軍帶去了兩麻袋，一麻袋交到了旗裡。

8.從旗政府拿解走十一挺輕機槍，一挺重機槍，四挺擲彈筒。

八，賓，博，達旗消息（　　　）

一九四五年十一月十七日

1.三個旗開了會議；

2.三個旗中間有捎信的騎馬「烏拉」；

3.三個旗中間建立了商業部；

4.三個旗協商出錢，①達爾漢旗出50萬；②博王旗出30萬。

九，庫侖旗情況（尼瑪扎布）

一九四五年十一月十七日

1.封建主義在侵略；

2.人民大眾歡迎國民黨；

3.軍隊無理地壓迫人民；

4.正出現者強盜；

十，奈曼旗消息（旺楚克道爾吉）

一九四五年十一月十七日

1.因為同本部沒有聯繫，不瞭解形勢；

2.旗王爺被提封為旗長；受漢人影響，準備歡迎國民黨。

3.使用了漢族中的壞人，失去了在人民中的威信。

十一，白城子（特古斯朝克圖）

一九四五年十一月廿六日

1.在王爺廟，白城子建立兩方面的工作部；

2.在蒙古地區居住的漢人因不理睬蒙古人，我們請求中國紅軍來做好宣傳工作。

3.對白城子漢人中的無知者要很好地介紹蒙古；

4.消滅偽裝的紅軍；

5.索倫的漢人告了蒙古人的狀，紅軍機關沒有給他們好臉色；

6.為了不傷害漢人的心，同意升中國國旗；

7.全蒙古一定要統一起來；

8.向人民作口頭宣傳；

9.教育好人民警察；

10.在漢人和朝鮮人中建立團，進行教育；

11.紅軍的李天蘭同志歡迎蒙古的女同志。

12.……

十二，郭爾羅斯前旗（都××）

一九四五年十一月廿六日

1.對採用通訊員要開會議決定，他報告的內容和詢問的事情也由會議決定；

2.革命軍一千人，因為無知者多，所以要徵500名優秀青年；

3.當要對軍隊進行兩個周的訓練；

4.政府要通過青年和黨的組織行使權利；

5.？

6.利用了喇嘛，利用了形勢；

7.富人要對青年和黨以物資援助；

8.不准蘇聯軍進城，一切物資由政府供應；

9.中國紅軍的劉建民幫助了我們；

10.朝鮮人給青年團以物資援助；

11.原有國民黨黨部，現被消滅掉；

12.國民黨欺騙蒙古人，宣傳封建；

13.原來在布里亞特蒙古軍的幫助下，建立了青年聯合會，現在改為青年團。

14.開展了解放婦女運動；

15.

（甲）辦公二小時；

（乙）座談會開兩小時；

（丙）電臺部，電臺消息是；

①內蒙古人民代表參加了全世界承認蒙古獨立的會議；

②中國紅軍十五人與中央30萬人交戰，包頭，大同，山西，甘肅，大青山等地的戰鬥中蒙古軍也幫助了。

16.為了解放，察哈爾也暴動了；

17.美國

世界各國情況；

①日本天皇兩次辭職未成；

②無視各民族的獨立。

18.英國向美國和俄國請求有關世界戰爭的報告（至明年四月）。

19.在太平洋檢閱德，日，美艦隊，並原子彈試驗。

十三，都爾伯特旗（官布仁親）

一九四五年十一月二十七日

1.十月十八日召開了黨的會議；

2.十月廿七日在白音查干召集七十餘人召開了選拔黨員會議和團的會議。

3.由於土匪的干擾，農村活動未能像預想的那樣開展起來。

4.逐門拜訪，搜集很多情況；

5.請示蘇軍衛戍司令部取得了證明書；

6.向城防司令誰求槍支，至今未得批准；

7.向紅軍請示黨的經費，紅軍說經費由地方徵集，向政府報告。

十四，齊齊哈爾情況（官布仁親）

一九四五年十一月廿七日

1.東省同志集聚多人想成立正式政府，因多種原因四個旗未參加；

2.近百名軍官學校學生中有19人因病回來，其餘受訓學習新的知識，教育新兵，大約舊曆十二月份能夠回來；

3.約在十一月二十七日要放回二千來人；

4.延安的力量放在中國，東北地區屬北方的力量；

5.中國紅軍不管內蒙的事務；

6.全力協助內蒙古的解放及全蒙古統一獨立。

十五，平齊線（烏雲達來）

一九五四年十一月二十七日

1.略

十六，郭爾羅斯前旗（官布扎布）

一九四五年十一月三十日

1.拉西道爾吉先生停辦學校，為革命積蓄力量，建立軍隊；

2.革命發生後，將旗裡的日偽物資隨意搶走，青年們勸解無效；

3.革命發生前，教育老年人，但未發生效果；

4.根據國民黨的指示，為恢復王公制度作了努力；

5.劉建民是……東北大學有二人逃往延安，其餘學生都去重慶了。

6.國民黨說社會主義不好；

7.蘇軍進來後和國民黨差不多，老年人最有反感；

8.為此，國民黨利用老年人反對青年人；

9.大同會上劉建民召集青年人解釋了國民黨的破裂。

10.大同會依靠受難青年和八路軍勢力；

11.漢人組織了暗殺隊，互相爭隊長權而失敗。

12.劉建民為取武器到付義，被三青團趕了回來；

13.劉建民的女人從新京步行到郭爾羅斯送信；

14.劉信上說的是在新京建立了東北聯合會，有事前來聯繫。

15.第四次去新京會見了劉建民，在內蒙宣言中說的接受俄國的幫助是錯了。

16.桑傑扎布，官布扎布二人在新京和中國共產黨建立兄弟關係，簽了字。

17.喬巴山同志從新京找到內蒙宣言後，高興的到莫斯科去了。

18.革命前，18萬中國紅軍在阜新，錦，熱，奉等地採煤。

19.革命發生後，收復了四個省；

20.利用喇嘛和傅儀統一了人民思想。

21.到郭前旗五名八路軍戰士被國民黨翻譯陷害，被判處死刑。

22.官布扎布同志去解救了這五名戰士；

23.向王爺廟請求軍隊和文藝工作者；

24.請姑娘同志作黨的工作。

十七，蒙古人民共和國（哈豐阿）

一九四五年十二月九日：

1.關於統一蒙古問題；

(1)因國際形勢暫時不能統一。

(2)不違反俄國和中國的條約。

(3)內蒙古人民占五分之四，故投票也不會成功。

(4)如果不尊重蘇俄和中國條約，我們被戴上帝國主義的帽子。

(5)目前，要建立東蒙自治政府。

(6)要看今後兩年的情況，東，西蒙合併。

(7)看國際形勢，來統一全蒙古。

(8)現在帝國主義勢力已被壓下，以後那國發動戰爭，它就成為世界的罪人。

(9)尊重蘇聯的立場。

(10)我們要尊重友好國家的立場。

2.革命軍進入西蒙後，蔣介石向蘇聯詢問，蘇方答覆說；向獨立的蒙古談判。

3.有原子彈的不只是美國。

4.俄國生產了克秋莎炮。

5.明年，俄國可能用原子能來發動機器。

6.新疆的新式軍隊（3萬人）跟國民黨作了鬥爭。

7.羅馬尼亞，匈牙利，德意志的東半部走向了社會主義。

8.法國政權十分之八屬共產黨，為使外交部，內務部，國防部中的一個由共產黨本掌握而進行鬥爭。

9.歐洲的東半部走向了革命。

十八，紮賚特旗（都固爾扎布）

一九四五年十二月十五日：

1.封建者用各種方式對人民撒播迷信。

2.貶低青年沒有實踐和知識。

3.各旗設有五，六十名軍人。

4.人民手中有的武器……

5.旗裡的武器約有兩千。

6.建立了青年團，有50來名團員。

7.從旗賣糧款二萬元作為團費上交了。

8.（略）

9.把團要武裝起來

10.嫩江省司令員積極活動，沒收了人民的武器，後被國民黨殺害了。

11.這樣，在泰來蘇軍和八路軍被宣佈為壞的。

12.（略）

13.包啟文在次日搞特務去了。

14.宴請為名殺害了張司令。

15.給蘇軍20萬元，搞了欺騙活動。

16.國民黨為挑撥八路軍和蘇聯的關係，作欺騙宣傳。

17.封建勢力向國民黨通風報信。

蒙古（哈豐阿）

10.美國人民多數不同意扶蔣。

11.印度選甘地為主席，正為獨立而鬥爭。

12.日本走向資本主義，群眾很不滿意。

13.朝鮮為社會主義而鬥爭。

十九，瀋陽（達瓦敖斯爾）

一九四五年十二月十四日；

1.東北人民代表大會……（見後原文翻譯）

二十，紮賚特旗（格日勒圖）

一九四五年十二月十六日

1.在十二月十日舉行了建立青年團典禮。

2.這個會議上出席了旗長和王爺，貴族。

3.來的十人在經濟上給了熱情的幫助。

4.祕書長是葉喜扎布。

5.組織如團章規定的。

6.旗長的第二候選人是布仁額。

7.青年有50名。

8.在兩週內和王爺廟聯繫一次。

9.婦女有六名，為婦女的解放作了努力。

10.包啟文去時，原有的糧食分給了人民。

11.群眾很安靜，耐心聽宣傳。

二十一，蒙古真（巴×××）

一九四五年十二月十六日

1.旗長已由上編制定的……

2.在蘇日克當教員的孫白銀向旗長說……

3.同旗長等人在阜新殺害了八路軍司令員。

4.八路軍打進時，旗長王八扣逃跑了。

5.因我們不瞭解八路軍，所以沒有很好議論。

6.青年的思想基本統一起來了，在唐二屯建立了黨支部，祕書長是姚同志。

7.（略）

8.王公家屬，學校都疏散，八路軍進駐。

二十二，巴林左旗（　　）

一九四五年十二月二十日：

1.整頓政府好，人民的思想安定了，收回了槍枝。

2.林西，金德，玉林以前沒有做工作的人在蘇軍進來後，說「我是八路軍，以前有一千來人做地下工作。」

3.蘇聯軍叫他召集原來的一千人回來。

4.王原來沒有這件事，所以很著急，趕緊印刷袖章。

5.正在這時，真正的八路軍進來了，兩方面作鬥爭，王去原籍取回證明書。

6.在巴林左旗王的工作沒有成效，在巴林右旗作了很多壞事。

7.（略）

8.（略）

9.（略）

10.這次，呼和德力格爾來工作了。

11.十月份，巴林左旗建立了旗政府。

12.（略）

13.（略）

14.我們去時，劉向英率領漢人壓迫蒙古人升中國旗，宣傳國民黨。從興安嶺來人時，拿著旗迎接我們，我們的工作很有成效。青年團中也有漢人，有人提出青年團不要漢人後，首長那斯圖怕了。

二十三，郭爾勒斯後旗（包××）

一九四六年一月四日：

1.革命後，國民黨的力量大，我們開展工作很困難。

2.國民黨的力量大，中人少，計劃了三個方面的工作，向三方面派人；(1)

哈爾濱紅軍(2)杜爾伯特旗(3)郭前旗。

3.郭前旗的人和八路軍夏司令建立了友好關係，他說：「在郭後旗建五百人的軍隊。」

4.（略）

5.（略）

6.國民黨出了兩種刊物。(1)呼聲(2)晨光，挨家散發。

7.為槍枝問題來到白城子和王爺廟，沒有槍枝就建立不起革命軍。

8.遠郊和哈爾賓附近地區已被八路軍佔領，國民黨已進入我旗，來的目的有四個：(1)做公開工作(2)作外部聯繫(3)作祕密工作(4)暗殺。

9.徵兵有三個目的：(1)以後政權出問題(2)不能支援南北兩方(3)被三省劃分，不能沒有自治政權。

10.八路軍的新部隊搖擺不定，李富章是由延安來的，他確實好似哈爾濱工人，破壞了縣政府，說是後旗政府的事，並說徵兵的話發給槍，現在只有一個班的兵力，東小站戰鬥時，槍來得晚了。原來白城子的夏司令說給槍，現在又不能給了。

11.現在已逮捕勒陶，郭，劉，明，王等國民黨的人，老百姓認識他們的錯誤，蒙漢和睦相處了，現在後旗的命根子是一百名軍隊。

二十四，葛根廟（特木爾巴根）

一九四六年一月十六日：

1.人民代表大會開幕詞，預備會議的過程。

2.日本法西斯統治東北十四年時期人民受到的苦難。

3.幸好在八月俄國，外蒙，八路軍解放了，現在是對自治解放有利時機。

4.8月24日蔣介石的報告，幾年前英，美曾說打倒法西斯後，弱小民族會得到解放，照這個幹。

5.商議決定11月24日召開人民代表大會。

6.建立民主國家的代表由每五千人中產生一名代表，漢族縣裡產生一個代表，18歲以上有選舉權和被選舉權。

7.……在葛根廟召開，因代表來的遲，會議延期。

8.原來估計是500名代表，現在報到的有三百四十六名，正式代表二百八十名，列席代表九十六名。

9.會議討論內容有四項：(1)自治法(2)施政綱要(3)臨時組織(4)宣言。

10.博彥滿都講話

在封建，仇人長期統治下的人民現在得到解放，選舉革命領導者幾人，建立人民軍，以後更好地努力。

11‧八路軍代表講話

召開這次會次在內蒙是一件大喜事，蒙漢衝突，強盜是人民的敵人，國民黨是掛羊頭賣狗肉的東西。對世界上的人一視同仁，蒙古官吏，軍隊，人民合為一體了，這樣來看，蒙古發展繁榮的時刻已到。

(1)經濟方面落後的原因是，蒙古人過去買東西時，漢人要多少給多少而已。

(2)中國實行的主義是孫中山的以漢人為首的三民主義，現在改為新民三主義。[1]

(3)《中國之命運》（蔣介石）一書說：不承認弱小民族，這就是孫的三項明智政策。

(4)八月二十四日，蔣介石說：國內的弱小民族自己來決定，但是，把興安總省的二十分之一劃歸興安省，省長由漢人吳煥章擔任。

(5)共產黨是主要依靠人民群眾的，對全世界人民不分民族一視同仁，這才是真正的新三民主義。

哈豐阿同志發言記錄（一九四六年二月三日）

我這次公出是去了長春，海拉爾等地。在九月底有了（接上了）關係，就派桑傑扎布同志去。桑傑少校想引見馬利諾夫斯基元帥，但因為桑傑扎布同志沒帶證明信和黨政，故沒有見成。桑傑扎布同志回來取了證明信件，他由奉天到了郭爾羅斯，再回奔長春快要到達時，正是趕上了十一月二十日事件，（要）回國的紅軍又回來了。其公開的願意是說中國黨（指國民黨）原決定將交給東北（一事），變成了只給四大城市了。另外，美國軍隊，在國內情況也

---

[1] 編按：應為「新三民主義」，史料原文如此，編輯保留。

緊張了起來。又打了上都（可能指現在的商都）的八路軍，還傳延安第二次（大）戰等原因，蘇軍（便返回了）。

（我們提出的問題是）：

1.感謝；

2.召開人民（代表）大會和釋放被押軍人；

3.向各國打電報，為三十萬無服裝的人民向紅十字會請求救濟。

（對此）：

1.（他們）熱情接受了感謝。（並）趕上了初次釋放軍人（的機會）；

2.沒有釋放所有軍人的原因，是中央軍（？）要求把被壓的軍人都編為軍隊而沒放出來。在這次請求時才放了出來。又請求釋放了在瀋陽被壓的軍人。

3.對人民代表大會非常重視。對這個消息（他們）已電告莫斯科了。再有請求派人來參加我們的大會時，桑傑說，請個別的人吧。紅軍方面提出要從東北行營請派人員，為此，我們派了阿成嘎同志在十二日去請了。他們問開什麼會？阿同志說，根據你們八月二十四日宣佈的宣言召開會議。東北行營向紅軍送去了抗議。

中國問題

大戰結束後，毛同志（指毛主席）去重慶六十天，討論了成立人民民主政府（問題）。中國政府主席是蔣（介石），他的援助者是美國。它的外交部長赫爾利直接（露骨）地幫助了國民黨，所以停止赫爾利，以馬歇爾代替了。去年三外長在莫斯科舉行會議。主要（研究的）問題：

……（缺記錄了）

……（因殘缺不齊故略）

蒙古的問題

去中國黨（指國民黨）的各蒙古（代表），來到北京（成立了）宣導團（宣傳團），由烏古廷，吳鶴齡帶領。

王慶三，曹劍譚，又向東北行營遞交了意見書。可能與在北京的他們相同的（意見）。

吉爾嘎郎說中國黨（指國民黨），沒有什麼蒙古著作，（我們）怎麼叫他們說什麼呢？

西蒙已由雲澤在綏遠當了主席，召開了籌委會，（討論定的問題）：

①軍事委員會；②保安總司令；③警察大隊。

呼倫貝爾已成立了自治省政府。省長為額爾很巴圖，付省長為山吉米德格。青年中展開了許多活動。哈達，郭文通是主要支持者。尤其是他們成立了合作社，資本是由賣給紅軍羊，牛掙來的錢和人民借的款，已共有四百萬元。從哈爾濱買回各種用品，賣給人民。由奈日拉圖，額爾登臺二同志負責，大辦財政工作。參加人民代表大會的代表，到了興安嶺，因遇到了大雪，沒有出來了。

蒙古真（現阜新縣）消息

我們從這裡（指烏蘭浩特）出發，日夜不停的到了瀋陽。從瀋陽又步行到了旗裡。光復後，梧桐（譯音）站學校校長叫孫白英的，到了旗裡冒充自己是張學良四弟，欺騙了旗長，殺害了八路軍司令員。所以，現在旗長已經逃跑了。

青年思想正在統一者。但我們不太清八路軍的主張，沒作多少工作。黨和團的活動也有著沒什麼展開的情況。

（譯自1945年會議記錄第20頁）

四五年會議記錄中關於出席東北人民代表大會的內蒙代表達瓦敖斯爾彙報（報告）摘記

達傳達說；「林楓說：我們理解了內蒙的心情。內外蒙合併是必然的事情。我們中國共產黨主張解放各少數民族，對你們（內蒙）一定要幫助到底！但考慮到將來，根據國內形勢，目前你們搞自治是最適宜的了。如果蒙古人民共和國和蘇聯允許你們獨立，我們更要堅決地支持你們。因為你們今天來參加了這個會議，我們中國共產黨要對你們負責。……你們現在要統一東西蒙古，建立一個政府。將來有了條件建立了中國聯合政府，那時你們與外蒙合併，我們對你們援助就方便了。你們的經濟，政治，軍事各方面有困難，因此，我們

要盡力支援你們的。」……。

「聽了林楓的話,我們蒙古的代表高興極了。」

致內蒙人民革命黨中央同志們書

內蒙人民革命黨中央同志們:

這次蘇聯紅軍進攻滿洲及蒙古粉碎日本強盜之際,我們也發揮了前幾年進行工作的作用。並蒙古軍中的同志們也率領與動員軍隊,殺死了日寇;同時在日軍的前後進行游擊戰爭,成了協助蘇聯紅軍的力量。在黨的方面也召開了東蒙委員會議,建立了東蒙本部,組成執行委員會,並由祕書長參加,選舉了十三名執行委員,積極進行黨務工作。政權方面,建立了內蒙人民解放委員會,成立內蒙人民解放軍,繼續協助了蘇聯紅軍。

八月十六日會晤了蘇聯紅軍代表,收回了武器;服從了暫時恢復興安總省舊的組織之指示,繼續進行了工作。

我黨覺得現在是內蒙全部合併於蒙古人民共和國,得到自由的良好機會,因而在八月十八日發表了內蒙人民解放宣言,並將此宣言附去,希同志們研究考慮,與有關方面迅速取得聯繫,使其滿足我們的要求。並由中央往王爺廟速派領導人給予指導。

此致

祝你們身體健康

內蒙人民革命黨東蒙本部

祕書長　哈豐阿

執行委員　寶音滿都呼等

1945年8月18日

內蒙古人民革命黨東蒙本部指示

委派本部執行委員烏雲畢力格，候補黨員巴×××二位同志。

現在偉大的蘇聯紅軍粉碎了日本帝國主義的統治後，被壓迫的民族站起來爭取解放自己的時機到了。

興安東省的情況來看，離王爺廟又遠，並蒙漢雜居地區，因此必要來積極充實黨的工作。在當地進行宣傳內蒙解放運動，並向他們指出今後應走的道路。所以特委派你們去結合地方特殊情況佈置各種工作。

一·興安東省的特殊情況：

興安東省歷來沒作黨的工作，同時漢族很多，所以進行工作慎重注意。

1.制止蒙漢民族的糾紛。

2.明確瞭解當地國民黨的活動，並取得公開聯繫；但要防止陰謀詭計。

3.使他們認識清楚我蒙民族無論喀喇沁，科爾沁，達呼爾一律同樣應為互相幫助。

二·關於中國革命的聯繫問題：

本黨曾接受過蘇聯與蒙古人民共和國人民革命黨的領導。今後聯繫更是密切，因此對中國共產黨是兄弟黨的關係。

三·黨的組織與有關宣傳的問題：

本省地區沒有我黨黨員，所以，已到就找差不多的青年解釋我黨，吸收候補黨員，打下工作基礎。

1.紮蘭屯建立之黨基層（支部）組織。

2.對新黨員介紹解釋黨章與黨的活動，並且以目前政治形式進行解釋。

3.八、一八宣言是根據內蒙人民願望，合併蒙古人民共和國的宣言。

4.依據中蘇條約這個合併是有些困難的，但是我黨的努力與隨著這次事變，內蒙人民得到比以前更多的解放自由是肯定的，因此現在開始努力奮鬥是很重要的。

5.凡在蒙古人稠密地區，吸收候補黨員，設立支部；但不要忘記黨章規則。

四·其他應注意事項：

根據如上所述之東省特殊情況，應注意以下幾點：

1.搜集東省附近的國民黨活動，與齊齊哈爾等地的情報，及時與本部聯絡。

2.與北省也取得聯繫，並互相幫助，及時往本部聯絡。

3.機關，學校，民警等地有三個以上黨員時，可建立支部，三個以下時可建立小組。規定上均為候補黨員時不能建立支部，但是特殊情況下可以建立。

4.群眾中進行宣傳鼓動並組織群眾（如建立旗區組織與農會等），利用這些組織以便開展工作。

5.不要與各地舊職權者發生衝突。

6.應仔細研究上述之問題，及時與本部取得聯繫。為此委派。

此致

祕書長　哈豐阿

本部執行委員　博彥滿都等

一九四五年九月十日

內蒙人民革命黨東蒙本部指示

委派郭後旗黨員吉×××××同志：

這次偉大的蘇聯紅軍粉碎了日本法西斯，長期受壓迫的各弱小民族已經得到自由解放。

我們不僅歡騰鼓舞，並且我黨的工作也獲得很大成就，今後為了更進一步積極充實起見，委派你赴郭後旗進行黨務工作。希你按著指示精神，結合當地特殊情況，注意進行是荷。以下注意幾點事項：

一・郭後旗是蒙漢雜居地區，同時也有中國各黨派活動，因此我黨名譽暫時不發表，而是採取巧妙的方式來進行祕密工作。

1.祕密建立我黨支部，盡力與國民黨取得公開聯繫，瞭解他們的一切。

2.搜集周圍環境與哈爾濱等地情況，及時與鄰近旗與本部聯繫。

3.與地方職權者取得聯繫，絕不要發生衝突。

4.現有黨員與群眾中宣傳。

5.如有中國共產黨時取得祕密聯繫，介紹我黨目的，介紹時說明：

甲，我黨最初是接受過第三國際指示，但第三國際取消後，接受蘇聯與蒙古人民共和國革命黨的領導，今後的關係更是密切，同中國共產黨是兄弟黨的關係。

乙，社會經濟發展的特殊性，暫時不可能成立共產黨組織，但人民革命黨以非資本主義路線領導社會經濟發展，邁進社會主義社會。

丙，八‧一八宣言中所提的中國革命黨是指著中國共產黨說的。

丁，關於與中國聯繫上完全信任共產黨。同時西蒙同志很早就直接聯繫延安。要是真的中國共產黨，會和我黨取得聯繫的。如果他們表現好時，取得更密切聯繫。應：

1.蒙漢雜居地區，防止或制止蒙漢民族隔閡，蒙古地區我們進行宣傳，漢人地區他們進行宣傳。

2.向東蒙附近的中國共產黨組織，傳達給我黨的關係。

二，我黨黨員中進行積極解釋介紹黨的活動與黨章。同時解釋目前政治形勢。

1.八‧一八宣言是根據內蒙人民的願望，合併蒙古人民共和國的宣言。

2.根據中蘇條約，合併蒙古人民共和國是有以猶豫的，但是我黨仍繼續努力與隨著這次事變的影響下，內蒙得到比以前更大的自由解放是肯定的。因此從此開始積極努力是很重要的。

三，郭後旗吸收黨員建立支部時，按照黨章原則，應仔細執行，當地民警中選擇品質優良的吸收入黨。

四，宗教問題原本不動，不要妨礙群眾的宗教信仰。

內蒙人民革命黨東蒙本部

祕書長　哈豐阿

執行委員　博彥滿都　特木爾巴根　莎嘎拉扎布　阿思根

宗格布　拉木扎布　桑杰扎布　旺丹

一九四五年九月十一日

內蒙人民革命黨東蒙本部指示

委派本部執行委員烏雲畢力格候補黨員額×××××二位同志：

現在我黨已到由祕密活動轉入公開的時機，在王爺廟成立了東部本部。同時對外各地在八月十八日發佈了內蒙人民解放宣言。對內指示各地黨員積極從事工作。興安北省委任額勒登台，乃日拉圖為本部執行委員，並從給了八・一八宣言。考慮起來興安北省工作很重要，因而委派你們二位同志赴興安北省工作，希你們按著指示精神，積極工作。特此委派。

指示

一，關於對外聯繫問題

甲，根據八月十八日發佈的內蒙人民解放宣言，為成蒙古人民共和國的一部分而努力，盡力往烏蘭巴特爾派人連絡，由額勒登台，乃日拉圖二位同志及在你處的同志商討，可能範圍內積極進行並時與本部連絡。

乙，根據中蘇條約合併蒙古人民共和國之事有所猶豫。但我黨從來就受蘇聯及蒙古人民共和國的領導。並內蒙二百萬人民群眾堅決要求合併蒙古人民共和國，我黨也繼續不斷的積極努力著。

丙，在八月十六日王爺廟會晤蘇聯紅軍首腦，他指示暫時恢復原有組織並接受蒙古人民共和國的指示。因此我們恢復興安總省的原有組織，你處的同志們與政權取得聯繫，原樣恢復興安北省組織而努力。

丁，你處如果由烏蘭巴特爾方面與蘇聯紅軍方面來了領導人物時，介紹於他們我黨本部與全內蒙人民熱望的主要情況，為迅速把全內蒙歸其國境而努力。

二，關於黨的組織問題：

甲，興安北省境內我黨同志也不少，同時也是很重要的地區，可以內蒙人

民革命黨的管轄下成立興安北省黨部組織，領導省內各旗的黨務工作。

乙，旗設旗支部

丙，北省地區如果有中國共產黨時與其密切聯繫，取得他們的幫助，介紹我黨目的，與歷來受蘇聯與蒙古人民共和國的領導的情況。

給他們看八一八宣言，並告給今後的任何政治與境內各民族一律平等對待。取得他們同意，尤其互相訂出制止蒙漢民族糾紛條約。對漢人他們進行宣傳，對蒙族我們進行宣傳。

丁，一切事情及時往本部取得聯繫。

內蒙古人革命黨東蒙本部

祕書長　哈豐阿

執行委員　博彥滿都　特木爾巴根

莎格拉扎布　阿思根

宗格布　拉木扎布

桑傑扎布　旺旦

一九四五年九月十四日

內蒙人民革命黨東蒙本部指示

內蒙人民革命黨是為全內蒙人民的自由而奮鬥的，所以不分階級，階層，凡為蒙古人民服務者，都認為對黨的事業有功。

各種情報，當地情況與工作總結及時報本部，取得聯繫。

盡自己力量去密切聯繫附近各旗的我黨黨員。

與於喀喇沁中旗工作之我黨黨員哈××××同志取得密切聯繫，努力進行工作。

內蒙古人革命黨東蒙本部

祕書長　哈豐阿

執行委員　博彥滿都　特木爾巴根

莎格拉扎布　烏雲必利格

烏雲達來　桑傑扎布

旺旦　額勒登台

乃日拉圖　拉木扎布

一九四五年九月十七日

關於郭爾羅斯前旗目前任務的指示

關於郭爾羅斯前旗目前任務的指示：

本部委員　拉木扎布、莎嘎拉扎布、旺旦

阿斯根、瑪尼巴達拉、

祕書長　莎嘎拉扎布

內蒙人民革命黨東蒙黨部指示：

郭爾羅斯前旗黨支部的陶××××同志：

據本部烏××××同志回來報告，知道了黨的工作之進展，和長春方面共產黨有了聯繫，且你們所問的目前迫切需要的幾個重要問題，據我們的附文記載的決議去執行為荷。

決議

一・關於處置機關與機關的問題上：

1.以後由政府統一頒佈處置辦法。

2.現時由旗政府暫時保存。

3.有的可以減少，根據旗，努吐克的民眾利益，可設合作商店。

4.你們黨部與旗政府有必要使用的物資時，可以使用，但要上報。

二・處理遺產的辦法：

1.後由政府組織遺產處理委員會。

2.暫時可收集到旗政府看管。

3.開拓團的土地可以原價退還給群眾。

4.日本人的或與蒙古人，漢人合作的企業機關的資產，皆為遺產。

三・旗長的權利與職責：

1.旗黨部祕書長陶×××同志為旗長，委任狀由政府發給。

2.旗政府各科科長在地方找適當的人，後由旗長任命。

3.卸原警備隊長之職，原付隊長為正式隊長。

四・關於惡霸財主的財產之處理辦法：

根據現時的社會情況，暫時沒有必要動，可以置之。

五・關於土地問題：

1.關於土地的調整，暫時可以等待。

2.關於地租，需要減少，並由地主所收之地租裡由機關抽去一部歸公。

內蒙人民革命黨東蒙本部

一九四五年十月十八日

附件

1.告國民黨書，一份。

2.黨報「人民之路」五份。

3.由政府任務的旗長委任狀。

4.蒙古人民革命黨黨綱黨章二份。

附信：

中蘇二國已締結友好同盟條約，但需要同樣的根據八・一八宣言，從事與蒙古人民共和國合併的事業，我們正在準備向烏蘭巴特爾呈遞志願書，各旗的該類函件，以來不少，希望你們把你旗的致蒙古人民共和國政務院總理元帥喬巴桑書，和簽名薄子，快交給我們。

內蒙人民革命黨東蒙本部指示

東科中旗黨員仁××××，塔××，特古斯朝克圖等同志：

關於我處黨政工作的大體情況與你處黨務工作開始等事通知給你處（文件

由絮碼士營子的軍校學生阿××××的祖父帶去了，如今聽了克××××的報告後全部瞭解了你處情況。

這次指示，上次有所不同，還有些補充與今後注意事項。希你們按著指示積極進行是荷。

一、宣佈「八一八」宣言說明了合併蒙古人民共和國，並經過蘇聯紅軍把宣言轉遞給斯太林與喬巴桑。

八月二十四日中蘇締結條約，中國承認蒙古人民共和國的獨立，蘇聯方面，日本佔領的東三省歸中國。同時蔣介石聲明說：「國內各民族平等看待……現在的國際形勢來看，國內各民族可能實現自己的願望，因此我們的民族政策是國內各民族，均有自治與獨立權，尤其是外蒙與西藏就這樣作」。因而承認了蒙古人民共和國的獨立，允許了西藏的自治而發表的聲明。

所以八一八宣言中提出的合併外蒙的問題可能有所猶豫，但是我黨方面繼續不斷進行各種準備。

蘇聯紅軍佔領的地區雖然公開上歸還中國，但是實際上就交給中國共產黨。因此聯繫中國沒有什麼擔心之處。

同志們要根據八一八宣言向蒙古人進行宣傳。

二、中國共產黨來到你處時，把宣言給他看，並介紹我黨互相幫助。如果真正共產黨的話絕對幫助你們的。同時也要訂立蒙漢民族各自宣傳的條約，以及介紹我黨使他信任。

三、中國國民黨來時要說明：我黨有二十年的歷史，現在東蒙本部設立於王爺廟，積極作黨的工作，並蘇，中，蒙各黨中央有聯繫，同時蒙古地區建立蒙古的政權。蒙古唯一的就是人民革命黨。中國國民黨是我黨的同志黨關係。如有聯繫之事時，委託我黨來作，有更重要的事王爺廟本部取得聯繫。設立旗支部掛牌子時寫為「內蒙人民革命黨東科中旗支部」，禁止它們建立黨部。

四、你們三個同志是老黨員，主要負責支部工作，吸收新黨員時按著黨章吸收為候補黨員。

你們裡面當介紹人的就是仁××××，找出適當人，仁××××同志填名把名冊子與保證書一同往這兒郵。這兒又找保證人。

五、對政權方面取得聯繫，按著省政府發來的政治建設要領來進行黨的

工作。

內蒙人民革命黨東蒙本部

給白××××的信

白××××先生：

現在偉大的蘇聯紅軍粉碎了與全世界為敵的日本強盜，賜予我蒙古民族得解放的良好時機，我黨在二十年前接受蘇聯及蒙古人民共和國領導與援助。現在從祕密轉入了公開。因此內蒙人民革命黨在東蒙召開黨員大會，選舉了博彥滿都呼，特木爾巴根，莎嘎拉扎布，宗格布，哈豐阿，阿思根，桑傑扎布，旺丹，烏雲達來，烏雲必利格，額勒登台，那日拉圖，拉木扎布等十三名執行委員。內蒙人民革命黨東蒙本部設在王爺廟，八月十八日向各地宣佈了內蒙人民解放宣言，並指示有我黨組織之各地，沒有組織的地方委派黨員開闢黨的工作，為內蒙解放，與蒙古人民共和國合併而積極工作，得到了些成就。

現在各地積極建立黨部和支部，您也是從來為蒙古事業積極熱情的，並在軍隊中有威望，且負有軍隊的重要責任，因此我黨吸收您為正式黨員，並在你所屬軍隊內設立黨支部。

希您接受黨員之任務，與我黨黨員鮑××，額×××××，根×××，格×××，等四位同志緊密的互相幫助，商討本部指示，按著黨的行動綱領積極工作，並關於軍隊內建立支部之任務委託給您們五位同志。望今後及時與本部取得聯繫。

為此委派。

內蒙人民革命黨東蒙本部
一九四五年十月十九日

內蒙人民革命黨東蒙本部指示

致根×××，鮑××，額×××××，格×××四位黨員同志的指示：

執行委員：桑傑扎布、烏雲必利格、

拉木扎布、旺旦、阿思根、瑪尼巴達喇

祕書長：莎嘎拉扎布

內蒙人民革命黨東蒙黨部指示：

鮑××，根×××，額×××××，格×××四位同志：

前段略述了蘇聯紅軍解放內蒙，與外蒙合併的有關這類的宣傳事項，以及在王爺廟組織內蒙人民革命黨和推選執行委員等情況……

在軍隊的個各單位，建立黨組織，有力地宣傳了我黨的政策，但在目前在部隊中仍積極迫切需要進行黨的工作。因為你們在部隊中負有重大職責，給予在部隊中建立黨組織的任務，希貫徹執行。按內蒙黨的臨時行動綱領，以及黨章的要求，在部隊中，設黨組，執行黨的工作。今後和本部要取密切聯繫。因白×××先生也是黨員，和他協商，進行工作。

指示

一‧在部隊建立黨組織時，選執行委員三人，祕書長一人。

二‧經常在部隊中進行黨的教育，使人人瞭解部隊是內蒙人民的革命軍。

三‧在部隊裡（指揮官，士兵）又瞭解黨的政策者，可吸收為候補黨員，其名單送交本部。

四‧後者有新的情況之發生時，及時向本部報導。

五‧也同樣保護漢幹部，若遇八路軍人員時，要按其是否屬實，確定後可向他介紹我黨政策，並要取聯繫。

六‧要提高警惕，注意國民黨的詭計。

七‧召開旗人民會議，協議和外蒙合併事宜，以鄉村為單位，派代表，呈志願書，送報本部。

八‧志願書上要寫「蒙古人民共和國總理元帥喬巴桑親手」字樣

1945年10月19日

內蒙人民革命黨東蒙本部指示

交給予查×，斯×××二位黨員同志的工作：

交給的事項：據同志們的報告，瞭解到在哈爾濱有很多蒙青年，並大部分均在東北軍醫學校學習，同時也瞭解該處有中國黨的活動，所以我們考慮到，我黨在哈爾濱市工作的重要性，因此，據同志們的希望，將黨的工作與任務附在後面，希積極掌握進行。

佈置事項：

工作的對象：

一‧哈爾濱是離我蒙古地區很遠，並該處人們不明確瞭解蒙古的情況，所以對蒙古沒有什麼直接利害關係，因此首先將該處之蒙古人做為進行黨務工作的重點對象。其次向做著中國黨之特別重要工作之黨員積極進行工作，在一般漢民中用不著積極進行工作。

二‧建立黨支部

向該處的蒙古人中很好解釋我黨的目的與黨章，並其中有承認者，應吸收為候補黨員，而往這邊報來。同時在他們當中建立支部。

建立支部的主要規則：

1.支部：名稱為內蒙古人民革命黨哈爾濱支部。

2.支部委員：設執行委員三名，其中祕書長一名，在支部全體黨員大會上選舉產生之，這些委員主要負責處理支部工作。

3.支部的目前主要工作：

甲，向黨員與群眾中進行宣傳黨的目的與活動。

乙，教育黨員。

丙，向中國黨，尤其是對共產黨介紹我黨的目的。

丁，將那邊的情況速報這邊。

三・和中國黨的聯繫方法：

1.對中國共產黨方面是，盡力取得緊密聯繫，應努力互相幫助，並把我黨介紹給他們時：

①我黨迄今接受了蘇聯及蒙古人民共和國領導。

②因此，不但和中國共產黨有著密切聯繫，而且可以稱為兄弟黨。

③我黨雖然稱為人民革命黨，但它結合蒙古民族現時情況，為進行民主民族革命，而實際上他的目的，與共產黨同樣，並將來為進入社會主義道路，主張走向非資本主義的道路。

④我們相信中國革命的成功，只在於中國共產黨。

2.和中國國民黨方面，也不要接近，但又不要離遠。

四，其他注意事項：

①不准現露黨務工作，而要祕密進行。

②經常要往這兒取得聯繫，如果不便利的時候與我黨駐長春聯絡處取得聯繫，轉遞消息也可以。

③為了便利進行工作起見，將附去的參考材料，很好的利用。

1.《八一八》宣言。

2.致喬巴山書。

3.新民主主義論（毛澤東著）。

4.中國國內問題言論集。

5.革命之根本定型。

1945 年 10 月 20 日

內蒙古人民革命黨東蒙本部指示

給候補黨員但×××同志：

茲有偉大的蘇聯紅軍，為了解放全世界弱小民族，粉碎了以人類為敵長期

壓迫我們的日本法西斯強盜，已達到我內蒙，是我們內蒙二百萬人民真正取得解放時期已到的機會，我黨從祕密轉入公開時期已到了。八月二十八日在王爺廟成立了東蒙本部，向各地很大成就。但蒙漢雜居，各方面都很複雜，也可能有中國各黨派活動。因此做黨的工作，必須十分慎重，採取周密細緻的方法。

內蒙人民革命黨東蒙本部

委派名單

派到東科中旗的有：則×××，賽××××，嘎××。

東科後旗：賽××，則×××××，圖××××，布××××，額××××。

巴林左旗：羅×××××，恩××。

巴林右旗：厚×××××

阿魯科爾沁：道××××××，確×××。

克什克騰旗：包×。

委任狀

授予巴達瑪旺楚克活佛領導土默特左旗人民之權。

主任委員　博音滿都

祕書長　哈豐阿

致喬巴山的信

蒙古人民共和國主席大臣喬巴山先生鈞簽：

……

請您允許我們把一切歷史，理想，請願統統呈上，請您鈞簽予以批示：

一，歷史

1.一九一一年清朝滅亡。這時我們蒙古民族喀爾喀人民努力奮鬥，同中國分離，在35年以來將其變為繁榮富強的獨立國。我們蒙古民族布里亞特部也作為一個國家加入了蘇聯加盟共和國，保持了蒙古民族的立場，而蒸蒸日上。

2.我們雖是同一個民族，但由於種種原因未能使內外的力量統一起來。再加上被中國三民主義所矇騙，致使我們喪失生活的源泉，喪失十萬頭畜生和廣闊的土地。

3.一九二五年我們內蒙古革命黨宣告成立並展開活動之際，日寇氾濫使得我們十幾年不能展開工作，但這件事現在完全可以辦到，並且我們行動無不包含著同外蒙合併之意。

4.所謂內外蒙之分是狡猾的漢人所稱，這並不是我們蒙古民族自己分的。現在各民族都得到了解放的機會，唯獨我們弱小的內蒙古民族沒有被解放的機會及國際地位。因此，外蒙古的先生和同志們若把我們視為蒙古的骨肉而憐憫，那麼就給予我們解放的機會，使得我們同漢人分開。

5.很明顯，過去幾年所受的一切災難，都是由漢人引起的。所以再也不能被漢族的法西斯黨（三民主義）的狡猾手段所矇騙了。從長久的歷史看，凡是把蒙漢合起來，都是水火不相容的。如果繼續下去，我們弱小民族的前途一定是黑暗的。

二，經濟來源：

1.土地是我們的生活源泉，自古以來土地權，是歸我們民族全體所有。從前漢人借蒙古之地生計，進而兇相畢露，霸佔蒙古之地，分給個人。土地所有權方面，蒙漢自古有區別。

2.漢人的經濟來源，以低級買賣和懶惰的苦力勞動為主，至於我們蒙古人的經濟來源，自古以來以牲畜為主，地畝和牧場為集體所有。

因此，蒙古人也很難同漢人一起屬他們支配。

三，渴望自由的原因：

1.我們蒙古民族的人口為150萬，其中支持分子或高級教育者有一千多人，畢業於軍官學校的有1500人，受中等教育的有6000人。賴於生活的土地，其寬為1250公里，其長為2000公里（不包括西蒙古）

2.我們這裡的蒙古民族自古以來沒有喪失特殊的立場，以及盟旗編制依然存在。

3.目前，世界各民族都得到了求得解放的機會，難道唯獨我們內蒙古永遠受中國支配嗎？因此我們向您們請求給予我們獨立解放的機會。

4.在消滅世界敵人的戰爭中，喀爾喀軍隊建立了功勳，在解放弱小民族方面擔負著義務，因此我們相信，他們一定會援助自己的內蒙古。

5.一九三三年中國主席蔣介石，發表了將內蒙古獨立的演說，公佈於世，使之寫在文件上，有據可查。然而至今未見取消其講演，難道選法自然而然地會失效嗎？

6.中國第六次大會通過了解放弱小民族的決定，將其寫在文件下，有據可查，這些還記得吧。

7.最近中蘇簽訂了和平條約，向全世界宣稱，中蘇之間的弱小民族若有自治獨立的能力，根據其實際情況予以援助和承認。將此件寫在文件上，有據可查。我們現在雖然有獨立的能力，但不予以承認，還在我們內蒙古地區派遣土匪進行騷擾，真是可恨。

8.性格方面：漢人自古以來自私自利，一個人利益為重，而我們蒙古人尊重集體利益，以講究義氣為重。

9.主張方面：漢人在一九一二年建立其革命黨以來，為牢固建設其以大漢族為主的法西斯黨而積極努力著。至於我們蒙古人，主張靠天靠地忠誠老實，安分守己，如果又受其支配，我們民族的前途將一定是黑暗而為危險的。

10.宗教方面：我們蒙古人從祖先一直講究忠清之心，尊重可憐之性，信仰佛教。但漢人信仰的宗教從不統一，有很多種類，並有明顯的摧殘他民族的行動。我們弱小的內蒙古民眾，如果不借此機會分離，那麼我們民族的前途是不堪設想的。

11.文化方面：我們蒙古文化是從自然文化而發展，並保持著民族的特色。漢人的文化，過去滅亡了滿族，現在有跡象表明，企圖滅亡我們弱小的內蒙古民眾，使我們給漢族投降。難道我們等著滅亡嗎？難道有什麼文化弱的民族服從文化強的民族的國際法嗎？

12.從語言至文字都與中國格格不入。他們方言多文字有種種系別，因此

衰退了自己的民族。企圖按照老辦法把我們內蒙古人民拉進圈套，這怎能忍受呢？

……借此機會為蒙古人民共和國的更加繁榮和照耀蒙古民族的明星喬巴山先生的萬壽無疆而祈禱！

昭烏達、卓索圖二盟全體人民敬上
一九四五年十一月十三日

給宗×的信

宗×同志：

你的來信收到，內容盡悉。有關政權之事，政府已發了公文，並與來人詳細談了。關於黨務方面的事情，按著下列指示精神去虛心工作為盼。

一，與中國各黨的關係問題：

1.對國民黨：給他們看我黨所發佈之「告東北國民黨黨員書」……

2.對於八路軍的關係上明確認識他們，並給他們介紹我黨的目的。一切事情上要密切聯繫，取得他們的幫助。如為了制止蒙漢民族的矛盾，他們向漢族進行宣傳，我們向蒙族方面進行宣傳。

二，今後的一切工作按著上次指示之精神積極進行工作外，按期總結報告取得密切聯繫。

內蒙人民革命黨東蒙本部
一九四五年十一月十三日

寶××××給哈豐阿的信

哈豐阿祕書長同志：

茲我們由王爺廟出發，一路平安，來到旗的當時，選舉了人民代表，現已派去了。並將我們阿魯科爾沁之詳細情況寄去了一份，希你細考慮。現在

開魯地區國民黨的政策進行活動，他們的大體情況，請看寄給阿思根廳長之一分材料。我們旗之民眾與青年，職員的思想，都為建設蒙古國而日夜不休的努力著。這兒的黨的工作方面，我和舍×××，道××××，鄭×××，烏×××××等同志攜手進行著。因此，絲毫沒有什麼困難。並今天本旗的建軍大體上結束。我們這兒都歡騰鼓舞的作著黨的工作，沒有什麼障礙。其次希你將我旗旗長舍×××及我的黨證，最好這次給予捎來。另外，我們按照你的意圖，旗的人事著重採納了青年。並我旗之黨的同志十分的熱情來努力著。同時要求有關革命的各種書籍與省政府方面多派來宣傳工作者。其他問題以後再談。

同志

實××××

1946年1月4日

卻××××等給哈豐阿，莎嘎拉扎布，阿思根的工作彙報

卻××××，道×××××，烏×××××等三人來旗後所作的事情：

1．在無頭無尾的旗內設立了政權，指出了方向。

2．為了保護巴林右旗，督促旗長動員出兵，執行了不分這旗那旗，來敵後社會力量共同對付之方針。

3．為了早日迅速實現革命起見，歡迎和督促旗長赴外蒙。

4．加強了軍隊和內防組織。

5．建立了青年的組織，使分散之青年有了青年團，並為實現目的而打下了積極有利基礎。

6．為了旗的情況及取得黨，政，團的指示，並為了如何建立驛馬站以及如何來王爺廟取得聯繫，第二次到了王爺廟。

7．兩次與各團的青年們在一塊選舉了人民代表。

8．無漏洞的在民眾中進行兩次宣傳工作。

哈豐阿，莎嘎拉扎布，阿思根三位先生鈞簽：請給予批示，直接經過的事情及宣傳的初步種類與民眾的看法及動向方面，我所瞭解的範圍內，報告

的材料。

卻××××

1946年1月5日

內蒙人民革命青年團宣言

時代的變遷，歷史的更替，必將引向其未來。今日帝國主義列國，通行於東方與西方，卻已到達其破落，滅亡的地步了。與此同時，往日在帝國主義國家壓迫下瀕危的弱小民族，則從那般政治壓迫，經濟掠奪，文化麻醉下擺脫出來，為了民族解放，在光明大道上前進著。尤其是內蒙人民革命黨，是同樣經歷過帝國主義壓迫的內蒙眾多志士，於一九二五年建立了人民革命黨，在民族解放的道路上奮鬥過來的。其後，於一九二七年由於黨的領導，青年們的熱心，革命青年組織起來了。但不久由於日本帝國主義侵佔了我們家鄉，以致原來的團，不能不把它隱蔽起來。雖然進入了暫時停頓狀態，或在內部，或在外部，抑或以祕密的方法，積極進行了各種活動。這期間雖然也取得了很多成績和團員，還是不值得一提。而現在日本帝國主義滅亡之後，我們的團便恢復了原來的狀態，依然迎接了前進的時代。在這次變換世界歷史的大革命中，我們蒙古的有志青年，成為了解放弱者之戰的一翼，不僅驅逐了日本侵略者，而且為保護自己地區貢獻了力量，這說明覺悟到在未來的世界中負有責任的，有熱血的，有堅強意志的我們青年們，成為了勝利地解放自己被壓迫民族的，有歷史的青年組織了。

如今覺醒了的青年，繼承以往，組織起內蒙人民革命青年團來，在內蒙人民革命黨的領導和幫助下，掃除內蒙的封建殘餘，使之更加鞏固青年的韌性的，堅強的團結性，提高我們的文化，改善我們的經濟，積極地幫助黨，徹底解放內蒙人民，為統一全部蒙古而奮勇向前，經過非資本主義的發展道路，為完成未來的世界革命而努力。

內蒙人民革命青年團東蒙代表大會

一九四五年十月五日

內蒙人民革命青年團團歌

（按《我們前面的路》歌曲唱之）

一，

　　一直被壓迫統治的，
　　一直被咀嚼吸吮的，
　　水藻一般的社會上，
　　顛沛流離的民眾們，
　　　　全體青年們聯合起來！
　　　　互相解和團結起來，
　　　　在青年們集合的紅旗下
　　　　來改造這個社會吧！

二，

　　拿出堅石般的意志，
　　在強固的團組織裡。
　　有何捨不得這身軀，
　　在敵人陣地前奔馳吧，
　　　　來共同努力奮鬥，
　　　　為了共同的享受，
　　　　把這全體的新社會，
　　　　由我們青年建設起來。

（內蒙人民革命黨東蒙本部頒發）

東蒙人民自治政府委任新職員公報

據我東蒙二百餘萬人民之意見，施行新民主政治之東蒙人民自治政府。於第二次主席團會議上，曾委任眾要員：總祕書長，各部部長以下國家賢能之士。

竊思，年久以來，在外帝國主義壓迫之東蒙人民，因未得尊奉能施德政之士，是故於經濟方面，土地，牲畜被掠奪，於文化教育方面，外族語言文字被重視。於政治方面，則服從他人之令旨，未能使人民得享絲毫之幸福焉。此番被解放後之蒙古人，於一月十六日曾召開人民代表大會，舉我極有德行，能施明政之博彥滿都先生為總理，並將我成立自治政府之事，已宣告中，外。於第二次主席團會議上，總理為發揚其民主政治，而從至今未被人所知之東蒙德能人士之中，已選任不顧生命之安危，自身之利害，能真誠效死命戰力之要員矣。此乃我二百萬人民所歡欣雀躍者也。茲點列如下：

自治政府祕書長：哈豐阿

民政部部長：達瓦敖斯爾

內防部部長：阿思根

經濟部部長：特木爾巴根

司法部部長：張鐵錚

參議處處長：那木海扎布

宣傳處處長：桑傑扎布

祕書處處長：哈豐阿兼

民政部祕書：溫都蘇

內防部祕書：包明德

經濟部祕書：巴希門倉

司法部祕書：那木斯來扎布

民政部：

民政司司長：哈斯巴特爾

人民教育司長：阿慶嘎

衛生司司長：基達圖

內防部：

軍事司司長：呼和巴特爾

內防司司長：

經濟部：

經濟司司長：李善臣（音）

工業司司長：朝克巴特爾

司法部：

審判司司長：色登扎布

1946，2，16，內蒙人民革命黨東蒙本部公佈

委任新職員公報（續上）

祕書處：

祕書科科長：額爾登太

會計科科長：達賴烏蘇

幹部科科長：阿斯日勒圖

統計科科長：杜成興（音）

宣傳處：

宣傳科科長：阿斯日勒圖

偵探科科長：額爾敦陶克陶

民政部：

行政科科長：丁××××

社會生活科科長：烏×××

交通科科長：顧××

建築科科長：烏××××

教育科科長：敖勤學

編輯室主任：昂如布

衛生科科長：額爾德尼

防疫科科長：拉××××

內防部：

軍事科科長：拉布仁親

用兵科科長：都固爾扎布

教育科科長：呼利清貴

內防科科長：尼瑪

司法科科長：伊××

內防總隊隊長：尼瑪

經濟部：

稅收科科長：阿爾斯郎

財政科科長：金墨言

商業手工業科長：田××

金錢科科長：色××××

農業科科長：滿××

畜牧科科長：巴×××

礦產科科長：陶×××

司法部：

審判科科長：李××

刑事科科長：特格希博音

民事科科長：郝××

第二次政府幹部人員發表

哲里木省省長　烏力圖

卓索圖省省長　喀莎巴塔爾

興安省省長　烏雲達賚

昭烏達省省長　薩嘎拉扎布

呼倫貝爾省省長　額爾欽巴圖

納文慕仁省省長　何布台

喜紮嘎爾旗旗長　韜德弼和

政府印刷局局長　超魯

東蒙人民銀行行長　楊蔭桂

王爺廟稅捐局局長　艾延蘭

西科前旗旗長　吉爾嘎拉

參事處參事　綽羅巴托爾

祕書處銓敘科長　道布清

產業司畜產科長代理技佐　格××××

經濟部祕書　索德那木，額×××，陶××，格×××，技佐李××，

祕書處祕書　丹××××，明×××，瑪尼扎布，額×××××××，圖門巴雅爾，賽××××，×××

內防總部

第一科長　寶音圖

勞二科長　布仁諾

第三科長　嘎爾布僧格

賓泉縣縣長　董××

顧問　孫××

東蒙人民合作社社長　肇×××

印刷局工務部部長　張××

民政部

庶物班長　額××

會計班長　李×

督學　棍×××

經濟部

文書班長　呼和祿

會計班長　敖××

司法部

庶務班長　李×

文書班長　蕭××

企劃班長　拉×××××

會計班長　寶××

內防部

庶務班長　石××

企劃班長　額×××××

平衡班長　基×××

經理班長　色×××

文書班長　斯×××

醫務班長　寶×××（兼）

第二兵備廠長　湖×××

教育司教師　巴××，趙××，張××，梅××

多年來盼望獲得自由的東蒙人民代表大會閉幕

　　我們東蒙人民自從得到解放以來，為盡速建立自己的政權而進行了鬥爭。從一月十六日開始至十九日止，在葛根廟西經堂，舉行了有東蒙人民代表五百餘名和來賓數百名，共千餘人參加的盛大會議。第一日，第二日裡議定了東蒙政府自治法，第三日議定了東蒙人民自治政府組織法和施政綱領，第四日制定了政府旗，並選舉博彥滿都同志為政府主席，其次選出了小呼拉爾代表四十五名。選出時人民代表們進行了火一般熱烈的爭論，做出了極為正確的議定。由此看來，首先是二百萬人民的心，統一得像一塊鐵球。其次是從人民中選出了極可信賴而又愛民如子的領袖們，所以堅信不移多年來的盼望必能成功，在世界列強的允許之下，獲得獨立的時候已經到來了。

（內蒙人民革命黨東蒙本部）

內蒙人民革命黨和中國赤黨二者之間的關係進一步密切了

　　（齊齊哈爾消息）齊齊哈爾的赤軍，為在那裡的幾百名×均發了新衣服。與自己的赤軍一樣，進行著教育和軍事訓練。而且常向蒙古戰士們說：「從你

們起直到農村婦女都要拿起搶來，不可失此良機，不可不為內蒙和蒙古人民共和國合併起來，建立獨立國家而積極努力。你們如果能夠達到獨立，我們中國赤黨軍的萬斤重擔，將會減輕為五千斤。因此，對你們現在所努力的為大事業，我們赤黨方面將不遺餘力的給予幫助」云云。

（內蒙人民革命黨東蒙本部）

召開了人民代表大會預備會議

於十二月九日黨，政，軍各方面的重要委員們，在總省公署集會，預定在來年一月十五日召開全東蒙各旗人民代表大會，準備成立初次應被載入史冊的純正的民族的政權。所以向原興安總省轄內各旗和錦，熱二省轄內各旗以及省外四旗，均於十一日委派工作人員前去，並對他們如何正確公平地選來人民代表，作了充分的指導。多年來被奴役，被壓迫的我們東蒙人民的自由政治必將到來！

（內蒙人民革命黨東蒙本部）

我革命黨代表已赴東北人民解放委員會會議

於（1945）十一月十五日開始，約在一週間，在瀋陽召開的委員會議上，我革命黨代表烏力圖，桑傑扎布，默德勒圖，希力布僧格，諾門巴特爾等，分別代表人民和黨前赴該會。

估計前往參加這次會議，渴望蒙古方面的政治，將得到進一步鞏固。其結果，俟代表們回來後，將傳達於眾。

（內蒙人民革命黨東蒙本部）

關於黨員訓練

內蒙自日本壓迫下獲得解放以來，我們革命黨員們的活動，特別活躍起來了。但由於責任重大，全體黨員×××（三字不明）以致不可不很好的加以訓

練和發展了。所以黨中央做出了如下訓練決定：

　　一，12月24－29日，每日9－12時。

　　二，訓練地點：黨校。

　　三，訓練課目：教師。

　　1.黨的綱領：薩嘎拉扎布

　　2.唯物主義：薩嘎拉扎布

　　3.邏輯學：薩嘎拉扎布

　　4.政治和經濟：烏雲達賚

　　5.國際形勢：阿思根

　　6.黨的知識：拉哈木扎布

　　四，受訓黨員：在王爺廟的全體黨員和各旗報名者

（內蒙人民革命東蒙本部）

內蒙古勞動農牧民革命前進會會章

第一章

　　一、定名：本會定名為內蒙古勞動農牧民革命前進會。

　　二、宗旨：本會以團結內蒙古廣大勞動農牧民，提高政治覺悟，成為積極參加和平主的民族解放事業之先鋒，並為結合內外蒙而奮鬥。

　　三、本會以聯合中國共產黨及各民主勢力，發揚與組織內蒙人民，徹底清除法西斯思想，反對封建及少數機會主義與左傾分子。

　　四、本會以內蒙古向非資本主義發展，進入社會主義起見，必須踏入外蒙古發展之革命路線。

第二章　組織

　　一、入會資格堅決贊行本會之規章及忠實於民族解放事業者，十五歲以上男女，經過會員二人之保證介紹後准許入會。入會後，介紹者有教育義務。

　　二、會員有三人以上，各地各處必須組織小組，嚴格正確執行小組生活。

　　三、會員以勞動農牧民青年為中心吸收之。

四、本會以民主集中制為組織原則，少數服從多數。

第三章　守則

一、會員必須擁護及發揚本會之義務。

二、會員必須服從組織義務。

三、會員有介紹本會會員之義務。

四、會員嚴守祕密，必須實行組織生活。

五、會員必須在革命事業上起英勇模範作用。

解放了的內蒙古

東蒙人民代表大會籌備委員會宣傳部印發

一九四六・一・十八・油印本　蒙文

序

　　真正的民族解放，是指每一個民族都必須有建立獨立國家的權利，所以，民族解放權利就在於建立獨立的國家。過去，德國和日本本來都已是獨立的國家，但仍然提出什麼大日耳曼民族和大日本民族，這是因為他們借用民族的名義實行其掠奪政策，這些國家的地主，資產階級利用戰爭追求利潤，驅使工人為他們的利益而戰的緣故。這樣的民族，是資產階級的侵略工具。

　　只有現在的各個被壓迫民族才可以提出民族和民族解放的問題。真正的平等的民族解放，是說一切民族都有獨立和自由；都有同別的民族聯合和分離的自由。蘇聯過去便是這樣作的，現在還在這樣作。各民族都真正獨立了，真正能夠和睦了，才能實現統一的世界。

　　今天的民族問題是殖民的解放的問題。要解放殖民地，就必須反對帝國主義，如果聯合帝國主義就終究擺脫不了殖民地地位。殖民地要想得到自由，就必須聯和無產階級國家蘇聯，並且聯合其它殖民地以及全世界的無產階級。蒙古民族要求得到自由，就必須走這樣的道路。

　　因此，下面要寫我們內蒙古沿著這條道路鬥爭至今，以及今後也應當走這

條道路的道理。

第一章　各帝國主義在蒙古實行的政策

一，清朝的對蒙政策

1.行政制度

畏懼蒙古民族的英勇善戰和團結一致的滿清政府，一直考慮怎樣統治當時崇尚部落團結的強有力的蒙古，才能削弱它的強大的力量。得出的結論是：要削減它所崇尚的部落制度，分散其力量。於是分佈為旗，每旗都設置扎薩克，使之監視屬民的行動，嚴禁旗民越境同他旗人民來往，對能效犬馬之勞的封建主進行優厚的賞施，表功和冊封，懷弱羈縻，惑之以美色，以壓迫我們的民眾。

2.愚民政策

為了消弭英勇強悍，為祖國不懼一死，崇尚今世生活的蒙古人的觀念，使之馴服，便使蒙古吸那種戒殺生，重來世，削弱壯烈性格的佛陀鴉片，使我民族光榮的英雄意志幾乎喪失殆盡。

3.侵佔土地

防範漢人的清政府，雖然最初尊重蒙古猶如兄弟，但自清政府提出借地養民，要求我內蒙古各封建主向漢民出租土地，收取租銀，以輔財政，於是在康熙時移入漢民墾殖，進而自光緒十三年（1887年）更推行殖民地化的政策。

綜上所述，內部的封建壓迫加強了，人眾的力量分散了，英雄意志消失了，人口減少了，以致到了直接淪為附屬國的地步。

二，中國軍閥的對蒙政策

蒙古人管理蒙古的所謂盟，旗雖然形式上還存在，然而實際上軍閥的省、縣強掌實權，不僅奪去了我們的政治權利，而且設置匪軍和警察，掠奪我們的財產。內蒙古雲王，德王的自治運動便是反抗這種情況的，這是一目了然的。在經濟上，派遣奸商，劫取我們祖國的資源和原料，並且向我們高價銷售商品，吸吮我們的血汗。例如，以一元來強索一匹馬或一頭牛，一斗糧食索取十斗的價格，姿意敲詐，不勝枚舉。

在文化方面，輕視民族語言文字，強迫使用漢語，使學校，科學，藝術都極度衰敗。

在土地方面，在蒙古地方設置許多省縣，掠奪土地。例如，科爾沁左翼三旗的土地成了張學良的牧場，鄒作華在洮南設屯墾軍署，掠奪科爾沁右翼三旗，紮賚特旗以及喜紮嘎爾旗的土地，都是掠奪土地的明證。

綜上所述，失去政治權利，經濟上受剝削，忘卻民族語言，土地被掠奪的情形比過去更嚴重了。

三，日本的奴役內蒙的政策

1.殖民政策

政治上使內蒙古附屬於日本，實行民族同化，用這兩種方法，來掠奪和利用我們內蒙古的資源，奴役我們的人民，把工商大權掌握在日本的手中，把他們國家的經濟組織，法律，語言，風習強加在我們人民頭上，或從小學到高等學校強行教授他們的語言，進行語學鑒定，使不及格者在政治上經濟上都受劣遇。此外，在一切行政部門中設置副職，恣意實行專橫政治，禁止出版，言論和集會。

由於在經濟上利用我們祖國，重要的是掠奪各種財富，所以開採我們祖國可愛的礦藏，砍伐森林，運出工業原料，來發展他們本國的工業，並且把我們這裡變成高價銷售他們的商品的市場，吸吮我們的血髓，還把我們的牲畜和糧食運往他們的國家，來供他們吃穿。具體地說來，施行了導致貧困的糧食，牲畜的出荷制。如此地掠奪我們祖國的財富，但在配給方面卻不平等，區分日蒙，使我同胞饑寒交迫，以延續他們的強盜戰爭，實在可恨。

在強佔土地方面，藉口「為你們保衛土地」，遷來他們的人民，掠奪良田。具體地說，計劃在興安轄區遷來三十萬戶日本移民，先辦開拓村，遷來居民，他們說：「在蒙地，除地政之外無須他政」，由此可見其野心。

在民族方面，揚言使你們民族文明化，特別地徵召奴隸兵。實行所謂勞工制，使青年同志們服三年勞役奴隸義務，把我們親愛的同胞盤剝得筋骨全衰。

2.民族挑撥政策

特別是破壞蒙漢友誼，為了離間這兩個民族團結一致反抗日本奴役的力

量，見了蒙古人便說漢人壞，自私好利，壓迫蒙古人；見了漢人，則說蒙古人侵犯漢人，虛榮好名，不團結，使原來友好和睦得兩個民族變得仇同水火，這是很明顯的。

3.實行愚民政策

宣稱佛陀菩薩概屬第二等，唯有神是第一等的崇拜對象，我日本的祖神是世界上首屈一指的神祇，以此法愚弄我們的同志。誰人不知，在各地建立神社，強迫禮拜，稍有不敬，便予治罪。

綜上所述，我們的鄉村已經貧困如洗，民族文化已經落後，失去政治權利，嚐盡極大的痛苦。

第二章　內蒙古爭取自由的鬥爭

一，清代蒙古爭取自由的鬥爭

如前所述，滿清政府利用了蒙古內部封建主的紛爭混戰導致大元帝國國力衰亡的情況，佔領了蒙古的土地，取消了蒙古的獨立，開始愚化人民。不屈從於清廷控制的英雄志士——內蒙古的林丹汗，喀爾喀的綽克圖台吉，西蒙古的噶爾丹汗，阿睦爾撒納，以及其他的英雄們，號召全蒙古人民起來反清，起義驅逐來犯的侵略者。

最初，1604年，內蒙古的志士林丹汗站在反清朝統治，有利地發展蒙古民族文化，語言文字，同巴爾虎蒙古，內蒙古及喀爾喀志士綽克圖台吉建立聯盟，反抗清朝壓迫，剷除禍根的鬥爭的最前列。

西蒙古的噶爾丹汗為了追捕叛蒙投滿的喀爾喀土謝圖汗和哲布尊丹巴等人，以及驅逐進犯蒙古境內的清朝中國軍隊，於1688年帶領自己的三萬軍馬，打過內蒙古，1690年進逼北京城。清帝太為惶恐，傾全國之力以拒，噶爾丹因人少勢寡，不得已退走。但是噶爾丹汗的意志和蒙古人民爭取自由的意志，絕沒有泯滅。

這樣，在蒙古各地為爭取自己祖國自由的鬥爭如火如荼。額魯特的志士阿睦爾撒納又在1755年八月起兵反清，與清軍主力交戰三，四次，造成清軍巨大損失。

結果，1910年在外蒙古建立了自治國。1920年八月十九日，喀爾喀的蘇赫

巴特爾，喬巴山等人赴蘇聯，為革命求得援軍，他們在1921年終於建立了在世界上獨立的蒙古人民共和國。

由此可以得知，在滿清一代，以英雄們為首的人民的英勇起義，都為了擺脫清朝的壓迫；爭取蒙古人民的自由，鬥爭是多麼堅如岩石，始終不懈。

二，中華民國時期蒙古爭取自由的鬥爭

繼清朝之後建立的中華民國仍舊沿襲清朝的殘暴，還是實行愚化蒙古，進行殺戮剝削的政策，內蒙古各地人民在經濟，政治，軍事和文化上備受嚴重的壓迫和奴役，的確到了暗無天日的程度。於是內蒙古各地又有一批熱血的志士為爭取自治，自由而挺身崛起。

首先，在民國初年，呼倫貝爾的蒙古人為自己的獨立和自由努力地進行了鬥爭。

具體說來，1911－1912年以成德（額勒登台之父），僧旺等人帶起了第一次的獨立活動，在1915－1920年取得了自治的權利，在1923－1924年間勢力波及烏蘭察布，錫林郭勒，進行了爭取獨立的鬥爭。

科右三旗，紮賚特旗，索倫等地，如前章所述，由於中國軍閥開墾掠奪，這些旗份的人民感到如果不獲取自由，便擺脫不了軍閥的壓迫，遂有陶克陶台吉等人揭竿而起，但因力量小，多被逮捕鎮壓。接著科左三旗人民跟隨嘎達梅林，大事反抗，進行鬥爭。

1936年，內蒙古的雲王，德王利用日本的軍事力量，建立內蒙古自治政府，爭得了蒙古人民的自由，使文化，經濟得到了相當的改善。

1931年，巴林人薩嘎拉扎布，科爾沁人博彥滿都，哈豐阿，阿思根等志士，建立了內蒙古自治軍，為擺脫中國軍閥，誓爭自治權而鬥爭。這時日本帝國主義進佔滿洲，一方面以關東軍的威勢進行恫嚇，另方面又以「給你們東蒙古以自治，獨立的自由」相欺騙，鎮壓和剝奪一切鬥爭力量，把我們東蒙古的一直為獨立自由進行鬥爭的人民弄到重重待斃的地步。

三，在日本法西斯帝國主義壓迫下爭取自由的鬥爭

1932年，日本帝國主義侵佔了滿蒙境地，殖民地奴役愈益加深。在中華民

國時期便一直為獨立，自治的自由進行鬥爭的呼倫貝爾人凌陞，於1936年進行了抗日活動，被日本強盜得知，受刑身死。又以科爾沁人特木爾巴根等人聯繫蒙古人民共和國，行刑拷問。所以，蒙古人憎恨日本強盜的心情日益加強。1938年哈爾哈河之戰，蒙古軍大部都造了反，軍界人士便愈益加強了爭取自由的祕密工作。

由於日本特務機關偵察蒙古人的工作特別嚴密，活動於東蒙文化界的教師，各大學校的學生和新聞工作者相互議定，各學校內可靠的主要教師，必須對青年同志口頭地積極進行反抗日本的民族主義工作，在出版物方面則必須利用日本的名義多出有關民族的書籍。留日學生則建立同鄉會，出版了《新蒙古》。在滿洲則出了長春的《青旗》報和開魯的《丙寅》雜誌。在各城市大學校的同志們又以青室，學生會的名義聚會，表面上進行娛樂，實際上是日進一日地修練和加強反對日本法西斯，爭取民族解放的信念，並將之深入地灌輸在各旗男女青年頭腦中。正因為如此，能夠在八月九日驅逐日本法西斯的正義戰爭中動員了全體的力量和公眾的意志。

1938年，又利用日本人的威勢，建立了蒙民厚生會和蒙民裕生會，瑪尼巴達拉，喀薩巴塔爾，吳春令等同志非常積極地為消滅蒙古人的疾病，貧窮，愚昧這三個問題努力奮鬥，為普及民族語文而工作。這些工作的任何一種，雖非執戈動槍反抗日本，但非常明顯，可以確鑿無疑地說它是從精神方面為爭取自由而進行鬥爭的正義事業。

另外，號稱內蒙自治政府主席的德穆楚克棟魯普以及朝克巴達拉胡等人建立了經書室，大量出版了蒙古熱血青年作家賽成嘎（按：即納‧賽音朝克圖）等人撰寫和翻譯的書籍，加強了全內蒙古的民族意識。但德穆楚克棟魯普的野心在於自己作蒙古的皇帝，想把全蒙古人民變成他的奴隸，所以這次解放人民的正義戰爭一發生，他便逃奔中國政府，只求官職爵祿和逃生活命。因而，我們內蒙古人民向公眾宣佈他是背叛蒙古的奸賊，是十分有理的。

第三章　解放了的內蒙古

一，八月九日的正義戰爭（一九四五年）

我們內蒙古自遭受滿清壓迫以來，便一直為擺脫外國帝國主義的剝削，爭

取蒙古民族的自由，獨立，統一合併而鬥爭，但直到如今呻吟於外國特別是日本的殘酷剝削下，備受蹂躪踐踏，極度盼望獲得自由，進行有如前章所述的不屈不撓的鬥爭。1945年八月九日，宣告了消滅全世界公眾的兇惡敵人日本法西斯帝國主義的正義戰爭。偉大的紅軍和蒙古人民共和國的革命軍並肩奮戰，一瞬間便粉碎了日本強盜，自水深火熱中解放了我們內蒙古的人民。

這一正義戰爭一爆發，我們內蒙古的軍人便全部槍殺了各自部隊內的日本領導人，建立了內蒙古解放會和軍隊，對日本進行游擊戰爭，協助紅軍和蒙古共和國的軍隊，為自由而奮起，這才擺脫了三百餘年來外國帝國主義為滅亡蒙古人民，消滅民族而實行的吸吮盤剝的貪婪的商業和侵略的殖民政策。

二，全體蒙古民族的喜慶

1.內蒙古人民解放宣言

從帝國主義壓迫下得到解放之後，人人都感到內蒙古三百萬人民多年盼望得實現自由，獨立，統一合併的時刻已經到來，熱血沸騰，希望油然而生。八月十八日在王爺廟召開了東蒙古人民代表大會，發佈內蒙古人民解放宣言，向國內外宣告：從帝國主義壓迫下獲得了解放，要實現祖國的自由，統一境內各民族不分族種一律平等。

2.蒙古人民共和國獨立的鞏固

八月二十四日，蘇中雙方訂立條約，中國方面承認了蒙古人民共和國的獨立。內蒙古人民都不禁為同族蒙古共和國二十五年如花似錦的繁榮歡欣鼓舞，向喬巴山元帥致電祝賀；並派人民代表去烏蘭巴托市，感謝解放，進行祝賀。

3.內蒙古人民共和國的建立

內蒙古西半部——以錫林郭勒，烏蘭察布，伊克昭，巴彥塔拉諸盟為主，以不久便同東蒙古合併為目的，建立了內蒙古人民共和國，開始為祖國的自由和獨立進行鬥爭。

三，東蒙自治政府的建立

內蒙古，特別是東蒙古，受戰火塗炭，交通變得十分困難，王爺廟又發生鼠疫，交通往來不便，雖然如此，各旗的人民代表前來傳達人民的意見，從四

面八方，陸續匯聚王爺廟，一再要求全體人民獲得自由，必須建立新政府。為了表達要求實現內蒙古獨立，統一合併的意願，十八歲以上的男女自願表示意見，廣泛地發起了簽名運動。在各旗建立了志願的人民自衛部隊，「為了保衛祖國，爭得自由，決心鬥爭」之聲震撼大地。公眾的心願一致，建立一個新的政權的各方麵條件已經成熟。因此，1946年1月15日，召開了由東蒙古全體人民選舉的人民代表大會。根據內蒙古多年盼望，現在愈益盼望爭取自由，獨立的政權的熱誠的要求，根據1941年二月十四日《大西洋憲章》中「隨各國人民的自願，賦予以實現自決要求的自由，保證全人類在各自的國家能夠建立自己安全不受壓迫的生活」的規定以及中國故總理孫文的民族主義，1945年八月二十四日中國主席蔣介石聲明的「根據人民意願，給國內各民族以自治或獨立」等項，宣告「先以三十八旗和真正蒙古地方所屬的市，縣為境，建立東蒙古自治政府，再不久便建立全內蒙古統一合併的國家」。在這些條件下，東蒙古自治政府乃告建立，為祖國自由和取得政權實現了第一個步驟。

第四章　我們內蒙古前進的道路和未來的發展

一，我們社會的性質

　　有如前述地開始建立起來的我們內蒙古的國家應當按什麼樣的政治，經濟，文化來發展？在敘述這一問題之前，首先應當知道我們內蒙古現在的社會處於那一個階段，是什麼形態的社會。我們內蒙古自從歸附滿清之後，經過了奴隸社會，完全形成了封建社會，從清末起又變成了附屬他人的殖民地。在日本帝國主義壓迫時期，仍舊是這種社會，雖然消滅了一部分封建勢力，但其殘餘仍舊存在。所以，我們的社會總的說來仍舊處在封建社會階段，一切政治，經濟，文化都是屬封建社會的。從這裡考慮，我們也不能夠一次跳躍便進入社會主義，必須建立民主的政治，經濟和文化。

二，我們的政治形式

　　既然如此，應當有什麼形式的政治？不用說，應當建立新型的民主主義政治。因為，這不僅適合於我們的社會情況，而且是由於當今的世界局勢，在

社會上以民主主義為主，以此為一個階段，民族革命便是它的核心。那麼，怎樣來實行新型的民主主義政治呢？這就是消滅一切外國帝國主義的統治剝削和侵略壓迫，肅清內部的封建殘餘，一切政治權利交給勞動者（農民，牧民，工人，知識分子），崇尚人民意見的民族的民主政治。這種民主主義，絕不是舊式的資產階級的自由民主主義，而是一切勞動者都贊同的一切民族勞動階級統一的民主集權制政治。至於這種新型民主主義政治下產生的政治，絕不是資產階級社會那樣壓迫剝削人民的階級掌握權力的機構，而是直接地代表人民的利害，由人民自己直接選舉出來的機關。一切政策非由人民的大會制定不可，也就是說，人民通過人民選出的優秀代表，自己來領導國家。用一句話來概括，就是把過去自上而下的政權現在變成自下而上的政權。這種民主制是真正消滅人壓迫人的制度，使男女平等，人民都有信仰自由，享受自由幸福的生活，導致全內蒙古的獨立和未來的統一合併的發展的實現。

三，我們的經濟道路

我們內蒙古爭取自由的鬥爭首先在於從外國帝國主義的武裝奴役和資本主義國家的剝削下解放蒙古人民，因而要建立反對帝國主義和封建主義的新型的民主主義政治，這是前面已經說過的。從這種性質出發，我們的經濟政策，不用論證，不是走充滿各種災難的資本主義道路，而是根據「帝國主義時代，落後國家可以在社會主義國家援助下，越過資本主義，沿著非資本主義道路發展」的學說，可以以逐步地過渡到非資本主義道路發展的狀態為目標。我們蒙古自古以來屬國有或全民所有的土地，自然是全民財產。對人民自願的組合，無代價的提供牧場或耕地。自不待言，森林，水源以及其中的資源，工廠，農田，礦產，鐵路，水陸空運輸交通設備，銀行，合作社，醫院是國有或全民所有來發展，保障其私有權。國家特別扶助貧困勞動人民廣泛發展和改善他們的經濟，用一切方法提高國民經濟。

總而言之，有富人，並用每一個人的勞動成果使窮人不再存在，將來共同富裕起來，變成一個歡樂暢懷，蓬勃發展的社會。

四，我們的文化發展

能夠使一個國家發展興旺，人民的自由幸福臻於完善的，實際上是文化的偉大力量。但是我們一直到如今的文化，還只是外國帝國主義奴役和愚化我們的文化。所以，我們首先要改掉浸進和殘存在我們人民頭腦中的帝國主義和封建的黑暗思想，代之以人類文明時代的新式的科學的真正有質量的學問來教育人民，以在民族基礎上發展起來的文化來為人民啟蒙。所以，我們的教育首先要重視我們的地區學齡兒童的教育問題，積極地從事以新制改革和增設各中小學，中學和專業學校的工作，用民族語言講授一切現代的科學學術。一切目的都在於，培養出忠實於，並且英勇地從事於爭取我們的自由，反對帝國主義和封建主義，爭取獨立偉大鬥爭事業的聰明，健康，有勇有謀，衷心熱愛一切人民和自己祖國的幹部。

今後，我們的人民自己掌握了政治權利，領導國家和公眾的事務。所以從小就教育兒童能夠為人民的自由，為國家和民族而工作，是作父母的人的神聖義務。因此，除了向國家舉辦的中小學提供種種幫助之外，還要在地方上多多設立民辦的小學，使國內全體學齡兒童都受學校教育，這是很重要的。

自不待言，都由國家進行免費教育，但作父母的人也應盡力提供幫助，這是十分合理的。此外又必須廣泛進行掃盲運動，大量印刷和發行對人民有益的為了爭取自由的決議，法令以及科學文化書籍報刊，特別是要發展我們內蒙古至今還罕有的文學藝術——民族的電影戲劇，圖畫，文學作品，建立圖書館，科學館，大量創建紅角，俱樂部，廣泛發展民族文化。其次，迅速地發展和改善醫療機構和獸醫機構，促進人民健康和人口增長，在人民中多多組織清潔衛生教育，都很重要。這些事業的順利實現，完全在於我們人民共同的努力奮鬥。

總而言之，是廣泛發展我們人民的文化，而絕不是過去的封建文化。

五，內蒙古的未來發展和蒙古人民共和國

那麼，上述種種到底能否勝利實現？究竟憑據什麼堅信其能夠實現？我們的環境和各種因素條件都是好的。我們的內部局勢雖然尚未完全成熟，但能夠

走上這條道路並且能夠進一步發展，何況我們周圍環境的條件均已具備，加上我們人民的鬥爭意志業已旺如烈火！

還有一種真實的打算。我們的同族蒙古人民共和國在1921年革命之前大致處於同今天的我們內蒙古相同的情況，但沿著蘇赫巴特爾的道路，在喬巴山的領導下，按著前述方向發展政治，經濟，文化，現在國內平均每人有33頭牲畜（按人口平均產量世界第一），有大量的牲畜，有供應人民日用品的許多合作社和商店，有傳授學問的各種學校，有掃除疾病的醫院和保護畜群的獸醫機構，有利用自己富源的各種工廠，有汽車，火車和航空交通運輸，有民族的文學藝術和出版、教育機構，有保衛祖國的英勇的革命軍。它的發展是如此美好驚人，它富裕而強盛，歡樂而文明，確實成了世界上的一個新的文明的獨立國家。因為有這樣一個明確具體的真實打算，我們現在最重要的是，毫不懈倦，毫不猶豫地積極努力，在最短期間內達到既定的目的。

結束語

我們蒙古民族近幾百年的歷史，是爭取擺脫外國壓迫，爭取蒙古民族自由……（下殘缺）

後記

從今年一月份內人黨批判資料集第一集出版以來，兩個月過去了。內蒙的無產階級文化大革命，遵照我們偉大領袖毛主席的偉大戰略部署，勝利之前，如江河奔瀉，一日千里，一場挖盡烏、哈殘黨餘孽的鬥爭正在全區範圍內更廣闊，更深入發展，形勢空前大好。

二十年來，烏蘭夫，王再天從他們反動民族主義的本能和叛國分裂的罪惡需要出發，不惜歪曲歷史，捏造歷史，以達到其包庇和網羅牛鬼蛇神，結為死黨，狼狽為奸，進行反革命復辟的目的。一九五六年以內蒙黨委審幹辦公室名義給內人黨所作的結論性文件——《關於內蒙古人民革命黨的情況》，就是顛倒是非，混淆黑白的最惡劣的標本。現在，經過群眾性的大揭發，大批判的沖洗，「進步」的偽裝被剝落無遺，內人黨醜惡的原形徹底暴露出來了。

　　但是，應該看到，在聲討內人黨的戰鬥中我們雖然取得了決定性的勝利，但總的來說，我們的揭露還不夠深，批判更嫌不夠，在這方面還有許多工作要做。內人黨絕不是一具孤立的政治僵屍，它在組織上枝蔓橫生，一遇到適宜的土壤，就蠢蠢欲動，死灰復燃；思想上更是牢植於資產階級反動民族主義土壤之中，根深蒂固，要根除它絕不是輕而易舉的事。因此，我們必須乘勝窮追，把內人黨的罪惡和烏蘭夫，王再天包庇內人黨以及烏、哈合流進行叛黨，叛國的罪惡活動揭深，揭透、批倒、批臭。這樣一個嚴重的政治任務只能依靠廣大工、農、兵群眾，打一場人民戰爭，才有可能完成。內人黨批判資料集第二集的出版，如果能夠為無產階級革命造反派同志們在繼續提供炮彈上有所貢獻的話，那則是我們的希望。

編者1968年2月

8.內蒙古人民革命青年團史料《供批判用》
（1968.02.07）

內蒙古自治區無產階級革命派徹底摧毀劉鄧

在青少年工作中反革命修正主義路線聯絡站編印

一九六六年‧十月

呼和浩特革命教職工代表大會政治宣傳組再印

一九六八年二月七日

最高指示

凡是錯誤的思想，凡是毒草，凡是牛鬼蛇神，都應該進行批判，絕不能讓它們自由氾濫。

民族鬥爭，說到底，是一個階級鬥爭問題。

前言

戰鼓隆隆，凱歌陣陣。一個矛頭指向中國赫魯曉夫劉少奇及其在內蒙的代理人，內蒙黨內最大的走資本主義道路的當權派烏蘭夫的大批判新高潮已在內蒙各地興起。全區各族人民正以排山倒海之勢，窮追猛打《當代王爺》烏蘭夫，徹底肅清他在內蒙各個領域裡所散佈的流毒，徹底斬斷他伸在各個戰線的黑手，把他從政治上，思想上，理論上批深批透，批倒批臭！

烏蘭夫這個反革命修正主義分子，民族分裂主義分子，為了實現篡黨，篡政，復辟資本主義，破壞民族團結，分裂祖國統一，建「獨立王國」的罪惡陰謀！長期以來，通過他在內蒙區內的代理人，在支左工作中，對抗毛主席的無產階級革命路線，極力推行他那一套反革命修正主義路線和反黨叛國的民族分裂主義路線，妄圖把我區各族青少年培養成為修正主義，民族分裂主義接班人，把我區青年團的組織變成他復辟資本主義，進行民族分裂活動的得力

工具。

　　遠在解放前，烏蘭夫的黑手就伸進了當時的內蒙人民革命青年團。在青年中大肆散佈他那一套民族分裂主義的黑線，掩蓋民族問題的階級實質，以民族鬥爭代替階級鬥爭，用資產階級民族主義毒害青年；自立體系，另打旗號，在青年中極力樹立他自己的「個人威信」，妄圖誘騙青年跟他走修正主義，民族分裂主義的道路。烏蘭夫這些罪惡活動，給當時的革命工作和青年運動造成了極大的危害和極壞的影響。我們必須徹底清算烏蘭夫在內蒙古人民革命青年團和以後二十幾年我區青年工作中推行修正主義，民族分裂主義路線的滔天罪行，肅清其一切流毒，讓偉大的毛澤東思想永遠哺育我區廣大青少年的成長，讓毛澤東思想偉大紅旗在我區青少年工作陣地上，永遠高高飄揚！

　　現在，我們編印了內蒙古人民革命青年團的一部分史料供大家批判時參考。由於內蒙古人民革命青年團所存資料殘缺不全，這個材料一定是很不完正，很不全面的。我們希望一切保存內蒙古人民革命青年團史料的同志，把這些材料寄給我們，以便更好地批判烏蘭夫在青年工作中的罪行。來信寄呼和浩特內蒙古團委樓內內蒙古自治區無產階級革命派徹底摧毀劉鄧在青少年工作中反革命修正主義路線聯絡站資料組即可。

內蒙古自治區無產階級革命派徹底摧毀劉鄧在青少年工作
中反革命修正主義路線聯絡站資料組1967年10月

內蒙古人民革命青年團公報

　　時代的變化和歷史的變遷，決定著未來。帝國主義分崩離析，走向滅亡的時代已經到來了。過去在帝國主義壓迫下的弱小民族，已是擺脫帝國主義在政治上的壓迫，經濟上的壓榨，文化上的愚昧的時候了，正在民族解放是光明大道上前進著。內蒙古人民中的優秀分子在一九二五年組成了內蒙古人民革命黨，為民族的解放而進行著一致的奮鬥。一九二七年在黨（按：前內蒙古人民革命黨）的領導下，熱心的革命青年們組織起來。不久，日本帝國主義侵佔了我們的家鄉，迫使我們的團不能不轉於地下。雖然暫時處於停止的狀態，但民

族運動通過公開的和祕密的形式一直在積極地進行著。在那時期，工作取得了多大成績，吸收了不少團員，我們在這裡就不一一敘述。現在日本帝國主義投降以後，我們的青年團已是恢復原來積極進行進攻的時候了。在這世界歷史的大革命大轉折的時代裡，我們勇敢的蒙古青年不僅已在趕走日本帝國主義和把為家鄉的鬥爭中貢獻了自己的力量，而且還要擔當未來世界的任務。有熱血的勇敢的青年要為解放我們被壓迫的民族而鬥爭，在這樣的歷史時期中，我們的革命青年團成立了。

現在，覺悟了的青年繼承以前（鬥爭傳統）組成的內蒙古人民革命青年團，是在內蒙古人民革命黨的領導幫助之下，掃除內蒙的封建勢力的堅強的青年團體，進一步發展文化，教育，經濟事業，積極協助黨徹底解放內蒙古人民，統一整個蒙古民族，並經過非資本主義道路，為未來世界革命的成功而努力！

內蒙古人民革命青年團東蒙代表大會

1949・10・5

內蒙古人民革命青年團成立

『王爺廟（即烏蘭浩特）十五日訊』內蒙古人民革命青年團成立。

今天召開了來自各地的青年代表大會，選舉了主席團成員和祕書長，制定了團的任務，綱領，團章，團的公報和團歌等。從今日起委派委員，協助各地建立支部，並積極開展工作。

本團的任務是：全體青年團結起來，在黨（按：指內蒙古人民革命黨，下同）的領導下，為掃除黑黃封建勢力，進一步發展文化，教育和經濟事業，成為黨的積極助手，在為爭取世界革命勝利的思想指導下，徹底解放內蒙古，統一合併整個蒙古而奮鬥。我們都知道，任何國家的興亡，是與青年們的努力分不開的。我們希望各地青年為實現這個基本任務而努力。

（轉載內蒙古人民革命黨機關報《人民之路》）

內蒙古人民革命青年團團歌

一，

> 在黑暗的舊社會裡
> 受統治者壓迫
> 被榨取剝削
> 背井離鄉的人們，
> 青年們雲集一起，
> 緊密地團結起來，
> 在青年們集結的紅旗下，
> 改換這個社會。

二，

> 在堅強的青年團裡，
> 用磐石般的意志
> 不憐惜自己的生命，
> 去衝鋒陷陣。
> 齊心協力，共同奮鬥，
> 去建設一個共同享受的
> 全新時社會，
> 青年們！
> （注：歌辭系特古斯所寫）

內蒙古人民革命青年團團旗

團旗圖片本團旗旗底是紅的，上面加以黃色的盤饒。

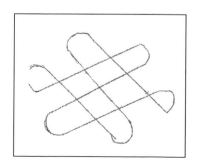

團旗說明：

1.紅色是永遠興旺，光明，代表這有熱血的青年；

2.黃色表達了全體青年的團結奮鬥；

3.盤饒表達了緊密團結，永遠和平。

總之是熱血的青年的永遠緊密團結，創造未來的和平。

（按：內蒙古人民革命青年團所用的團旗完全採用了蒙古人民革命青年團的團旗。）

內蒙古人民革命青年團的一批傳單

編者按：這是內蒙古人民革命青年團在一九四五年十月五日成立的最初散發的一批傳單。原文均是蒙文，文字很不通順，現摘錄部分材料翻譯如下：

我們在王爺廟的內蒙古人民革命青年團做什麼？

本團以內蒙古人民為主體，吸收15－25歲的有覺悟的青年，宣傳我們的廣義民族主義，在各旗建立支部，使每個青年明確認識唯一目標，為全蒙古統一興旺而積極工作。

什麼叫做革命青年團？

本團是在黨的領導之下，在國內組織15－25歲的有覺悟的青年，肅清舊政府和舊習慣，更好地改善文化，經濟。是黨的積極助手，為解放人民群眾而奮鬥。

內蒙古人民革命黨

蒙古人民共和國是從一九二二年開始革命，建立革命軍，把共產黨當作親密朋友，全體人民群眾有著廣義民族主義，向社會主義邁進，建立了今天的獨立國家。

我們內蒙古人民群眾也是早就按著本綱領進行運動的。……幸運的是趕走帝國主義，繼續原來事業，全體人民群眾以廣義民族主義作主體，也要把共產黨當作親密朋友，向社會主義前進。現在看來，全體蒙古民族按照歷史潮流，觀點一致，行動統一，全體統一的時候到了。

有熱血的蒙古青年們，努力吧！

萬眾一心加入青年團！

我們在王爺廟的黨幹什麼？

眾所周知，我們這個黨（既內蒙古人民革命黨）是從一九二五年建立起，……為完全統一整個蒙古民族而積極努力。今天，我們有機會在王爺廟建立蒙古人民革命黨東蒙總部，區各旗建立支部，領導整個蒙古人民群眾，為統一整個蒙古積極進行工作。

廣義民族主義

向共產黨努力的時候（按：原文如此）必須消除民族的區別，讓人民群眾過平凡的生活，這就是本黨同等對待其他民族，消滅壓迫，改善人民群眾的生活，叫做廣義民族主義。

內蒙古人民革命青年團團綱團章（節錄）

一九四六年六月一日

編者按：內蒙古人民革命青年團在一九四五年十月五日成立時，曾制定過一個團綱團章。那個團綱團章現在已找不到了。據一些人回憶，那個團綱團章是蒙古人民革命青年團的團綱團章的翻版。現在我們所刊印的這個團綱團章是內蒙古人民革命青年團開始接受中國共產黨的領導後所制定的。

內蒙古人民革命青年團綱領

一‧本團定名為內蒙古人民革命青年團。

二‧本團的團結內蒙古廣大青年，提高政治覺悟，成為民眾之先鋒，積極

參加內蒙古之解放事業，為建設和平民主的，健全繁榮的新蒙古而奮鬥。

三・本團於內蒙古自治運動聯合會的領導下，聯繫內蒙古階級層，反對國民黨反動派之大漢族主義，滿清內部的封建法西斯殘餘。

四・提高青年的社會地位，積極參加內蒙古政治，實事，經濟，文化的建設事業。

五・發展民族新文化，組織各種文化娛樂事業，肅清敵偽滿洲的奴化思想和狹義民族觀念，確立為內蒙古人民服務的人生觀。

六・動員青年深入群眾，以發動和組織群眾，到部隊中去學習技術，以鞏固革命的武裝。

七・掃除農牧青年文盲，以確立新的知識，提高農牧青年衛生觀念，以保護健全的體質之向上，使其成為革命的基本力量。

八・發動農牧青年積極參加農牧業生產，繁榮農牧經濟，改善勞動青年生產。

九・發動青年學習工業技術，發展內蒙古工業生產。

十・與中國各地進步青年團體密切聯繫起來，共同為實現新民主主義的新中國而奮鬥。

內蒙古人民革命青年團團章

第一章總則

一・名稱：本團定名為內蒙古人革命青年團。

二・宗旨：為動員內蒙古廣大青年參加內蒙古民族自治事業，建設內蒙古民主政治，提高青年社會地位，改善勞動青年生活而奮鬥。

內蒙古人民革命青年團紮蘭屯本部結成宣言（摘錄）

革命就是一個大家庭，需要大家一齊下手，尤其是我們內蒙的革命心向蒙古人民共和國學習，走外蒙道路。……

青年團是蒙古勞動人民的先鋒隊。同時我們還是英勇不屈成吉思汗的優秀子孫，我們應為民主自治而奮鬥。……歷史證明了，只有在馬列主義的結合

下，蒙古三分之二的土地上外蒙古共和國今天才是真正的成功，所以我們內蒙古就沒有第二條路，只有面向蒙古人民共和國今天才是真正一條革命的光明大道。親愛的我們蒙古父老兄弟姐妹們！我們應當如何來認識今天的蒙古民族解放與民主自治問題。打破幻想與緩和等待機會的態度，向著光明革命大道上邁進一步。誠心的團結起來奮鬥起來吧！中國共產黨是我們的好朋友！⋯⋯我們內蒙古的自治是外蒙式的民族民主自治，國家大事大家業⋯⋯

　　雲澤同志萬歲！

　　卻爾巴山元帥萬歲！

（轉載：《興安報》1946年12月3日）

王爺廟學生聯合會，內蒙古人民革命青團反對蔣賊摧殘學生運動聲援電（摘錄）

　　⋯⋯可以告慰你們，我們內蒙古民族在共產黨的領導下與幫助下開始得到了真正的自治，獲得了初步的解放，現在正在內蒙古人民領袖烏蘭夫主席的鮮明旗幟下，堅決結束大漢族主義頭子民族牢獄獄卒蔣介石的統治。

　　讓我們高呼：

　　（略）

　　烏蘭夫主席萬歲！

（《內蒙自治報》1947年6月17日）

烏蘭夫在青年團訓練班開學典禮上的講話

（一九四七年七月十七日）

　　諸位同志們：在今天青年團組織的短期訓練班開學典禮上，我想談幾個問題。

　　從「八一五」解放後，內蒙古的青年們，特別是青年團的同志們，曾作過很多有成績的工作，在革命鬥爭中曾經流過很多血，犧牲過很多熱血的青年。這說明了青年是繼承了蒙古歷史上的光榮傳統，及為民族解放而義勇鬥爭的精

神的。所以把青年團的工作更好的在這短短的訓練當中總結一下，很有必要。

（一）青年團受誰領導：

今天，每個同志都應瞭解，一個革命工作包括青年工作在內，它想要鞏固發展，一定要在正確的綱領及方針的領導才行。今天的內蒙古人民革命青年團，是要內蒙古共產黨工作委員會直接領導下，同志們應當好好討論一下，今後如何進行領導，工作才能做的更好。

（二）青年運動一定要和群眾運動結合起來。

同志們：青年運動一定要和百分之八、九十的勞苦群眾密切結合起來，歷史很清楚的說明了，中國的五四青年運動，不僅是青年的反帝反封建的鬥爭，而且由於它和全中國的勞苦群眾密切結合，才能有當時的轟轟烈烈的革命運動，所以內蒙古的青年工作一定要和百分之八，九十的農牧民的群眾運動同結合才會有力量。

（三）青年團是後補黨員培養所

青年團是革命的組織，要大量的吸收蒙古的英雄青年群眾，另一方面，青年團是共產黨領導的，是共產黨的後補學校，也就是共產黨的後補學校，我想同志們在學習過程中把這些問題認識清楚後，才能認識到群眾路線，在這次訓練過程中，把自己的思想工作提高一步。同志們：我們應當知道，今天自治區政府成立是個初步勝利，要取得徹底勝利，中國還得經過長期艱巨的曲折的鬥爭，如果我們不把思想鍛鍊得更好，把工作做的更好，勝利是不會自己打來的。

（四）青年在革命工作中起著先鋒作用。

青年往往在革命鬥爭中起著先鋒作用，橋樑作用。八一五日，東西蒙工作的幹部大多數都是青年同志。他們在任何工作崗位上都起著帶頭作用及先鋒作用。如成立自治政府時，在當時混亂情況下，青年同志們能夠認清正確道路，擁護真理，堅決向錯誤路線進行鬥爭，不被那些混亂的思想所模糊，這就是證

明。但是，現在還有一些人在思想上模糊不清，這是對歷史上的兩條路線鬥爭還認識不足的緣故。

　　現在自治政府成立了，革命勢力發展起來了。但是只「坐在屋中喊萬歲」，革命是不會前進的。那種認為「天下大勢已成」的想法是不對的。今後任務還艱巨而繁重。希望同志們好好的研究內蒙古社會的特點，革命的曲折鬥爭，以及深刻暸解內蒙古革命為什麼一定要共產黨領導等等，更好的，更自覺的今後各種工作中起先鋒，橋樑作用。

（摘抄自《烏蘭夫言論集》第二集58－59頁）

胡昭衡關於青年團工作的報告（節錄）

一九四七年七月胡昭衡

青年團的產生和發展

　　青年團的產生和發展過程，我們在這裡做一個簡略的敘述和研究。這地區的青年團支部產生是很早的。八一五以後，知識分子青年和軍校出身一部青年湧入民族解放運動，自動組織起來，各地支部分別先後建立。這個革命的青年組織，組織上和當時成分複雜，政治方向動搖曖昧的人民革命黨曾有聯繫。但青年團在政治上思想上一開始就有獨立的意見，根據其樸素的政治認識和高度革命熱情工作著，鬥爭著。蒙古青年富有革命的民族熱情，從苦難的民族壓迫，人民痛苦中養成熱愛真理的精神。八一五以後，青年懷著對新舊官僚的不滿，盼望尋找著共產黨，摸索著民族要走的道路。當青年團一接觸到共產黨，他的眼睛亮了，有了力量，有了道路，有了信心，立刻就全力湧進內蒙古自治運動，民主改革的群眾運動。建設人民軍隊和民族自衛解放戰爭的大浪潮中。青年團時一成立就傾向尋找著共產黨，一接近共產黨就接受了共產黨的領導，並把青年運動領導到黨的領導下來。由於蒙古社會特點和青年學生知識分子在社會中的地位。青年團是起到了一些他的先進分子的先鋒作用。敢於積極參加鬥爭，能站在鬥爭的前面，在正確的領導下，逐步面向工農牧勞動群眾和戰士，並逐漸走進農牧兵群眾裡，部分的起到發動群眾組織群眾的橋樑作用。本

地區青年團大部分支部是在鬥爭中發展起來的，富有鬥爭性，從反官僚統治者的投靠國民黨及復辟鬥爭到依靠中共的鬥爭，堅持發動群眾的鬥爭，反獨立的鬥爭，擁護內蒙古自治運動聯合承認會議的鬥爭，到這次大會以來兩條路線的鬥爭，青年團都是站在正確方向的。但由於青年團工作時有功勞的，許多支部的發展過程，說明了這一點。這是我們明確意識到培養青年幹部加強青年教育的重要性，只有不斷增加新的血液青年團的組織和工作才能有新的發展。

政治常識（學習資料）

內蒙古人民革命青年團東蒙本部翻印
（一九四七年七月二十八日）

第一課　為什麼要幹革命？

……我們為什麼要革命呢？就是因為我們全體內蒙古同胞要求解放，不受苦不受氣，過自由民主幸福的好生活，這樣的好生活不能憑空到來，一定要全體內蒙同胞搶成團體向國民黨大漢族主義，美帝國主義鬥爭，打倒這兩個敵人才能到來的。這種鬥就是革命。

第二課　幹革命搖動的革命的道理

……幹革命……就是要認清敵人，聯合朋友，團結內部，努力奮鬥，定能把敵人打倒，革命幹到底，得到勝利。誰是我們的敵人呢？農民說：地主是他的敵人。牧民說：牧主是他的敵人。知識分子說：必須消滅王公喇嘛，內蒙古民族才能解放。這些說法對不對呢？這都是看到一部分情況，不是全部情況。今天我們內蒙古民族的主要敵人是國民黨大漢族民主主義，是蔣介石那個反動集團。而他們是美帝國主義的走狗，幫助美帝國主義奴役中國人民的賣國賊，我們要不使全民族團結起來，共同打倒這個敵人，就不能得到全民族的解放。

第三課　什麼是共產黨？

……

共產黨（是）國際性的組織，是國際主義者。……蘇聯共產黨則幫助外蒙解放，保護小國利益，成為世界和平民主的支柱，而中國共產黨自他誕生之日起，就堅決主張國內少數民族自治自決，現在又幫助內蒙民族自治，這不是偶然的。……一切被壓迫民族的共產黨必然是最愛民族，堅決為本民族們的徹底解放奮鬥的，因為沒有民族的解放就沒有無產階級與一切勞動人民的解放，所以共產黨的政策，應該是先爭取民族解放，後爭取無產階級與一切勞動人民的徹底解放，爭取民族解放就是被壓迫民族的共產黨的國際主義的具體實績。內蒙古的共產黨員為什麼始終一貫的領導內蒙革命堅持奮鬥百折不撓呢？就是因為他們全心全意，為內蒙人民服務。……

第四課　外蒙是怎樣得到解放的？

……

那麼內蒙為什麼沒有和外蒙同時獲得的解放呢？首先因為內蒙離蘇聯遠，而離中國內地太近，中國的反動勢力（北洋軍閥國民黨反動派）對內蒙統治的力量較強大，……其次因為內蒙內部的反動力量也較強大，白雲梯，吳鶴齡，德王，李守信等蒙奸勾結帝國主義和國民黨大漢族主義殘酷地破壞內蒙革命，這也就使內蒙革命沒有迅速成功。有些青年革命同志不瞭解內外蒙革命發展的不同情況，便要主觀的要求內蒙革命迅速成功，立刻建立一個獨立的國家或與外蒙合併，這是不符合現實情況的。

討論題：4.為什麼內蒙今天還是鬧自治而不是選獨立？

第七課　革命決不能孤立

內蒙民族的革命運動始終和中國人民的革命運動發展（有著）密切的聯繫，內蒙民族的廣大革命分子始終把中國共產黨，中國人民當作自己最好的朋友，他們在中國共產黨領導下為民族為人民徹底解放而犧牲奮鬥。

……要革命絕不能孤立。因為所有內蒙民族的敵人美帝國民黨大漢族主

義，蒙奸等都事實上結成了一條反革命的統一戰線想我們進攻，那麼我們單單依靠內蒙千百萬人民的力量怎能戰勝這暫時還是強大的敵人呢？不能的。因此我們必須聯合全世界全中國的朋友共同對敵作戰；特別要和中國人民中國共產黨親密合體粉碎敵人的進攻。有些人說這個說法不對，他們主張利用國共兩黨的矛盾，內蒙民族可以宣佈獨立。這樣不是可以立刻得到民族解放了嗎？這樣主張是完全錯誤的。……內蒙民族解放的道路只有一條，就是和中國人民中國共產黨親密合作，粉碎美蔣進攻，結束蔣介石的反動統治，只有如此，才能進一步實現新民主主義的自由聯邦的新中國；在這種情況下內蒙民族定能獲得解放。

第九課　誰是革命的主力？

在以前革命主要反對美帝國主義和大漢族主義，除極少數的賣民族利益的蒙奸外，一切蒙古人，成吉思汗的子孫都可能團結起來反對共同的敵人。但是他們所處的階級地位不同，所以革命的徹底性就有分別。

第十課　成吉思汗的子孫團結起來

蒙古人除蒙奸外都是成吉思汗的子孫。但是各個階級對革命的態度有如此不同，那麼我們怎麼才能團結禦侮呢？首先就要認識目前蒙古民族主要敵人是美帝國主義及國民黨大漢族主義。不打倒這兩個兇惡的敵人就不能得到民族解放。在這大敵當前的時候，我們一定要為階級矛盾服從民族矛盾，適當的調節階級矛盾使之有利於團結對敵。

……我們革命青年應該站在什麼立場來調節階級矛盾呢？有人說要站在民族立場。但是究竟什麼是民族立場？我們說只有明確的站在廣大人民（基本上是勞動人民）的立場上才能堅持民族解放的利益，堅持正確的民族立場。舉例來說，如果我們站在地主與農民之間的所謂中間立場來處理地主與農民的糾紛，那就一定會費力不討好，既不能發動群眾，又不能團結地主。所以由（當？）我們碰到這些糾紛時，只有依靠群眾，逐步提高群眾覺悟，用群眾力量去想辦法去解決糾紛，讓群眾自己想辦法出主意，我們只能教育群眾使之學會團結地主共同對敵。我們不能包辦代替群眾去處理這類問題，只有群眾覺悟

了，組織起來，有了力量的，他們懂得團結上層共同對敵了，那時候才能使全民族團結成強大的力量，打倒美蔣這二個民族敵人。

討論題：5.怎麼樣才能使成吉思汗的子孫堅強團結起來共同禦侮？

第十一課　上層路線和群眾路線

內蒙革命的主力軍……不是上層的王公貴族，地主，官僚，喇嘛等，……那麼，我們是否不要上層呢？不是的。我們是團結上層，因為目前群眾對上層還有一定程度的信仰，因為上層與國民黨大漢族主義有矛盾，所以應團結他們。但是應從民族利益與人民利益擊發，應在有利於民族和人民的原則下去團結他們。而且團結上層也是為了發動群眾，只有把內蒙廣大力量組織起來之後，全民族才會更團結，民族的徹底解放才會更快的到來。

第十二課　內蒙古人民領袖雲澤（烏蘭夫）主席

從雲主席二十餘年來為內蒙古民族與人民解放而奮鬥的歷史中，可以看出了他所走的路線就是引導內蒙古民族徹底解放的路線，這個路線主要標誌就是中國共產黨領導聯合中國人民和一切民主進步人士並依靠內蒙廣大勞動人民革命的青年知識分子的力量，團結全民族向內蒙民族的最兇惡的外帝國主義中國軍閥國民黨大漢族主義作堅決的不妥協的革命鬥爭，逐步取得內蒙民族內部封建勢力的掌權（目前是削弱封建勢力），第一步使內蒙民族取得自治自決，實現新民主主義的社會，第二步使內蒙古過渡到社會主義社會，使內蒙人民得到徹底解放。

雲主席堅持這條革命路線和一切反革命路線，不正確的思想做鬥爭，始終站在內蒙古廣大人民的立場上，團結了全民族的力量，在各中困難複雜的情況下，和內蒙古民族的敵人作鬥爭，獲得了光輝的成績。所以雲主席是內蒙人民的領袖，他一定將領導著內蒙人民掙得徹底解放。

第十三課　建設民主主義的內蒙古

……早先蒙古民族是受帝國主義中國軍閥國民黨大漢族主義壓迫的，新民主主義的內蒙古社會制度則是民族自治自決，不受帝國主義和異民族的壓迫。

第十七課　蘇聯是個什麼國家？

……蘇聯正因為消滅了官僚資本家向黨匪徒對人民的壓迫剝削和破壞，所以實行了廣大人民的民主，勞動人民的民主，全民的民主。

第十八課　革命是有步驟的

內蒙古草原要經過什麼樣的步驟才能實現社會主義社會呢？根據內蒙古革命歷史的經驗，必須經過四個步驟，自治運動階段——自治政府階段——自由聯邦階段——社會主義階段。——從內蒙古鬧革命以來，就是處在第一階段，這個階段在外蒙比較短，而在內蒙是比較長的。……日本投降後我們才正式提出《自治運動》這個口號來！並經過自治的自治運動，組織內蒙自治……這許多工作都是動員起來組織力量配合中國革命與世界革命，爭取內蒙自治運動勝利——實現全內蒙的民族民主自治，這許多工作是有成績的，我們現在已經是具備成成立高度自治政府的條件了，於本月五日成立了內蒙自治政府，走進了內蒙革命的新階段。

自治政府階段在外蒙是較長的（從一九二四年到一九四五年），而在內蒙將會較短一些。

怎樣做一個好團員

內蒙古人民革命青年團東盟本部翻印

（一九四七年）

一・什麼人成為團員？

1.入團標準

……團是為解放內蒙古民族為最終的目的，因此一切拋棄個人利益為解放內蒙古民族而鬥爭的牧民，農民，知識分子和其他進步青年均可以入團。……

3.團員不只是要為內蒙古自決政權而鬥爭，還要為完全解放內蒙古而鬥爭，吸收團員時必須向群眾宣傳目的，從民族階級鬥爭中選拔團員。

二‧團的階級對象：

在一切國家民族中，知識分子時經常當作革命的橋樑。在解放內蒙古民族的鬥爭中，知識分子擔任著重要任務。知識分子小資產階級是有政治覺悟的，因此對革命起橋樑的作用。今天也是如此。所以團要多吸性知識分子。⋯⋯

四，怎樣做一個好團員。

1.要為徹底解放內蒙古民族而鬥爭

青年團是以為解放內蒙古民族，以廣泛的團結教育青年為目的的，是積極參加解放民族的工作的。一個團員不只是要參加解放內蒙古民族的工作，還是樹立為解放內蒙古民族而終身奮鬥的革命人生觀。團員要⋯⋯認識解放內蒙古民族運動和團的目的是一致的。這樣才能樹立自己的人生觀。為民族為團而犧牲自己，為團為民族而終生奮鬥。⋯⋯為實現內蒙古民族的自由，為達到團的目的而鬥爭。

五，團員要作群眾的模範

⋯⋯

學習什麼？

①我們的青年團是完全解放內蒙古的組織。因此必須學習內蒙的整體情況和蒙古人民共和國與中國共產黨的二十六年的經驗⋯⋯

②在政治方面，特別是要學習蒙古游擊戰，鞏固武裝力量。

青年團的基本知識（節錄）

（內蒙古人民革命青年團東蒙本部印）

四，團的組織路線

團在國外反對美帝國主義和國民黨的大漢族主義；在國內，消滅封建，為了徹底解放內蒙古，團結內蒙古革命的主力鬥：牧民，農民，知識分子青年，積極地為民族自由而奮鬥。

五，團的政治路線

⋯⋯內蒙古人民堅決希望團員們為民族利益而奮鬥。

內蒙古人民革命青年團的一些口號

全蒙古民族聯合起來！

內蒙古民族鞏固地團結起來！

新青年聯合起來！

全體蒙古種族聯合起來！

全蒙古聯合起來！

內蒙古人民革命青年團萬歲！

在烏蘭夫主席的旗幟下幹哪！

沒有共產黨就沒有內蒙古！

為蒙古民族徹底解放而奮鬥到底！

內蒙古民族的解放運動和青年團

一九四七年七月二十四日

一農乃編寫

一、青年團是什麼樣組織？

內蒙古人民革命青年團是內蒙古牧民青年，農民青年，知識分子青年和廣大民主青年的團結教育的組織。青年團要在內蒙古人民中起先鋒作用，參加群眾運動，深入武裝部隊，發展民族文化，清楚文化，清除法西斯主義奴化教育的影響，真正為人民的利益和解放而鬥爭。

三，青年團為內蒙古民族的解放起先鋒作用

看來當前內蒙古革命需要階級鬥爭服從於民族鬥爭，不是消滅封建壓迫，而是減弱封建壓迫，不是消滅剝削而是減輕剝削，所以內蒙古（青年必須）同民族統一戰線，（同）共產黨密切合作，在堅決反對蔣介石的鬥爭中期先鋒作用。……

五，青年團為內蒙古徹底解放而鬥爭

每一個團員必須要有一心為人民的思想，每一個團員都明確民族的利益和團的利益的一致性，對民族和團無限忠誠，深入群眾，瞭解群眾，瞭解群眾的要求，滿足區中的要求。

（摘自《群眾報》）

興安軍區青年團支部向烏蘭夫致敬信

敬愛的雲主席：

我們今天以無上的榮幸和振奮的心情，來祝賀這偉大的內蒙共產黨工作委員會和產生。在你英明正確的領導下，我們已認清了光明的道路，二年多的親身經歷，體會到了只有共黨的領導和幫助，才有內蒙古人民的徹底解放，在你光芒的燈塔下，我們迷失方向的千千萬萬內蒙青年，尋到了應走的道路，我們今天堅決踏著你所指給的道路，向那民族敵人大漢族主義者進軍，向那壓迫人民的法西斯殘餘勢力進攻，為找到真正和平民王自由的新內蒙古而奮鬥到底。

內蒙共產黨工作委員會萬歲！

雲主席萬歲！

內蒙人民解放事業萬歲！

興安軍區青年團支部
一九四七年七月十日
（原載《內蒙自治報》1947年7月十七日）

內蒙古人民革命青年團向烏蘭夫及內蒙黨委致敬信

敬愛的雲主席轉內蒙古共產黨工作委員會：

在偉大艱苦而且勝利的民族解放鬥爭中，你像巨人一般出現，苦難的內蒙

人民從此有了掌握自己命運的舵手，我們青年是多麼高興啊！二年以來，我們青年在各個戰線上用一切力量為民族事業人民事業奮鬥著，但我們是如何的羨慕別的民族青年有個英明慈祥的共產黨媽媽喲！我們總盼望有一天，共產黨鮮明的旗幟能在遼闊大地內蒙古草原田野上飄揚。

你出現的這麼是時候，這麼莊嚴，我們一下跪倒你的懷抱裡。衷心慶賀你的勝利到來，異向你──我們的共產黨媽媽宣誓：堅決擁護你的領導，跟著你走向鬥爭的勝利，走向光明的社會，走向內蒙古人民徹底的解放。

內蒙古人民革命青年團全體團員

（原載《內蒙古自治報》1947年7月31日）

青年團兩年來的發展

特古斯朝克圖

由於長期的苦難的民族壓迫與人民痛苦裡，醞釀了蒙古革命青年迫切要求民族解放與追求真理的精神，渴望著的解放日子──八‧一五那一天來到了。但蒙古社會裡的新舊封建統治者們，利用少數民族的特殊條件，想把他們舊的統治仍然原封不動的壓在人民頭上。軍政一切權力還是掌握在他們手裡，經過長期壓迫的人民，仍然繼續著痛苦的呻吟。革命青年們沒有社會地位，他們找不到正確的組織和領導。在這種情況下，集聚在王爺廟的幾十個革命青年，在百篤蔓延下，開始了青年團的籌備工作，於十月五日正式成立了內蒙古人民革命青年團，十月七日，各地組織青年團的負責者。冒著嚴寒，薄衣徒步向各地出發，青年團組織在各地次地成立。

青年團雖成立，但組織上和當時的成份複雜，政治方向動搖曖昧的人民革命黨發生聯繫。因此在鬥爭方向上，組織發展上都受到很大的挫折。但青年團一開始就有它進行革命的意見，對那些和舊封建社會統治者們深極不滿，根據其樸素的政治認識和高度的革命熱情，到農牧民裡去進行宣傳教育，收集共產黨的宣傳材料，編譯翻印，認識到共產黨與國民黨的區別，逐漸與封建統治

者們撕破了臉。向他們開始了鬥爭，如王爺廟青年團積極反對大蒙奸瑪尼巴達拉，並力主當年冬天把它剷除，哲里木盟青年團主張殺掉李光霸，包善一等蒙奸惡霸，向封建統治者們進行過激烈的鬥爭。這些例子，其他地方還有。在鬥爭中蒙古青年的覺悟逐漸提高了。很自然的並且是積極的找到了共產黨。不顧一切阻難，按受了共產黨的領導，從思想上逐漸把蒙古人民的命運和共產黨結合起來。青年團自從找到了共產黨的領導以後，認識了蒙古民族應走的道路。在一九四六年春，東科後旗，土默特右旗，庫倫旗，東科中旗，莫力達瓦旗的青年團，繼續在共產黨的領導下，參加了發動群眾工作，當時在王爺廟的封建統治的影響下，反對共產黨，反對發動群眾濃厚的氣圍（氛）裡，青年團堅決主張擁護共產黨，召開群眾工作講習班，開始了興安盟的發動群眾工作。

對建立與改革軍隊，政權方面，青年團也很積極，派出一些青年團到軍隊裡去，但黨軍隊政治工作。當時工作環境是很困難的，給革命軍隊政治工作打開了一條道路。這裡面英勇的紀錦濤同志最值得懷念，他已在與光復匪作戰中英勇犧牲。改造政權工作也作了一番努力。如庫倫旗的青年團幫助人民剷除了多年壓迫剝削人民的蒙奸王公羅布桑仁親，建立了民主的新政權。尤其是在大漢民族主義者蔣介石瘋狂進攻面前，青年團更發揮了保衛民族，保衛人民，堅決為革命犧牲的精神，配合民主聯軍參加了艱苦的游擊戰鬥，在去年敵強我弱的情況下；雖然青年中也出了少數妥協投降的民族敗類，但多數革命青年都是不灰心，不動搖，有的同志發揚了高度的民族氣節，如塔慶嘎，巴拉根色楞，拉喜格瓦等許多團員同志們，都犧牲在敵人血手下，他們至死仍高呼革命口號，毫不為敵人威迫，屠殺所屬，留下了革命青年的光榮榜樣。

一年多來在共產黨領導下，青年團勇敢參加了反不正確路線的政治鬥爭，一九四六年四月反動盲目的獨立運動──實質是孤立幻想。擁護承德會議決議和內蒙古自治運動聯合會的路線。今年四月參加了內蒙古人民代表會議期間的兩條路線鬥爭，堅決擁護人民路線，堅決擁護共產黨反對上層分子爭與革命領導權。青年團是內蒙革命青年的群眾組織，由於蒙古社會的特點與共產黨的領導，兩年來，在內蒙古革命運動中起了一些先鋒作用，他逐漸走出了知識分子的圈子，將深入到工農牧業群眾裡去，團結，組織，教育廣大內蒙古青年，領導青年運動，培養青年幹部，他向成為內蒙古青年更好的搖籃而鬥爭。他培養

千萬青年成為共產黨的好孩子，向雲主席的指出的目標「青年團成為共產黨的
預備學校」而奮鬥。

（原載《內蒙自治報》1947年10月5日）

內蒙古青年進行曲《歌辭》

黃沙滾滾，萬馬奔騰，
戰鬥的旗幟飄揚在空中，
嘹亮的歌聲激動著人心，
這是我們內蒙古青年的行列，
父親般的偉大領袖雲澤同志，
指引著我們前進的方向，
我們有了革命的領袖──
雲澤同志領導我們前進，……
為了我們民族平等自由，
向大漢族主義進軍！進軍！進軍！

詩一首

升起來的月亮閃閃發光，
照亮了整個世界，
我們優秀的青年人，
按照斯大林的道路前進！

懸在天空的星星，
照亮了廣闊的宇宙，
內蒙古的青年們，
跟著烏蘭夫前進！

青工會議勝利閉幕

青年工作會議歷時二十二天,於十日下午三時勝利閉幕,會議頭九天,各地青年工作負責同志作了關於青年工作的典型報告,由大家的典型報告與討論青年工作中,很顯然看出:青年團自接受共產黨領導後,才找到正確的政治方向,開始與工農牧兵群眾結合,就因為如此,青年團才有了飛躍的發展。……會議最後一天,雲主席親臨講話,對內蒙自治政府一般土地政策和內蒙革命歷史作了簡略解釋與報告。他在報告內蒙革命歷史中首先指出:「內蒙革命與中國革命是分不開的,內蒙革命歷史是中國革命歷史的一部分,中國革命和內蒙革命發展規律,基本上是一致的。」雲主席報告中解釋說明內蒙有了革命運動以來即向封建勢力作鬥爭。及至敘述白雲梯等民族敗類出賣民族,屠殺內蒙革命青年一事時,場內全體群眾高聲大喊口號:「打倒封建上層分子,為革命光烈復仇。最後,雲主席異常親切的對大家說:」這個會是勝利的會議,今後青年工作定有更大成績。同志們回去後,在各個工作崗位上,根據各個地區的具體情況,加強工作,改造思想,要成為人民的好勤務員。雲主席講演後,全場掌聲如雷,全體高呼:共產黨萬歲!中國人民解放軍萬歲!毛主席萬歲!雲主席萬歲!等口號,最後在高唱青年團歌的莊嚴歌聲中閉會。

(勞布倉)

(《內蒙古日報》1948年1月3日)

內蒙青年團代表大會勝利閉幕內蒙新青團宣告成立

內蒙第一屆青年團代表大會由三萬二十五日揭幕,經歷六天,已於三十日勝利閉幕了。

大會舉行開幕典禮之後第二日,即由克力更同志報告轉團問題。他在報告中說明內蒙古青年團是在中國共產黨領導下進行的反帝反封建反官僚資本主義大革命戰爭中產生的,是接受了中共的政治領導後才發展起來的。他在內蒙各

項工作中都起了積極帶頭作用，並在城市，農村，草地，部隊，工廠，學校，機關中都有了很大的發展，已成為內蒙先進青年群眾中的組織。他指出內蒙人民革命青年團，在最初缺乏明確的政治目標和工作方針，不是勞動人民的階級立場，思想上，組織上都很複雜，在其發展過程中經過很激烈的政治鬥爭以後，才逐漸地有了改造和進步。這主要表現在如下的幾個事實上：

一・「八・一五」以後，內蒙古封建上層分子為了繼續統治壓迫內蒙人民，便打擊民族運動的旗幟來欺騙利用青年，組織了內蒙人民革命青年團，用以給他們少數封建上層服務，但在反帝反封建反大漢族主義鬥爭中，青年們認識到這些上層分子是向繼續坐在人民頭上，是對敵妥協投降，出賣民族利益的，而真正的代表民族利益，為蒙古民族謀解放的，是中國共產黨。認識到內蒙革命與中國革命是不可分離的，因此，青年們逐漸清除內蒙人民革命黨的影響，接受了中共的政治領導，走向正確的發展道路，使青年團員在思想上，政治上，工作能力上都得到了提高。

第二，內蒙古人民革命青年團的組織，它在開始一個時期中，僅限於一部分進步的知識青年，而有共產黨的領導後，並經過群眾運動與各項工作，才逐漸地在工廠，農村，草地發展了廣大勞動青年，這樣才把青年團發展的基礎慢慢蓋基於勞動青年中，這樣才成為有群眾性的在各種工作中超積極作用的青年組織。

第三，內蒙古人民革命青年團受上層分子民族主義思想影響是很大的。雖然蒙古青年有一定的民族覺悟，但過去在青年團員思想上有很大的狹義性和盲目性，這種狹義民族思想，在黨的領導下，在馬列主義無產階級國際主義的思想教育下，已經得到克服。最後，克力更同志著重說明……我們應該熱烈歡迎和接受中共中央關於建立新民主主義青年團的決議和團長草案，要討論如何遵循這個決議，來改造內蒙古人民革命青年團，要以新民主主義青年團的性質，任務，工作方針來改造團的工作，異堅決拋棄那個內蒙古人民革命黨玷污的「人民革命青年團」的名稱，採用鬥爭目標遠大和明確的完全適合於內蒙的「新民主主義青年團」的光榮稱號，全國青年從政治上，組織上完全統一起來，匯成革命巨流，為蒙同目標攜手前進。

大會第三四日《二十七，八日》兩天上，討論了內蒙古人民革命青年團改

名為新民主主義青年團（轉團）及接受新民主主義青年團之章，與建立新民主主義，青年團的決議等問題，全體代表一致認為：第一，內蒙古人民革命青年團成立時受了內蒙古人民革命黨的壞影響，但在發展與鬥爭過程中，認識到內蒙人民革命黨，是反革命的，還想繼續統治人民的，是出賣民族利益的，因此青年們脫離了人民革命黨的影響，接受了共產黨的領導，為了徹底清洗人民革命黨所給的玷污起見，大會認為將內蒙人民革命青年團改名為新民主主義青年團是完全必要。

第二，過去內蒙人民革命青年團沒有明確的政治目標和鬥爭方向，此次中共中央所提出的團章與決議指出了明確的方向，並完全適合於內蒙青年的要求，因此一致同意接受團章與決議。

第三，由於形勢的發展，過去的內蒙人民革命青年團已不能滿足現在青年的要求。青年們今天一致的要求是：在共產黨的領導下，統一全國青年的組織，共同向著建設一個新民主主義的新中國與新內蒙奮鬥。黨大會宣佈轉團與接受團章的決議時，全體但標起立熱烈鼓掌表示擁護。

大會第五天以後無記名投票辦法選舉內蒙團委，結果克力更，特古斯，巴圖巴根，秋浦，協儒布僧格，布特格其，烏如喜業勒圖，布赫，鄔義貞等九人當選。並於本日午後五時，在雄壯的奏樂聲中舉行了轉團豹式大會。全體代表都宣誓正式加入新民主主義青年團。社會上由劉春同志講話。他說：「青年代表們，在此次大會上決定丟掉人民革命青年團歌和那個骯髒的名稱，從此在階級出路上，政治上，思想上，組織上，名稱上，都完全是一個嶄新的青年團，舊的人民革命青年團從此宣佈結束，新的在中國共產黨的領導下的新青年團正式宣告成立，從此和全國青年更加團結，內蒙古漢青年更加團結，這是值得慶賀的。繼用團委代表克力更同志說：「我們堅決在黨的領導下，在毛主席的旗幟下，在內蒙雲澤同志為首的黨委領導下，為建設新內蒙而前進。」

《內蒙古日報》

1949年4月2日

9.內蒙反動黨團材料（1968.02.15）

編者的話：這份「內蒙反動黨團材料」是步校《東方紅》和語委《東方紅》共同編成的。因系初步整理，許多組織，人名尚未最後落實，故請嚴格控制，不要外傳，翻印。

據我們目前掌握的數字，內蒙反動黨團不下百種之多。我們希望在今後的工作中不斷進行補充，深入調查，請領導及有關部門給以指導。

1.內蒙古國民黨

1925年8月在張家口由共產國際全權代表鄂吉洛夫（布里亞特蒙古）等人指導下成立。白雲梯任委員長，郭道甫任委員兼祕書長，其他中央委員有樂景濤，金永昌，包悅卿，李鳳崗，福明泰。各盟旗支部負責人有旺丹尼瑪，悉尼喇嘛，金鶴年，博音滿都等。該黨成立時，國民黨曾派李烈鈞，張之江參加大會，蒙古亦派來丹巴和巴托敖其爾，1927年這個黨在蒙古烏蘭巴托召開第二次代表會議，改名內蒙古人民革命黨撤換了白雲梯的領導，總部設烏蘭巴托，1936年解散。

2.內蒙古人民革命黨

1945年8月15後由哈豐阿，特木爾巴根等大蒙奸敵特臨時拼湊成功，由哈豐阿圈定博彥滿都，特木爾巴根，薩嘎拉扎布，松格布，阿思根，桑傑扎布，哈豐阿，旺丹，額爾登泰，愛拉圖，烏雲達賴，烏雲必力格，喇木扎布為執行委員，溫都蘇，張尼瑪，都固爾扎布，烏力吉陶克陶呼為候補委員大肆拉攏黨徒。九、十月中，這個黨曾先後向東部各盟旗指派黨徒進行所謂建黨工作。這些負責人是：

巴林左旗～～那蘇圖，巴依爾，恩根倉，羅布曾普日勒。

巴林右旗～～確吉敖斯爾，烏日圖，確扎布，那孫孟和，厚和德力格爾

克什克騰旗～～查嘎，德爾扎布，烏紫孝包彥。

科左中旗～～西拉布曾格，額爾敦扎布，則勒崩格，賽音巴雅爾，
　　　　　　嘎日狄，塔青嘎，仁親米德格。

科左後旗～～阿薩拉圖，賽生阿，阿古拉，布林巴雅爾，圖門巴雅爾，
　　　　　　拉喜尼瑪，白德泉，則勒合敖斯爾，色拉旺珠。

阿魯科爾沁旗～～道尼約特道爾吉，確桼木蘇

郭爾羅斯前旗～～陶格陶其

郭爾羅斯後旗～～吉格米德則仍，達瓦敖斯爾。

喀喇沁旗～～蘇和，白音圖，白忠孝

呼盟～～烏雲必力格，巴達榮嘎

土默特旗～～海斯圖

這個黨的黨員無確切數字可查，估計在千人以上。1946年2月末，正式宣佈解散。

3.新內蒙古人民革命黨

1946年3月1日祕密成立，執行委員為哈豐阿，特木爾巴根，阿思根，義達嘎，木倫，紀錦濤，特古斯，鮑音扎布等。黨員有戈更夫，德力格爾等青年骨幹，阿思根在蒙古自衛軍內發展尤多。這個黨沒有正式宣佈解散過。

4.內蒙古人民革命黨

195×年開魯吳屏組織，吳曾寫信給哈豐阿，要求來進行領導，有綱領，有計劃，預備奪取武器進行暴力，這個案子由騰和包庇下來，主犯吳胖調往海拉爾工作。

5.內蒙古人民革命黨

1959年出現在哈爾濱農業學院，主要領導人烏其素（學生），據烏說在中央委員會為開會前，暫由烏負責，黨員有四五十人，分佈在哈爾濱及通遼地區，已知者尚有楊為民，吉倫木圖，楊登。詳情正在調查。

6.蒙古人民革命黨

即206案件，曾在61及63年召開兩次代表會議，成員在63年初尚有一千八百餘名。

7.內蒙古人民革命黨

1947年1月在紮蘭屯成立，成員為敖勤學，敖玉洋，鄂嫩日圖，吳澤民，達來沃蘇（鄂士英），色喜雅爾圖，索岳爾圖，鬥星嘎等八名，祕書長敖勤學。1～3月曾四次開會，活動呼、納蒙合併，獨立自治，擁護博彥滿都的三大政策（反對清算鬥爭，反對把瑪尼巴達拉送給共產黨，蒙古的事情自辦）

8.內蒙古人民革命青年團

內青團最早的發起人是偽興安軍官學校的軍官布特格其，寶音都仍，阿敏，旺丹（小）等。1945年10月5日，經特古斯，鮑音扎布等活動正式成立，特木爾巴根書記。（46年4，3後性質另定）

9.青年團

1946年剛嘎在紮蘭屯組織。

10.興蒙黨

有兩種說法：一說：「興蒙黨」是自發性的民族主義青年組織，1941年由王爺廟偽興安學院學生組成，42年曾達五十餘人。主要發起組織者：通拉嘎，特古斯，賽音巴雅爾，依愛戈瓦等。42年特古斯，戈瓦畢業後離校「興蒙黨」是否繼續存在，說法不一。另一說法是：「興蒙黨」有日特操縱的政治背影，43年曾與阿思根發生聯繫。

11.民友青年會

1945年初特古斯，鮑音扎布，畢力格巴圖爾丹巴蘇榮和木倫等在瀋陽建立，並由木倫專程去通遼與旺丹，阿思根取得聯繫。

12.蒙古青年同盟

1945年8月底，特古斯，鮑音扎布等二十餘人分批集中科左中旗白彥塔拉，在偽旗長烏力圖支持下建立，吸收旗府職員和大中學生參加，其綱領是內外蒙合併，為建立獨立的蒙古國而奮鬥，協助組織維持會，維持地方治安，收編地主土匪武裝，組成民警隊。9月中派特古斯去王爺廟聯繫，並發電給蔣介石請求自治。其他盟員亦分派各旗活動。其成員有那順，額爾敦桑，嘎爾迪，鮑音扎布，德力格爾，阿古拉，那順烏力他，沙駝，斯巴圖，那順，色音巴雅爾，阿拉坦合，薩那巴雅爾，如毅等。

13.蒙古青年革命黨

1945年8・8蘇聯對日宣戰後，偽興安軍官學校校長烏爾金上將逃至長春，日本人給了他大批槍枝，一輛汽車和大批軍用給養。烏爾金就操縱當時在長春女師大守護校產（裕生會財產）的額爾德木圖，敦爾敦巴圖等二十餘人組成擁

有武裝的組織。幾天之後，組織就解散，槍枝由蘇和繳給了警備司令部。

14.蒙古青年革命黨

1945年8・15以後由德力格爾朝克圖，扎薩克王（德王兒子），布仁賽音，吉爾嘎拉，胡爾欽等在西蘇尼特旗組成。德力格爾朝克圖，紮薩克王被派充代表去蒙古後，其領導人員為胡爾欽，布仁賽音，烏力吉那仁，高興賽，布林巴雅爾，增分派黨員赴烏盟，錫盟各地聯繫和宣傳。

（有部分名單）

15.正義黨

1945年8・15以後，達斡爾少數上層分子組成一個名為「竹林七賢」的小團體。47年五，一大會後，這個組織與前進會相互勾結，取名叫正義黨，主張趕走民主聯軍和共產黨，接收鐵路，合併呼、納盟，成立自治區，與內蒙分立，擁護郭文通為主席，保定為祕書長，鄂范五為納文盟主席。其核心人物為鄂范五，鄂秀峯，鄂英海，鄂朗海，鄂嫩。成員有德文斌，何文秀，莫爾根巴圖，單寶玉，金玉根，敖和忠，蘇景陽，鄂廷順，胡海龍，莫英寶，沃文德，徐蘭庭，怡格達，沃殿元等。

16・青年團

正義黨所屬青年組織，領導人為伊德和，敖和忠，單福勤。

17.農牧民革命前進會

1947年5月6日，張尼瑪家成立，成員達三百餘名，其核心人物為張尼瑪，郝永芳，冠布仁・欽，丹巴仁欽，鄂秀峯，那順孟和，拉喜尼瑪，謝拉巴拉。計劃在七月九日內蒙工委成立那一天組織武裝叛亂。這個組織是在烏力吉敖

喜爾，朋斯克的直接操縱下成立的，它的綱領曾由蒙古特務班斯拉克其親筆修改。

18.海拉太巴特爾（意為「可愛的勇士」）

即「哈達派」，1946年2月16日哈達，布彥畢力格，孟克那松，伊恒格，道爾吉，官布扎布等組織其成員遍及陳巴旗，西陳巴旗，索倫旗，共一百餘名。以呼倫貝爾人管呼倫貝爾之事為口號，推翻保定派的統治。其核心人物除上述老外，尚有畢力格巴圖，恩格，板登蘇龍，喜魯布，蘇榮，博金格，敖力布，額爾登必裡格，伊合里太等。

19.成吉思汗黨

1940年左右在洮南成立，45年8‧15以後在張家口仍有活動。頭目之一為胡格吉夫。

20.章吉雅圖集團

1940年在長春出現，負責認為道爾吉，費爾布，蘇倫必力格圖等骨幹二十餘人（有詳細名單），他們主要是呼盟上層人物。1946年這個集團曾到王爺廟與哈豐阿，特木爾巴根祕密勾結。

21.保定集團

1947年2月在南屯建立，主要成員為索岳勒必力格，登登太，圖蒙巴雅爾，德魯格爾，剛蘇和等達斡爾上層分子。其主要活動綱領就是反共排漢。

22.登登太派

達斡爾族上層以登登太為核心的小集團。

23.反共興蒙黨

1946年前後在紮蘭屯成立的反動組織。

24.多數黨

1947年五，一大會前出現的反動組織。

25．人民黨

同上

26.文教會

1945年至1947年在呼盟地區出現的小團體，領導人寶丁。

27.真理黨

1947年在王爺廟出現的反動組織。

28.真理黨

1961年63年中在呼市高幹子弟中出現的祕密組織。

29.土爾扈特人民黨

　　1952年額濟納旗王爺額爾敦格日勒糾合民族上層組成的民族分裂集團，成員40餘人。

30.察哈爾蒙古青年同盟

　　1940年日特牛耕三郎搞的特務組織，其招牌為蒙古青年總部。

31.蒙古青年團

　　親日反動組織。

32.蒙古青年勵志社

　　1946年國民黨察蒙黨部在察哈爾搞的反動。

33.蒙古青年研究會

　　反共的組織。

34.蒙古在平青年革新會

　　1949年在北平組成的反動組織，主要人員為拉喜色仍，胡和幕仁，韓文玉，孫繼祖，根柱等五十餘人（有名單）。

35.蒙古青年革新團

即蒙古青年革新社的改頭換面。

36.大同會

1945年9月，陶克陶其，高萬寶扎布等在郭爾羅斯前旗成立，它實際上是內蒙古人民革命黨在郭爾羅斯前旗的分部。

37.蒙古旅平同鄉會

1945年以後旅居在北平的蒙族反革命逃亡分子的聯合會。

38.協和會

1932年成立，它的組織從偽中央直至村鎮均設有機構，機關亦各設分會，學校則有協和青少年團，協和義勇青公隊，國防夫人等組織。其早明口號為「民族協和」，37年以後則宣揚所謂「宣德達情」，「政府表裡一體」，向人民貫輸「日滿親善」，「共存共榮」的奴化思想，同時進行特務活動。

39.美蒙同盟又作蒙古青年同盟

1947年，策楞道爾吉，包國義，王守樸等通過國民黨特務陶克陶與美國海軍情報處白壁德，李嘉勝掛鉤，成立由美國直接控制的國際特務組織，其首要人物有席振鐸，紮奇斯欽，烏如恭格，郭布扎布，吉爾嘎啦，吳熙憲等。這個組織直接受到美國駐華大使司徒雷登的支持。在競選偽國大代表時，構成所謂「西蒙派」，與吳鶴令，白雲梯等的所謂「喀喇沁派」爭奪席位。1949年全國解放前夕，德王在阿拉善旗成立「西蒙自治政府」，其主要骨幹就是這批極端反動的蒙古青年同盟成員。

40.蒙民厚生會

1937年9月，日本搞所謂「蒙旗土地奉上」，以這份土地的收入設立蒙民厚生會，會址在王爺廟，管興安省境設理事，總務部長，實業部長及庶務，會計，教育等五六個科，此外還設有蒙民習藝所，育成學校，蒙民易塾，產業技術學院，習藝所牧場等組織。這個組織是日本保安局的特務駐點之一。職員中一半是日本人。瑪尼巴達拉的理事，其他高級人員尚有郭文田，哈斯巴根（白雲航），烏力吉，仁欽莫德格，特木爾巴根，保定，金墨然，韓良義，松迪扎布等。

41.蒙民裕生會

性質同厚生會，設在長春，分管錦州，熱河蒙旗地區負責人：喀薩巴特爾，白音倉等。

42.興建學會

1943年國民黨創立的反動組織

43.東北技術協會

1945年8‧15後在長春出現的國民黨特務外國組織，其首要分子為徐景昌。

44.安達會（又名護國同盟興蒙會）

1945年夏由日本特務機關發起組織的武裝特務組織，計劃首先以王爺廟為中心，然後在附近各旗及邊境各地普遍設立，第一批六月在葛根廟發展會徒60餘人，在王爺廟先後發展80餘人（有詳細名單）。會長為麻生達男，土屋定國，付會長包國棟，包永福。下設武裝大隊，隊長包金山，組織部負責人鄂永

貴，滿都拉其，宣傳部負責人舍土扎布，博彥烏力吉，班弁，龍井。

45.日蒙同命體

1945年初成立的日本高級特務組織，參加者日本方面為特務機關付機關長53部隊付隊長松蒲少佐和53部隊付隊長志岐中校，蒙古方面為哈豐阿，博彥滿都，薩嘎拉扎布，烏雲達賚，都固爾扎布，張尼瑪，嘎如布僧格。計劃改組和集結偽興安軍，派人至各旗訓練民兵，準備在對蘇戰爭中進行游擊戰，開展破壞，爆破活動，並著手徵集軍馬糧草。

46.反蘇反共游擊報導處

性質同「日蒙同命體」。

47.善鄰協會

1933年日偽組織的反動組織。

48.黑龍會

本世紀初在日本出現的最富侵略性的反動組織，首領為頭山滿，在東北，其前身為「滿蒙研究會」是日本浪人和東蒙上層分子互相勾結的反動組織。

49.53部隊

日本關東軍情報部直屬的一支特務武裝部隊，1941年8月成立，定名「特八六八部隊」，1943年改名為滿洲第二游擊隊代號為五三部隊，首任隊長為機野實少校。下設五個隊，兩個特務班，及教育室，研究室，進行武裝特務活動。

五十，731部隊

石井四郎所領導的細菌部隊，最早名「生產細菌實驗所」，後改稱「關東軍防疫給水部」，最後為「滿洲七三一部隊」，曾在我國進行滅絕性的細菌戰。

五十一，100部隊

日本在東北的另一支細菌部隊。

五十二，謀略部隊

日本海拉爾特務機關的武裝部隊。

五十三，日月寮

日本訓練蒙古青年的特務學校。

五十四，東亞聯盟

日本為守的反共反蘇組織，設在東京。

五十五，興蒙學院（興蒙隊）

百靈廟日特機構。

五十六，興蒙團

42年9月由嘎如布僧格，拉瓦，巴音圖，拉克沁，葛瓦，烏恩奇，圖布新，紮西那木吉拉，布彥合西格等16名在日本神奈川陸軍士官學校學習的軍官組成。

五十七，東蒙會

42年9月在日特久保上校（或謂兒玉）主持下成立，日本神奈川陸軍士官學校學習的留學生隊中華隊都是該會會員。這個組織與「興蒙團」是否同一組織，尚待查明。

五十八，戰嘎牙斯圖黨

日特德力格爾朝克圖，官布扎布（德王祕書），胡爾欽等在東京組織的反動組織。

五十九，蒙古同鄉會

烏雲達賚，哈豐阿在偽滿駐日大使在學務處訓練科長時，糾合在日本的留學生組成有精確的同鄉會錄（有會員照片）行世。

六十，錫察情報班

1945年9月軍統特務中央特派員史泓領導下在綏遠成立，班長查格德爾蘇榮，付班長馬福巨，成員張啟祥，榮紀貞，陶格習勤，姚長青，烏力吉娜仁，高興賽等二十餘人，任務是調查蒙蘇軍隊動態，兵種，人數，分佈情況及內蒙軍政動態。

六十一，國民黨地下統一黨

1949年綏遠省國民黨部任命達茂旗額仁欽為代表，特派郎頭蘇和組織地下前線隊，成立國民黨綏遠分部，主要成員有額仁欽代來，羅布桑道爾吉，達木林斯榮，斯琴必力格，紥木蘇，其日蘇合等十三名。50年這個組織勾結國民黨殘餘武裝，陰謀組織武裝叛亂，被我剿匪部隊擊潰。最近烏盟造反派在烏盟編譯處包明福抄出人數24名的「革命同志」名單，書記即斯慶必力格，有捷克槍一枝，槍號84993（尚未搜獲），斯慶被扣後又供出黨徒十一名，總計以掌握的名單47名（有詳細名單）。

六十二，民族統一革命黨

1961年布仁賽音，額爾敦必力格，通福等在哈豐阿的授意下在海拉爾成立，據通福等的供詞，該組織在呼市和呼、錫等盟已發展黨員五六十名（有詳細名單），上列「國民黨地下統一黨」書記長斯慶必力格也是這個民族統一革命黨的成員。這兩個組織究竟關係如何，尚待進一步查明。

六十三，反共剿匪總司令部

解放初活動在四子王旗，成員共106人。

六十四，國民黨興安省黨部

1945年8月15日以後在王爺廟瑪尼巴達拉等與內人黨取得諒解祕密組織。祕書長瑪尼巴達拉，執委十一名（或作九名）：博彥滿都，哈豐阿，那木海扎布，薩嘎拉扎布，達瓦敖斯爾，阿斯根，那木斯來扎布，張鐵鑄，呼和巴特爾，刁育川（後金■琳代[1]），下設組織，民族，宣傳，武裝等各部及經濟，

---

[1] 編按：此處史料辨識不清，以■代替。

衛生等委員會。這個組織屬國民黨東北行轅（主任熊式輝）的領導。但與行轅
所屬和以吳煥章為省長的興安省黨部有矛盾，1946年2月，瑪尼巴達拉率代表
團擬赴重慶請願，其任務之一就是解決這一矛盾。

六十五，國民黨興安省黨委部

1945年9月阿思根至鄭家屯，與國特王樹奇聯繫，計劃成立國民黨興安省
黨部，祕書長哈豐阿，興安軍司令兼監督阿思根，軍事部長旺丹，宣傳部長薩
嘎拉扎布，建設部長烏雲達賚，保衛部長嘎爾迪（是否即騰和，尚待進一步查
明）。

六十六，軍統東蒙政府特派組織

1946年2月瑪尼巴達拉，桑傑扎布，阿成嘎，色丹扎布等受哈豐阿派遣，
計劃去重慶見蔣介石請願。瑪等至北京，接受軍統特務頭子戴笠，馬漢三等的
任務。成立組織，瑪尼巴達拉為軍統局特派員，阿成嘎為第二組長（負責政權
方面），組員賴英斌，軍事組色丹扎布，黨務組桑傑扎布。1943年4月，瑪等
攜帶電臺及報務人員關■[2]，彭如阜，那順巴雅爾從北平返王爺廟。

六十七，中統綏遠調查統計室

1937年前調統室負責人為陳國英，38年為劉梅，成員為陳建中，張展明，
張慶榮，杜增明。1940年進行改組，改派大特務張慶恩負責，成員有張忠一，
羅踐夫，劉志黎，伊傑，度增明，辛崇業等。並由張慶恩，陳國興，張選民，
耿正模，邱明星，吳桶，辛崇業，高存仁等組成「綏遠省黨部」。41年張慶恩
因病改派陳國興任「綏室」主任，成員為張忠一，度增明，李金山，馬澄俊，
張立德，張迺清，祁繼先，員濤秋，陰燕英，王維新，楓錯章，張富儀，陳懷

---

[2] 編按：此處史料辨識不清，以■代替。

珍等。43年陳國興去職，張慶恩繼續兼任主任，加強為陝甘寧邊區，晉西北，大青山和綏東解放區的情報工作，專職人員擴大至四十餘人，其組織：

第一組（外地情報調查），組長魏純美。

第二組（行動，審訊，管訓，看守，特種彙報），主張祁繼先。

第三組（總務）組長張富儀。

其它首要分子尚有程又新，陳元夫，屠由俊，杜增明，王蘭田，王黎生，楊格非，翟庭實，樊毓泗等。接著又擬定擴大情報計劃，派魏純美為綏遠據點主任，祁繼先，榆林據點主任，郭理修神府據點主任，劉毅佐贏池溝據點主任，樊毓泗東勝據點主任。王明中負責大青山駐點，陳元夫在包頭活動，其他至內外工作人員尚有韓正臣（化名），王樹滋，徐增瑞，馬步蟾，武兆瑞，任大光，徐仁山，張淑青，李守魏，王鴻勳，王幹端，許有喜，■寶麟[3]，武自雅，屠白俊，王黎生，張毓楷，楊格非，魏尚禮，周粘，旺丹運，王海龍，程又新等。此外，各縣的國民黨黨部，都是「調統室」的下屬機構。

六十八，防共小組（又叫防汗小組）

中統局在各部門普遍設立的祕密組織，負責偵察，監視和搜集有關人員言行，每組三至五人組成，與「調統室」單線聯繫，每週回報一次，當時綏遠省民政廳小組長為李宗林，祕書處小組長李一民。

六十九，綏遠省鄉村建設委員會（簡稱建會）

1934年正式成立，是付作義（傅作義）培養中下級反革命爪牙的訓練班，從1934年到1937年綏遠省阻止，功訓練四期學員，每期三百，共一千二百餘名，分派基層進行工作。鄉建會委員長為付作義（傅作義），總幹事屠義源，這批學員在政治上與付作義（傅作義）結成死黨，構成綏遠地區頑強的一股勢力。

---

[3] 編按：此處史料辨識不清，以■代替。

七十，防共常備隊

從1936開始共集訓二期，每期三千人，構成付作義（傅作義）在各鄉，鎮進行反革命鎮壓的武裝基幹隊伍。

七十一，綏遠省動員委員會

1939年春在陝北成立，在1941年秋以前，所謂「新縣制」為實行前，是付作義（傅作義）貫徹各種反動政策的主要機構，實際上是鄉建會繼續，新縣制實行後結束。

七十二，綏遠省戰時青年訓練團（戰青團）

1941年皖南事變後，付作義（傅作義）設置的集中營，設在陝壩城西劉七櫃。

七十三，綏幹團

1947年至1948年內付作義（傅作義）為輪訓反革命爪牙的幹部學校。其中第×期是縣級以上高級官員，解放前夕，曾有計劃地隱蔽下來來伺機活動。

七十四，綏幹團青年勵志社

在綏幹團內的國特外國組織。

七十五，自由黨

分佈在山西，內蒙等五省的一個反革命組織。

七十六，一心堂

又稱頭髮教，1935年改名「一心天道龍華聖教會」，是1924年馬冠英創立的反動會道門。聖教會綏遠分會（1941年成立），共登記道徒一千多人。會徒遍及華北和長江流域，總會設天津日租界，牌子上寫「大東亞佛教」總會。抗日戰爭開始前，馬冠英夫婦即不知去向，由陶永祥繼續活動，顯系日本特務組織。

七十七，在理會

反動會道門。

七十八，鐵血青年團

七十九，青年黨

1941年在張北成立的反動組織，其主要成員有阿拉坦格爾勒，村上榮，額仁欽道爾吉，富淩嘎，道爾吉，索德那木蘇等。

八十，敖思楚德。

八十一，野原社。

八十二，蒙古革命委員會。

1959年在杭錦旗破案的反動組織。

八十三，貫徹社。

1942年付作義（傅作義）的「八戰區付長官部」成立的綏西文化宣傳指導機關。

八十四，索旗三青團。

西蒙的國民黨特務組織。

八十五，犧盟會。

抗日戰爭初期由彭真，薄一波等組織，其後在綏遠亦有發展。

八十六，敢死隊。

八十七，同人會。

八十八，洪振科（局）。

八十九，CC敢死隊。

九十，CC勵志社。

九十一，戰亂委員會。

其中央委員為賀守業（尚未破案）。

九十二，內蒙古同盟青年團。

九十三，勇士團。

1943年8月在日本成立，成員16名，負責人嘎如布曾格，郝永芳，拉瓦。

九十四，興農合作社。

日特外圍組織，進行情報活動，受王逸倫領導。

九十五，內蒙聯合會。

分佈在郭爾羅斯後旗，會長推哈豐阿，烏力吉敖其爾。

九十六，同盟會。

在朋斯克，郝永芳，特木爾巴根支持下，45年8月於郭前旗成立，會長包某某。

九十七，紮賚特旗青年同盟

約在1946年秋成立，領導成員孟和寶音，哈拉扒拉，巴拉瑪扎布，格日勒圖，它的後臺為旺丹，包啟文，成員八十餘人。

九十八，內外蒙合併黨。

65年在地質局破獲，負責人額爾德尼。

九十九，內蒙人民解放青年團。

1947年在林東成立，其成員分佈全國，多數為公安廳廳局以上或地委以上幹部，該組織在67年在哲盟發現，現正在追查。

一〇〇，蒙旗聯絡組。

1945年華北行營督察處長馬漢三組織，設在長春；由陶克陶與王爺廟的瑪尼巴達拉聯繫。

一〇一，國民黨遼蒙黨部。

1945年光復後組織，主任特派員金崇偉，特派員關槐青，金養浩，丁我愚，辦事處設瀋陽。

一〇二，國民黨黑蒙黨部。

設哈爾濱，主任李宗洲。

一〇三，國民黨熱盟黨部。

主任特派員薛興儒，特派員有烏鵬等。

一〇四，國民黨興安省辦事處。

1945年光復後在長春成立，成員為烏力格根，那日勒圖二人。

一〇五，軍統王化興組。

初設瀋陽，後遷四平，王化興現在臺灣。

一〇六，蒙事辦。

屬國民黨東北行轅，主任由蒙藏委員會辦事主任楚明善兼任，任務是對蒙古上層進行政治工作。

一〇七，蒙旗接受委員會。

主任委員白雲梯，委員金崇偉等。

一〇八，蒙旗復員委員會。

主任委員吳鶴齡，這兩個委員會估計都是1945年10月吳鶴齡等人重慶見蔣介石後組織的，活動不詳。

一〇九，綏遠肅奸委員會

1942年春在綏遠成立，主任委員董其武，付主任委員潘秀仁，張欽，劉萬春，委員王則鼎，榮祥，杜品山，樊滌青，張潛，王崇仁，下設祕書，情報，審訊，行動，訓練，財務事組，肅奸委員會實權操在中統大特務潘秀仁手中。

內部資料

內蒙語委《東方紅》第一期

（內部參考，請勿外傳）

1968、2、15日

10.請批准奎璧等人在內蒙古日報上點名批判，內蒙古自治區革命委員會文件，內蒙古革發（68）54號。附哈，特兩人資料及原件起草稿（1968.01.27）

中央文革小組並北京軍區：

一、在去年十一、十二月份，曾前後兩次報去關於內蒙古自治區廳局長以上幹部中的走資派奎璧、劉景平、林蔚然三人和蘇雷、寧雲程、魯志浩等十四人，公開在《內蒙古日報》上點名批判的請示報告。現在廣大革命群眾強烈要求對他們的罪行進行徹底清算，把他們徹底批倒批臭。為此，請能盡速批示，以便在《內蒙古日報》上點名批判。

二、在無產階級文化大革命不斷深入後，革命群眾又揪出混入黨內的原「內蒙古人民革命黨」的頭頭、老民族分裂主義分子哈豐阿（原內蒙古黨委宣傳部副部長、內蒙革委會文教組召集人），他倆人在過去和現在都一直反對毛澤東思想，頑固地推行一套修正主義的民族分裂主義路線。為了徹底砸爛他們的這條黑線，肅清他們的影響，以及根據革命群眾的要求，他們擬在《內蒙古日報》上，對他兩人也進行點名批判，請一併批示。

內蒙古自治區革命委員會

中國人民解放軍內蒙古軍區

1968年1月27日

附哈、特兩人材料

哈豐阿，在日本帝國主義侵略我國東北時，哈豐阿同甘珠爾扎布（蒙奸、戰犯）、包善一（惡霸地主、土軍伐）勾結，於一九三二年組織所謂「蒙古自治軍」，積極投靠日本帝國主義，受到日本帝國主義的寵愛，歷任日偽興安局

總裁祕書官、偽滿駐日大使館祕書官、興安總省參事官等顯要職務，幹了許多出賣祖國，出賣人民的壞事。

哈豐阿又是一個老牌的民族分裂主義分子。抗日戰爭勝利後，哈豐阿同博彥滿都、特木爾巴根等人組織所謂「內蒙古人民革命黨」，破壞祖國統一，企圖把內蒙古東部地區從偉大祖國分裂出去。在一九四五年，在哈豐阿的率領下，由博彥滿都、特木爾巴根、額爾頓陶格套、嘎日布曾格等人組成一個「代表團」，赴蒙古人民共和國談判，企圖合併于外蒙。這個陰謀破產後，哈又積極投靠蔣介石，在一九四六年二月，哈組織一個由反動民族上層、戰犯、官僚地主參加的「代表團」，以瑪尼巴達拉作為首席代表，派往北平和國民黨政府軍統局特務頭子戴笠談判，大肆叫嚷：「國民黨政府是中國唯一合法政府」的反動謬論，進行反共反人民的民族分裂活動。

哈豐阿還是個剝削階級的孝子賢孫，哈的父親是土匪頭子，官僚地主、土軍閥。這樣一個血債累累，民憤極大的人，本應受到法律制裁。但是在土地改革運動中，當地人民起來，向他父親討還血債時，哈極力包庇，利用自己的職權，把他父親從家鄉接到烏蘭浩特，保護其過關，破壞了當地的土改運動。

哈豐阿是在1946年被烏蘭夫在承德東西蒙代表談判時拉入黨內的。烏蘭夫為了推行自己的反革命修正主義、民族分裂主義路線，對他特別重用，提任內蒙古黨委委員，自治區人委副主席等要職。兩人長期以來，互相利用，互相包庇，大搞反革命修正主義、民族分裂主義的罪惡活動。

特古斯是哈豐阿的死黨。1946年2月，哈組織「蒙古人民革命黨」時，他們黨的宣言是特古斯起草的。哈任總書記，特是執委、青年聯盟總書記。1947年特又與烏蘭夫搞在一起。從此，哈豐阿、特古斯為烏蘭夫控制了內蒙古文教界的大權（哈曾兼任內蒙古自治區文辦主任）。

特古斯十多年來，在文教系統大量鼓吹蒙修的文化藝術、出版、教育等毒貨。在哈豐阿和他的支持下，曾聘請蒙修專家給農牧學院、師範學院、內蒙古大學等大專院校講課。還聘請蒙修的作家、藝術家、歷史學家等來做報告。其中許多人是又名的蒙修特務。加老桑布巴拉頓、烏力吉勿特格等就曾盜竊了一百五十多種蒙文資料，世界上唯一古本《阿拉坦汗傳》全部照像竊走。特古斯與這些人來往甚密，經常互相舉行家宴。特還經常和蒙修領事館接觸。在他的

包庇下，還把一些歷史不清和政治上有問題的人，安插在文教界的各個主要部門。

貫徹周揚、陸定一的修正主義文教路線。特古斯親自領導和審定《文藝六十條》（其中民族文藝是特執筆寫的）、《教育六十條》、《體育五十條》、《醫院五十條》、《科研十四條》。這些條例，根本點是不要黨的領導。

大力宣傳烏蘭夫的思想和路線，鼓吹「民族文化」、「民族特點」、「幹部民族化」、「機關民族化」等。在他的支持下，通過一些蒙文刊物，大量宣傳蒙修真理報文章以及各種作品。

到自治區革命委員會籌備小組文教組後，公開以合法身分包庇民族分裂分子，為他們開脫罪責，說這些人可以解放。有的被送到毛澤東思想學習班去學習。妄圖把這些人繼續埋下來，逃避群眾對他們的批判，破壞無產階級文化大革命。特本人在去年春季內蒙資本主義反革命復辟逆流中喬裝左派、支持呼三司；在十一月末終被革命群眾揪出。

已發：中央文革小組、北京軍區，存檔。

（共印30份）

11.內蒙革發（68）54號，絕密[1]

滕吳

　　此報檔送我處，我請樹德同志審閱，當時你們倆位和星垣同志都不在家。樹德同志壓了一些時，閱後送給我，我又沒時間即時處理，又壓了一些天。今天下午，沒參加會，把這一電稿看過，現特你們二位審批。

高錦明12/1

　　文件發錦明，1/27。滕已看過，請星垣明同志閱後，送吳（濤）簽發。錦明簽字。請（郭）以青同志閱批（10.5）。

智仁（12.31）。

北京軍區（並轉滕吳並）中央文革小組：

　　一、在去年十一、十二月份，曾前後兩次報去關於內蒙古自治區廳局長以上幹部中的走資派奎璧，林蔚、劉景平二人和蘇、寧雲程、魯志浩等十四人，公開在《內蒙古日報》上點名批判的請示報告。下載由廣大革命群眾強烈要求對他們的罪行進行徹底清算，把他們徹底批倒批臭。所以，請（對我們■兩次的請示報告），能盡速批示，以便在內蒙古日報上點名批判。

　　二、在無產階級文化大革命不斷深入後，革命群眾又揪出混入黨內的原「內蒙古人民革命黨」的頭頭，老民族分裂主義分子（民族敗類）哈豐阿（原自治區人委副主席、全區政協駐會常委）以及烏蘭夫。哈豐阿的忠實追隨者，及革命修正主義分子，民族分裂主義分子特古斯（原內蒙古黨委宣傳部副部長、內蒙古革委會文前組召集人），他倆人在過去和現在都一直反對毛澤東思想，頑固地推行一套修正主義的民族分裂主義路線。為了徹底砸爛他們的這條路線，肅清他們的影響，以及根據革命群眾的要求，我們擬在《內蒙古日報》上，對他們倆人也進行點名批判，請一併批示。

---

[1]　編按：此文件中刪去的標記為原件所留，為各委員審閱時所刪加。

內蒙古自治區革命委員會
中國人民解放軍內蒙古軍區
1968年一月二十七日
附哈、特兩人材料。

12.革命大批判（1968.03.18）

內蒙呼盟海地區紅色造反者革命大批判聯絡站
《革命大批判》編輯部
一九六八年三月十八日

最高指示

關於對待暗藏的民族破壞分子的問題，必須提起大家的注意。因為公開的敵人，公開的民族破壞分子，容易識別，也容易處置；暗藏的敵人，暗藏的民族破壞分子，就不容易識別，也就不容易處置。

內蒙古人民革命黨是什麼貨色？

最高指示

人民靠我們去組織。中國的反動分子，靠我們組織起人民去把他打倒。凡是反動的東西，你不打，他就不倒。這也和掃地一樣，掃帚不到，灰塵照例不會自己跑掉。

敵人是不會自行消滅的。無論是中國的反動派，或是美國帝國主義在中國的侵略勢力，都不會自行退出歷史舞臺。

內蒙古人民革命黨是什麼貨色？

內蒙古人民革命黨是地道的反革命集團。它的最高綱領最終目的是分裂我們偉大的統一的祖國──中華人民共和國，搞所謂的「內外蒙合併」。這是個為國際敵人──帝修反和國內敵人──地，富反，壞，右效勞的反動組織，其歷屆頭面人物都是反動透頂的傢伙。

內蒙黨內最大的走資本主義道路的當權派，中國赫魯曉夫在內蒙古的代理人，當代王爺烏蘭夫及其黨徒哈豐阿，特古斯之流，二十多年來，一直大

言不慚地美化反動的內蒙古人民革命黨，口口聲聲說：「內蒙古人民革命黨有一定的進步性和革命性」。他們之所以極力為臭名遠揚的內蒙古人民革命黨塗脂抹粉，極力為反動透頂的內蒙人民革命黨樹碑立傳，正如列寧尖銳指出的：「所有一切剝削階級，為了維護自己的統治，都需要有兩種社會職能；一種是劊子手的職能，另一種是牧師式的職能。」烏蘭夫，哈豐阿，特古斯之流就是用牧師式的宣傳來標榜他們的新老人人民革命黨的所謂「進步性」和「革命性」的。他們的這種標榜宣傳，如果說在文化大革命以前還能矇騙人民一時，那麼，現在，經過無產階級文化大革命，其「奧妙」也就大白於天下了。烏蘭夫，哈豐阿，特古斯之流標榜「內蒙人民革命黨」二十多年的目的，說穿了，就是為了不要偉大的中國共產黨和偉大領袖毛主席的領導，不要偉大的統一的祖國——中華人民共和國這樣一個民族團結的大家庭，不要先進的漢族勞動人民這樣一個血肉不可分割的兄弟，不要工人階級和貧下中農，不要階級鬥爭。一句話，就是為了他們分裂祖國，叛賣祖國的需要，為了他們階級投降，民族分裂以及反革命修正主義的需要。在烏蘭夫之流保護傘的包庇下，「內蒙人民革命黨」不僅名亡實存，而且繼續發展其黨徒。據我們掌握的材料證明，該黨到一九六三年就已發展到兩千多名黨徒。他們根據蒙修的黑指示轉入地下，繼續猖狂地進行民族分裂，叛賣祖國，反黨反社會主義反毛澤東思想的活動。正如我們偉大領袖毛主席教導：「在拿槍的敵人被消滅以後，不拿槍的敵人依然存在，他們必然地要和我們作拼死的鬥爭，我們決不可以輕視這些敵人，如果我們現在不是這樣地提出問題和認識問題，我們就要犯極大的錯誤。」毛主席還教導我們說：「必須在各個工作部門中保持高度的警惕性，善於辨別那些偽裝擁護革命而實際反對革命的分子，把他們從我們的各個戰線上清洗出去，這樣來保衛我們已經取得的和將要取得的偉大的勝利。」我們一定按照毛主席的偉大教導，在這次文化大革命中，決心把這個親日帝，親蘇蒙修，親國民黨蔣介石，仇視漢族勞動人民，仇視中華人民共和國，仇視中國共產黨和毛主席，仇視社會主義制度的反革命組織——「內蒙人民革命黨」揪出來示眾。否則，將會給我們偉大，統一的祖國留下一個最大的隱患。所以，我們必須將這個祖國防修前哨的定時炸彈挖出來，暴露在光天化日之下，必須鬥倒批臭其反動頭頭和骨幹核心分子，必須堅決鎮壓其終身兼蘇蒙修特務，日本特務，美將特務

的黨徒和有現行反革命活動的頑固分子，必須把被「內蒙人民革命黨」黨徒篡奪的各級黨政財文大權統統奪回來。內蒙的天下，必須是中國共產黨和偉大領袖毛主席領導的無產階級革命派的天下，內蒙的歷史，必須是以毛主席為首的中國共產黨領導各族人民進行革命鬥爭和階級鬥爭的歷史！

「內蒙人民革命黨」，無論從其建立發展史上看，還是從其反動頭目黨徒的階級成份看；無論從其叛賣祖國的反革命綱領看，還是從其與蘇蒙修，日本鬼子和國民黨蔣介石的親密關係看；都是徹頭徹尾的反動組織。其基本隊伍是由日本特務，國民黨特務，蘇蒙修特務，反動軍官，偽滿和偽蒙疆官僚，共產黨的叛徒，民族分裂主義分子，土豪劣紳，牧主，喇嘛，地主，資本家，蒙族上層知識分子等社會渣滓組成。我們偉大領袖毛主席教導說：「一切勾結帝國主義的軍閥，官僚，買辦階級，大地主階級以及附屬他們的一部分反動知識界，是我們的敵人。」這個所謂「內蒙人民革命黨」就是這樣的敵人。如果說它有「進步」性「革命」性，那只是表現在打著「紅旗」反紅旗方面，比一切反動派更為隱蔽狡猾。例如，他們過去的確打過這樣那樣的蒙蔽群眾的「革命」旗號。諸如什麼「與蘇聯蒙古社會主義國家合作」呀，「與中國共產黨聯合」呀等等，但是，「內蒙人民革命黨」所犯下的滔天罪行，實際上完全和它打的「進步」旗號和「革命」招牌相反。「進步」的旗號和「革命的招牌只是拿來為它裝潢門面而已。下面讓我們擺出人民革命黨在分裂祖國統一破壞民族團結方面搞的一系列罪惡勾當，揭露內蒙人民革命黨的黑幕。

一‧老內蒙人民革命黨是在蒙古人民革命黨和蔣介石國民黨的支持下於一九二五年十月成立於張家口，當時也叫做「內蒙國民黨」。此時，正值中國共產黨領導的第一次國內革命戰爭勝利發展時期。該黨的頭目是國民黨反動派的忠實走卒，臭名遠揚的民族敗類，血債累累罪惡滔天的反革命分子白雲梯（國民黨中央委員）和郭道甫（逃蒙後曾任過蒙修國家部長）。他們為什麼利用這個時機，發起組織內蒙人民革命黨呢？是不是要在中國共產黨領導下，促進國內第一次革命戰爭勝利發展呢？否！他們在蒙修和國民黨的承認和支持下，打著「民族獨立」「民族復興」「民族分立」等旗號，組織數百人軍隊。在西北軍閥馮玉祥支持下，活動於伊盟烏審旗和鄂托克旗一帶，破壞中國共產黨所領導的國內第一次革命戰爭。一九二七年，蔣介石發動反革命武裝政變，進行

空前的「四・一二」大屠殺時，內蒙人民革命黨把所謂「進步」，「革命」的
畫皮徹底撕碎，反動的本質完全暴露在光天化日之下，頭目白雲梯和郭道甫之
流再也不能偽裝了，甘當蔣介石的心腹，效忠於蔣介石的忠實走卒的本來面貌
暴露無遺。其黨徒的分化和倒向反革命也非常明顯，大部分倒向蔣介石，一小
部分倒向蒙修。就是沒有倒向中國共產黨的。倒向蒙修的，受到蒙修的熱烈歡
迎和支持，讓他們在蒙修的烏蘭巴托召開了第二次代表大會，並讓他們把黨的
總部設到烏蘭巴托，由蒙修給他們提供大量的活動經費。一九二九年，即日本
帝國主義侵華前夕，由第三國際中國共產黨的叛徒瞿秋白把人民革命黨骨幹烏
蘭夫，朋斯克，特木爾巴根之流派回內蒙活動。朋斯克和特木爾巴根之流回來
後就叛變了，給日寇和國民黨當特務，並在東部區發展了大量的人民革命黨黨
徒，甚至到叛賣祖國的日本帝國主義侵華的幫兇軍──內蒙古自治軍中去發展
黨徒，哈豐阿就是在這個時候參加人民革命黨的。這時人民革命黨黨徒中當蒙
修特務者有之，當日本特務和國民黨特務的有之。到了一九三六年抗日戰爭爆
發前夕，更有大量的頭目和黨徒倒向反革命。他們勾結日本帝國主義和國民
黨，充當日寇的幫兇和國民黨的走狗。如人民革命黨頭目哈豐阿就充當了偽滿
駐日大使館訓練部部長，後又充任偽滿興安總省參事官；人民革命黨頭目哈豐
阿就充當了偽滿駐日大使館聯訓部部長，後又充任偽滿興安省參事官；人民革
命黨頭目博彥滿都充任了偽滿興安總省省長，人民革命黨頭目阿成嘎充任了偽
滿國務院民生部參事官；混入中國共產黨的人民革命黨骨幹分子烏蘭夫在被瞿
秋白派回後，就賣身投靠國民黨的地方實力派，充當了傅作義手下的哈巴狗。
他們都成了地地道道的蒙奸賣國賊。至此，老人民革命黨已完成解體，不得不
在蒙修烏蘭巴托宣告解散。我們偉大的領袖毛主席教導說：「什麼人站在帝國
主義封建主義官僚資本主義方面，他就是反革命派。」人民革命黨就是這樣一
個反革命集團。毛主席在一九三五年十二月二十七日發表的《論反對日本帝國
主義策略》──文中，還明確指出：「日本帝國主義和漢奸賣國賊的任務，是
變中國為殖民地；我們的任務是變中國為獨立，自由和領土完整的國家。」又
說：「少數民族，特別是內蒙民族，在日本帝國主義的直接威脅之下，正在起
來鬥爭，其前途將和華北人民的鬥爭和紅軍在西北的活動匯合在一起。」這是
我們偉大領袖在當時的最高指示。可是自稱「革命」的老人民革命黨，不僅其

大批頭目和黨徒充當了蒙奸賣國賊，而且其綱領也完全是反革命貨色。他們打著「統一蒙古」和「蒙古一貫獨立論」的幌子，和毛主席的「其前途和華北人民的鬥爭和紅軍在西北的活動匯合在一起」的最高指示背道而馳，投入日寇，西北軍閥馮玉祥，華北土皇帝傅作義和蒙修的懷抱，堅決反對中國共產黨和毛主席的領導，大搞破壞祖國領土完整的內外蒙合併運動。如他們黨綱的第二條明確規定：「本黨在蘇維埃聯邦及蒙古人民共和國指導下……」就是在這個黑綱領指導下，他們拒絕中國共產黨的領導和偉大領袖毛主席的教導，大搞特搞分裂偉大祖國領土完整的罪惡活動。他們還利用蒙修提供的經費，打造「蒙古一貫獨立論」，「統一蒙古」等反革命點論，如在一九二五年內蒙人民革命黨的黨刊上，就刊載出《小英雄鐵木真》九場蒙語話劇，大力宣揚和歌頌成吉思汗的所謂「英勇剛強」「不甘居人下」。以此來為他們的「統一蒙古」「內外蒙合併」的民族分裂叛國活動服務。

一九四五年，中國共產黨和我們偉大領袖毛主席領導的抗日戰爭取得了偉大勝利。人民已經懂得只有中國共產黨和毛主席才能救中國的偉大真理。但是，老人民革命黨的頭目哈豐阿，特木爾巴根，博彥滿都之流搞內外蒙合併的賊心不死，他們和各族人民的願望背道而馳，成績死灰復燃，重建已經解體的人民革命黨，繼續猖狂地高內外蒙合併的罪惡活動。他們在一九四五年八月十八日，迫不及待的拋出黑「宣言」，恬不知恥的給反革命的人民革命黨貼金，拼命的吹噓美化人民革命黨，並提出內外蒙合併，成立統一的蒙古人民共和國。

發表黑宣言不久，於一九四五年秋，哈豐阿，特木爾巴根等傢伙，為了拒絕中國共產黨和毛主席的領導，為了實現內外蒙合併，就在，國民黨中央的承認下，於烏蘭浩特公然重建了老內蒙人民革命黨。之後不久，他們便從兩個方面開始其罪惡活動；一方面，他們的《東蒙日報》上連篇累牘的登載國民黨中央社的消息，竭力為國民黨效勞。另一方面為了達到內外蒙合併的罪惡目的，四處招收人馬，不加任何選擇考驗，大量吸收黨徒，極力擴充組織。並在他們在一九四五年九月二十八日拋出的《致在東北的國民黨黨員書》裡，竟無恥地稱呼國民黨反動派為「同志」，並說：「現在我們內蒙人民革命黨要誠懇地向你們說幾句話。」「回想在九一八事變」以前，我們曾積極活動和國民黨取得

緊密的提攜，更承貴黨許多偉大的同志給我們很大的幫助，這實在是值得欽佩與感謝的。又說：「蔣介石先生發表了給國內各民族以自治與獨立的聲明，我們聽到了這個聲明，覺得內蒙古人民的解放運動得到了光明與保障，對於蔣介石先生的為大革命精神為欽佩。」還說：「我們在蒙古地帶活動和貴黨在漢地帶活動是一致的，我們兩方面的活動是分工合作，殊途同歸的，因此絕對沒有摩擦的可能。我們兩方面一定要更緊密起來」等等。從他們拋出的這一反革命宣言書裡，完全可以看出，他們和國民黨反動派是一丘之貉。從他們極力美化國民黨反動派，胡說「國民政府是為人民服務的政府」來看，從他們把人民公敵蔣介石肉麻的捧到天上來看，其反動本質暴露無遺。一九四五年十一月，哈豐阿，特木爾巴根等一行七人又前往蒙修情願，要求實現內外蒙合併，十二月底返回內蒙，大搞了一段所謂「內外蒙合併」的簽名運動，為了達到實現內外蒙合併的第一步，迫不及待地於一九四六年元月十六日，在葛根廟舉行代表大會，慌忙宣告成立了所謂「東蒙自治政府」。人民革命黨魁首，蒙奸，賣國賊國民政府的省委書記博彥滿都當上了黑政府的主席，人民革命黨頭子，蒙奸，賣國賊哈豐阿當上了副主席，出席大會的所謂「人民代表」，幾乎都是地主，牧主，日偽和蒙奸德王的官吏，資本家，王公，貴族，喇嘛等等，黑政府成立後，哈豐阿還派出以國民黨特務瑪尼巴達拉為首的，包括國民黨和蘇修蒙修特務張尼瑪，阿成嘎為代表的一個代表團去重慶，向蔣介石的國民黨特務機關的任務，攜帶電臺，返回東蒙，大搞反革命活動。我們的偉大領袖毛主席教導我們說：「一個人，一個黨，一個軍隊，或者一個學校，如若不被敵人反對，那就不好了，那一定是同敵人同流合污了。」從上述事實來看，人民革命黨就是同敵人──國民黨蔣介石，日本帝國主義，西北軍閥，傅作義，蘇蒙修，第二國際修正主義及一切剝削階級同流合污了。不難看出，內蒙人民革命黨究竟是個什麼貨色！有一些人說，老人民革命黨沒有「進步性」和「革命性」，而新人民革命黨總會有點「進步性」和「革命性」吧？現在再讓我們看看老內蒙人民革命黨的變種所謂新內蒙人民革命黨是個什麼貨色吧！

二‧日本帝國主義的投降，是中國共產黨和偉大領袖毛主席領導全國各族人民，經過長期的艱苦抗戰，英勇鬥爭的結果。抗日戰爭的勝利，就是偉大的戰無不勝的毛澤東思想的勝利，這一歷史的真實，不准任何人篡改！毛主

席在一九四五年八月十三日寫的《抗日戰爭勝利後的時局和我們的方針》一文中說：「從整個形勢看來，抗日戰爭的階段過去了，新的情況和任務是國內鬥爭。蔣介石說要『建國』，今後就是建什麼國的鬥爭。是建立一個無產階級領導的人民大眾的新民主主義的國家呢？還是建立一個大地主大資本家專政的半殖民地封建的國家？這將是一場很複雜的鬥爭。目前這個鬥爭表現為蔣介石要篡奪抗戰勝利果實和我們反對他們篡奪的鬥爭。」毛主席這一光輝思想打中了蔣介石的要害，也同樣打了野心勃勃的哈豐阿，特古斯之流的要害。當時，不僅蔣介石要篡奪抗戰的勝利果實，哈豐阿，特古斯之流也妄想篡奪這一勝利果實。他們迫不及待地成立東蒙政府，通電蔣介石，並派代表向蔣介石情願，要求承認；去蒙修情願，搞「內外蒙合併簽名運動」，等等等等，就是為了達到這個罪惡目的。當時，不僅蔣介石要建立大地主，大資產階級專政的半殖民地半封建國家，哈豐阿，特古斯之流也想建立一個大地主，大資產階級專政的分裂祖國的內外蒙合併的國家。為達此目的，哈豐阿，特古斯之流極力反對毛主席要「建立一個無產階級領導的人民大眾的新民主主義的國家」的最高指示。他們為了抵制拒絕，中國共產黨和偉大領袖毛主席的領導，根據蒙修關於內蒙人民革命黨應該地下化的黑指示，在一九四六年二月底解散老人民革命黨的同時，又於一九四六年三月一日成立了所謂的新內蒙人民革命黨。試問：為什麼要建立新內蒙人民革命呢？是不是要和老人民革命黨徹底決裂，翻然一新呢？否！哈豐阿之流在解答為什麼要建立新內蒙人民革命黨這一問題時，曾到處胡說過什麼：「內蒙沒有工業，沒有無產階級，不能建立共產黨，只能建立人民革命黨，蒙古（指蒙修）也沒有工業，就沒有建立共產黨，蒙古（指蒙修）革命勝利這麼多年了，還不是人民革命黨！」等等。可見，新內蒙人民革命的成立，就是為了反對，拒絕，仇視，抵制，不要無產階級及其政黨——中國共產黨和偉大領袖毛主席的領導，只要蒙修人民革命黨的領導，在這一點上和老人民革命黨又是何其相似，簡直是一丘之貉，換湯不換藥。偉大領袖毛主席教導說：「凡是敵人反對的，我們就要擁護，凡是敵人擁護的，我們就要反對」，新內蒙人民革命黨反對的是中國共產黨，擁護的是蒙修人民革命黨，他就是我們的敵人。毛主席又教導我們說：「我們所反對的，只是敵人和堅決的投降分子，反共分子。」人民革命黨，不論新老，就是這樣一個堅決投降蒙修，堅決

反對中國共產黨的敵人，我們必須堅決反對，徹底打倒！

　　哈豐阿，特木爾巴根等傢伙，不僅在老人民革命黨的時候是頭目，新人民革命黨仍然是頭目，而且哈豐阿還高升為新人民革命黨的中央書記。新人民革命黨的命運仍然由老人民革命頭目操縱著。可見，在反動頭目這一點上，新，老人民革命黨也完全是一致的，東蒙黑政府是老人民革命黨建立的，新人民革命黨成立之後，繼續以「領導這個政府」為名，維護和加強，鞏固這個黑政府對勞動人民的反動統治以及叛國活動。只是在一九四六年四月，三反分子烏蘭夫親自派另一個三反分子克力更到烏蘭浩特請哈豐阿，特古斯，特木爾巴根到承德參加「四‧三」會議，會上由於烏蘭夫之流和哈豐阿之流同流合污，並把哈豐阿之流當時就收羅到中國共產黨內，在目標完全一致的情況下，這才取消了東蒙政府。取消東蒙政府，並不能說明哈豐阿，特古斯之流在「四‧三」會議上看出了混進中國共產黨的老反革命烏蘭夫之流完全是他們「自己人」，正因為烏蘭夫之流把打著「民族自治運動」旗號，策劃建立所謂「自由聯邦」的破壞偉大祖國統一的罪惡計劃透露給了哈豐阿，特古斯之流，這才討得了哈豐阿等的歡心，立刻很痛快地撤銷後的人民革命黨辦的報紙上，還一直宣傳內外蒙合併。一九四六年十一月十九日，《興安報》第五期上刊載特古斯，特木爾巴根把持的《內蒙古人民革命青年團東蒙總部誕生周年紀念日告東蒙青年書》裡面說：「我們是充滿英勇不把精神的成吉思汗的子孫，富有革命的戰鬥傳統的卻依巴桑的弟兄。我們民族要解放，必須走外蒙道路，而且最終要實現統一的蒙古人民共和國。」繼而哈豐阿，特古斯之流的新內蒙古人民革命黨擁護內蒙自治政府的成立，也說明不了新內蒙人民革命黨的「進步」，而是因為以看出烏蘭夫之流打著共產黨的旗號，搞民族分裂的狼子野心。當時內蒙自治政府成立時的口號時「實現自治，爭取自決」哈特之流，為什麼能跟烏蘭夫走，並不是願意跟共產黨，而是在所謂「爭取自決」，上目標完全一致。另外，在自治政府成立大會上，還是懸掛國民黨的青天白日旗，可見烏蘭夫之流實在能迎合哈豐阿之流。另外哈豐阿之流在烏蘭夫之流的包庇下，得到了得天獨厚的油水，如哈豐阿當上了付（副）主席，特古斯，特木爾巴根，朋斯克等大多數人民革命黨黨徒都當上了政府委員和佔據了重要職位，所以，他們是不反對成立自治政府的，不但不反對，而且對烏蘭夫大加歌頌。肉麻地稱為「太陽」「救

命人」「戰鬥的旗幟」「真天子」「救星」等等。在從哈豐阿，特古斯等傢伙為新人民革命黨起草的黨綱黨章來透視新人民革命黨的反革命性質，就更清楚不過了。

　　新老人民革命黨的黨章上一致規定，吸收黨員只吸收蒙古人，而不吸收其他民族。這說明，他們無論是新的，還是舊的，在反漢排漢方面是絕對一致的。也就是說，漢族和其他民族中出身就是再貧苦，再革命，再進步也入不了這個黨，蒙古人就是出身再富足，再反革命也可以入這個黨。看看這個黨，是進步還是反動，是革命還是反革命，不是很清楚了嗎？新內蒙人民革命黨之所以同老人民革命黨一樣是反革命，還可以從它的黨綱的排漢反華，分裂偉大祖國這一點看出來。哈豐阿，特古斯之流起草的黨綱裡寫道：「內蒙古人民在內經受過黑黃封建幾百年的統治壓迫，在外分別受過滿清三百年，中國軍閥二十年和日本帝國主義者十四年的統治壓迫。」「內蒙古人民多年來所渴望的實現民族團結統一和獨立的問題，越來越迫切了，但是外部仍然存在著帝國主義的殘餘和中國的反革命勢力。」「為實現蒙古民族的團結，統一和獨立。」「第一步應統一內蒙古，並在適當的時機實現全蒙古民族的團結，統一和獨立。」「建立與蒙古人民共和國人民革命黨，中國共產黨和蘇聯共產黨的親密無間的牢不可破的關係。」等等。從特古斯，哈豐阿起草的黨綱的字裡行間可以看出，他們的最高綱領不外乎要搞民族分裂，要叛賣祖國。他們把中國的清朝，中國的軍閥和日本帝國主義相提並論，把帝國主義殘餘和中國反革命勢力相提並論，把蒙古共和國人民革命黨，中國共產黨，蘇聯共產黨相提並論，都稱呼是「外國」，公開表明「在外」二字。不把中國當作祖國，而把中國當作外國，這就是新人民革命黨在他們最高綱領——黨綱裏寫的最響亮的部分。他們為什麼一定要把中國當外國呢？就是為了打倒搞內外蒙合併的目的。毛主席教導我們說：「帝國主義者和國內反動派決不甘心於他們的失敗。他們還要做最後的掙扎。在全國平定以後，他們也還會以各種方式從事破壞和搗亂，他們將每日每時企圖在中國復辟。這是必然的毫無疑義的，我們務必不要鬆懈自己的警惕性。」人民革命黨就是這樣的一個反動派。老人民革命黨雖然在搞內外蒙合併上失敗了，但是新人民革命黨決不甘心他們的失敗，他們在最高綱領——黨綱裡仍然制定「內外蒙合併」為最高目的，企圖做最後掙扎。而且直到

現在，他們為了實現內外蒙合併，還繼續採取各種方式從事著破壞祖國統一和其他搞亂活動。如果說這樣的一個黨是「進步」的「革命」的，無產階級革命派和各族人民，連五歲的小孩都不會通過的。從新內蒙人民革命黨黨綱裡還可以看出，這個黨是「全民的」修正主義政黨，如在黨綱裡寫道：「新內蒙古人民革命黨，是人民群眾的先進組織。」從它的黨綱裡還可以看出，這個黨是對貧苦人民只賜以「小恩小惠」，而主要是為搞資本主義的極端反動的資產階級政客集。如在黨綱裡寫道：「發展與振興民族資本，對於貧苦人民給予經濟援助」，「實現全蒙古民族的團結，統一和獨立，建立民主政權，完全消滅壓迫與被壓迫，保證人民的永久和平幸福，前進到文明境界」等等。這純粹是資產階級老爺們的一套用來欺騙人民的口號，這那像個革命黨的戰鬥綱領呢？在階級社會中，從來就沒有過剝削階級和勞動人民共同的民主政權，而哈豐阿，特古斯之流要讓全蒙古民族建立什麼共同的民主政府，這完全是資產階級和地主階級的反動理論，完全是欺騙勞動人民的一派謊言。說穿了，他們就是要勞動人民繼續當牛做馬，繼續屈從於剝削階級的反動統治之下，建立一個王公貴族專政的反動政府。這裡根本不能有所謂的貧苦農牧民的「和平」。「幸福」。夠了，夠了，不必舉更多的例子，也就可以看出心內蒙人民革命黨到底是什麼貨色了！我們的偉大領袖毛主席教導我們說：「領導我們事業的核心力量是中國共產黨，指導我們思想的理論基礎是馬克思列寧主義。」而人民革命黨的黨綱裡隻字不提馬克思列寧主義毛澤東思想，隻字不提中國共產黨領導，這算是哪號的革命的進步的黨呢！毛主席又教導我們說：「民族鬥爭，說到底，是一個階級鬥爭的問題。」而人民革命黨綱裡隻字不提階級鬥爭和無產階級專政，隻字不提反帝反封反官僚資本主義，隻字不提達到國民黨反動派，隻字不提觸犯蒙古族王公貴族牧主地主的半點利益。怎麼能說它有革命性和進步性呢？

　　新內蒙人民革命黨之所以是反革命集團，還可以從它的另一個罪行——充當蘇蒙修特務和國民黨特務的罪行看出來。在新內蒙古人民革命成立後，蘇蒙修和國民黨經常派來特務搞我們黨政軍和從延安來的漢族老幹部的重要情報，這些特務以新聞記者身分來的最多，他們攜帶電臺密碼，或住在哈豐阿家，或住在東蒙黑政府的內防總局。他們不僅自己搞特務活動，而且還從內蒙人民革命黨徒裡發展了許多特務，為蘇蒙修和國民黨搞情報。據我們初步掌握的材料

證明，哈豐阿，特木爾巴根，朋斯克，特古斯，瑪尼巴達拉等不僅是內蒙人民革命黨的頭目，而且也直接指揮蘇蒙修和國民黨特務們的特務活動。除此而外，內蒙人民革命黨的組織部長額爾敦陶克陶，內蒙人民革命黨中央執行委員木倫，阿成嘎，內蒙人民革命黨徒嘎如布僧格，貢嘎，德力格爾等，也都是蘇蒙修和國民黨特務。此外，哈豐阿之流還暗中操縱和支持反革命分子拉克沁，張尼瑪等組織特務組織「前進會」，大搞特務活動，猖狂反對中國共產黨。根據上述種種，新人民革命黨到底是個什麼貨色，是十分清楚了，其反動性是暴露得無以復加了。可是，由於在內蒙黨最大的走資派烏蘭夫包庇美化下，人民革命黨得頭目和黨徒，大部分都混入了中國共產黨，都竊據了黨政財文要職；由於烏蘭夫之流的美化包庇，人民革命黨在反動黨團登記時不登記，二十多年來，實際上是名散實存，而且一直到現在還在祕密發展著他們的黨徒，並且利用他們把持的報刊廣播，戲劇，電影，展覽，出版等部門，猖狂地進行著分裂我們偉大祖國的，內外蒙合併的反革命活動。由於在烏蘭夫之流的包庇下，人民革命黨徒們在地下搞黑活動的結果，近年來，叛國外逃蘇蒙修的案件和民族分裂活動案件發生的最多，而且一直得不到應得的處理。在這種情況下，轉入地下的人民革命黨徒們，更是瘋狂地叫嚷：「要建立繁榮，富強，自由，幸福，的內外蒙合併的強大的社會主義國家。」他們呼籲他們的蒙修主子要「積極參加內外蒙合併之偉大，真理的鬥爭事業。」並狂妄地叫嚷要：「早日實現蒙古族的統一；以真理戰勝中國政府，在全世界面前揭露中國的陰謀。」等等。可見，人民革命黨不管是老的新的，不管是過去公開活動的時候，還是現在的地下祕密活動，基本綱領，一直是分裂祖國，叛賣祖國，搞內外蒙合併，反對和仇恨中國共產黨，極其惡毒地攻擊光焰無際的毛澤東思想，配合國際和國內的敵人排漢反華。毛主席教導我們說：「我們是國際主義者，我們又是愛國主義者，我們的口號是為保衛祖國反對侵略者而戰。」我們為了保衛偉大的神聖不可侵犯的祖國——中華人民共和國，必須堅決同賣國主義的內蒙人民革命黨和具有侵略野心的蒙修進行殊死鬥爭，決不能做寸分的讓步！

　　三，偉大領袖毛主席教導我們：「國家的統一，人民的團結，國內各民族的團結，這是我們的事業必定要勝利的基本保證。」毛主席又說：「民族鬥爭，說到底，是一個階級鬥爭問題。」毛主席還說：「種族問題實質上是階

級問題。」「我們的團結不是種族團結，而是同志，朋友的團結。」但是內蒙人民革命黨二十多年來搞內外蒙合併，分裂祖國統一，破壞民族團結的滔天罪行，在以烏蘭夫為首的一小撮反革命修正主義，民族分裂主義分子的包庇和支持下，不但一直得不到清算，而且越來越猖狂地進行反黨，反社會主義，反毛澤東思想的罪惡活動，妄圖把內蒙古自治區從祖國大家庭中分裂出去。內蒙人民革命黨的綱領，所謂實現「內外蒙合併」和打著「民族分立」，「民族復興」等反動旗號，同策劃建立所謂「自由聯邦」的「烏蘭夫思想」完全是一個貨色。我們偉大的領袖毛主席親自發動的這場史無前例的無產階級文化大革命，已經取得了決定性的勝利，把中國赫魯曉夫及其在內蒙的代理人當代王爺烏蘭夫，打得落花流水，人仰馬翻。烏蘭夫反黨叛國集團已經全面崩潰，我們無產階級革命派和一切革命同志一道決心把文化大革命進行到底，大樹特樹毛澤東思想的絕對權威，用偉大的光焰無際的毛澤東思想照亮整個內蒙古草原。我們用鮮血和生命保衛偉大的黨，保衛我們偉大的領袖毛主席，保衛我們偉大的社會主義祖國——中華人民共和國。徹底清算烏蘭夫，哈豐阿，特古斯反黨叛國集團和內蒙人民革命黨的一切滔天罪行，不獲全勝，誓不罷休！

內蒙古揪叛國集團聯絡站

哈豐阿是個什麼東西

哈豐阿是個什麼東西？哈豐阿是大惡霸地主、哲盟的北霸天藤海山的獨生子。哈豐阿完全繼承其老子的反動本性，一貫代表大地主、大牧主階級的利益，一貫充當帝、封、修的忠實走狗，一貫進行民族團結、分裂祖國統一的民族分裂主義的罪惡活動，長期以來在黨和人民面前犯下了滔天罪行。

就是哈豐阿，在一九二九年進入瀋陽蒙旗師範以後，就拜該校校長、日本走狗、大民族分裂分子郭道甫為「良師益友」，從郭道甫那裡吸取日本帝國主義所一貫宣揚的所謂王道主義和大蒙古主義的毒汁，學會一套投靠日本帝國主義出賣祖國人民的反動本領，完全變成了「小郭道甫」。

就是這個哈豐阿，在一九三一年「九·一八」日本帝國主義侵占東北的時

候，他夥同親日分子、大戰犯甘珠爾扎布之流，投靠日本帝國主義，在日本關東軍司令部的直接策劃和武器裝配下，組織所謂「內蒙古自治軍」，配合日本侵略者，殘殺了我無數愛國同胞。偽滿洲成立以後，哈豐阿又在滿洲國擔任參事官，偽滿洲國擔任參事官，偽滿駐日使館訓練部長等職務，進一步充當日本帝國主義的忠誠走狗，幹盡了出賣祖國人民的罪惡勾當。

就是這個哈豐阿，在一九四五年帝國主義垮臺以後，他夥同特木爾巴根之流組織所謂「新內蒙古人民黨」，揚言要同國民黨「殊途同歸」，之後他夥同博音滿都胡、瑪尼巴達拉和桑傑扎布之流又成立所謂「東蒙自治政府」，一心投靠國民黨反動派，胡說什麼國民黨政府是「代表中國的正統政府」，從而同國民進行了骯髒的政府交易。

就是這個哈豐阿，在一九四六年被反革命修正主義分子烏蘭夫和劉春拉進中國共產黨以後，更是變本加厲地進行了民族分裂主義的反黨罪惡活動。一九四七年五月內蒙古自治區政府成立的時候，哈豐阿同他的黨羽提出在內蒙古取消中國共產黨的領導，組織人民改革黨的反黨綱領，陰謀策劃破壞民族團結分裂祖國統一的宮庭政變。

就是這個哈豐阿，在內蒙古自治區成立以後，在烏蘭夫包庇下，擔任了內蒙古委員，自治區副主席等重要職務，和烏蘭夫及其一夥結成「神聖同盟」，在他所主管的文化教育部門中瘋狂地推行了一條反黨反社會反毛澤東思想的修正，民族分裂主義路線，幹盡了種種罪惡勾當。

就是這個哈豐阿，一貫充當蒙修走狗，長期以來同夥額爾敦陶克陶之流在思想文化領域中大肆販賣蒙修黑貨，有組織、有計劃、有步驟地進行了分裂祖國統一的一系列的叛國活動。

就是這個哈豐阿，極端仇視社會主義制度，惡毒攻擊三面紅旗，散佈「現在還在不如偽滿」等反動言論，高唱「今不如昔」的論調，為恢復萬惡的舊制度，作了種種輿論準備。

總之，哈豐阿是大地主、大牧主階級的代表，是帝封修忠實走狗，是老牌的民族分裂分子。一句話，哈豐阿是個反動透頂的東西。

我們偉大的領袖毛主席說：「凡是反動的東西，你不打，他就不倒。這也和掃地一樣，掃帚不到，灰塵照例不會自己跑掉。」讓我們遵守偉大領袖毛主

席的偉大教導，奮起毛澤東思想的千鈞棒，堅持打倒哈豐阿這個反動透頂的東西，橫掃烏蘭夫、哈豐阿反黨叛國集團的一切殘餘勢力，去迎接無產階級文化大革命的全面勝利。

內蒙古專揪哈豐阿聯絡委員會

特古斯反動政治生涯

一九四二年，特古斯深得日本帝國主義和哈豐阿的青睞，被送往偽滿建國大學「深造」。在就學期間，他曾組織過「興蒙黨」，鼓吹「內外蒙合併」。

一九四五年，「八・一五」之後，哈豐阿糾集日特蒙奸，王公貴族，土匪頭子，恢復了反動透頂的「內蒙古人民革命黨」。特古斯任該黨青年部長，及「青年聯盟」總書記和「內人黨」的報社社長。

一九四六年初，哈豐阿聲明解散「內人黨」，並著手祕密組織「新內蒙古人民革命黨」。特古斯是六個執行委員中的一個，起草過該黨的黨綱黨章。

在此期間，特古斯組織並參於了「內外蒙合併」簽名運動，進行背叛祖國的勾當，失敗後企圖逃亡蒙古，未遂。

同時，特古斯合夥哈豐阿等人在王爺廟（今烏蘭浩特）組織了旨在促進內外蒙合併的「東蒙自治政府」。

同年四月，哈豐阿應烏蘭夫召見，去承德參加「內蒙古自治運動統一聯合會」，即「四・三會議」。特古斯則負責留守「東蒙政府」。會後，哈豐阿、特古斯及「內人黨」一大批黨魁黨徒被烏蘭夫拉入中國共產黨。

一九四七年「五一大會」後，特古斯投靠烏蘭夫收到「當代王爺」的賞識，從此青雲直上。

一九四九年後，特古斯任內蒙黨委宣傳部祕書長。

一九五四年，特古斯受烏蘭夫密旨，赴哲盟任盟委書記，大搞分裂祖國的蒙古語文工作。

一九五六年，特古斯升為自治區候補委員。

一九五七年二月，烏蘭夫調特古斯任內蒙古黨委宣傳部常務副部長，專管

民族語文、出版、教育和幹部人事等工作，為烏蘭夫效勞更為賣力。

三月，特古斯主持內蒙黨委宣傳會議語文組的鳴放會，公開鼓動、支持右派分子向黨進攻。

五月，特古斯夥同額爾頓陶格陶配合右派向黨進攻，搞什麼紀念民族分裂分子尹湛納希誕生一百二十周年會，並撰寫鼓吹尹的文章。

七月，烏蘭夫、特古斯派額爾頓陶格陶打著內外蒙語言文字統一的幌子，去蒙進修叛國活動，背著中央搞了一個「四十三人的委員會」。

一九五九年，主持召開第二次語文工作會議。這次會議拒不貫徹中央精神，支持叛國分子、牛鬼蛇神向黨進攻。

一九六三年，特古斯被烏蘭夫提拔為內蒙黨委正式委員。

一九六四年，特古斯竭盡全力包庇揭露出來的「四十三人委員」一事。

一九六六年文化大革命初期，特古斯親任工作團團長，帶領六十多人的工作團去內蒙日報社鎮壓文化大革命運動，瘋狂推行資產階級反動路線。

一九六七年二月黑風期間，特古斯「打起支持革命群眾」的旗號，騙得了「革命領導幹部」的頭銜他利用竊取到的權利，竭力包庇走資派、叛國分子，蒙修特務。

十一月，特古斯被革命群眾揪出。至此特古斯這個烏蘭夫、哈豐阿集團的殘黨餘孽分子原形畢露。

本報資料室輯

把烏蘭夫死黨和叛徒特務徹底挖出來

「宣將剩勇追窮冠，不可沽名學霸王」

一場徹底揪盡烏蘭夫黑線，徹底肅清烏蘭夫流毒，奪取文化大革命全面勝利大決戰開始了！這場決戰是關係到毛主席偉大戰略部署能否全面落實的大問題，是關係到我盟二百萬人民命運的大問題，是關係到我盟各級年輕的紅色政權能否鞏固的發展的大問題，是對我盟廣大無產階級革命派和各族革命群眾新的戰鬥考驗！

我盟廣大無產階級革命派和各族革命人民高舉毛澤東思想偉大紅旗，乘勝前進，決心把烏蘭夫的死黨、叛徒、特務和一切牛鬼蛇神（即沒有改造的地、富、反、壞、右）徹底來個大掃除。

內蒙古各族人民的死敵烏蘭夫，出於他反黨叛國復辟資本主義的罪惡目的的需要，通過他在我盟的代理人奇俊山、傑爾格勒等，招降納叛，結黨營私，把一批惡貫滿盈的特務、叛徒反動軍官、民族上層、王公貴族、民族分裂主義分子……，統統保護起來。真是興安嶺高虎狼在，伊敏河淺魚鱉全。這些烏龜王八有些已被他們作為反黨叛國的骨幹力量，塞進我盟的各個部門，形成了一個地下黑司令部。一小撮階級敵人一直騎在人民的頭上作威作福，反動牧主當上了「合營牧場」的場長，日本特務登上了付盟長的寶座，等等，等等。在烏蘭夫的庇護下，把呼盟變成了牛鬼蛇神的安樂窩，特務叛徒的逍遙官。

「剝削者已被擊潰，可是還沒有消滅。」烏蘭夫在我盟的黑司令部雖然已被摧毀，以奇俊山、傑爾格勒為代表的我盟一小撮走資派強然已被揪了出來，但是，我們必須清楚地看到，那些已被揪出來的還遠遠沒有批倒批臭，暫時還沒揪出來的，正在改變策略，集結力量，重新組織新的反撲。其中有的，甚至已經鑽入我們內部，披上「文革的領導幹部」的處衣，戴上了「紅色造反者」的袖章。他們人數雖少，但能量很大。他們有長期的反革命經驗。他們「決不甘心於他們的失敗，他們還要做最後的掙扎。在全國平定以後。他們也還會以各種方式從事破壞和搗亂，他們將每日每時企圖在中國復辟。」事實難道不正是這樣嗎？如若不然，那麼，為什麼每當我們掀起一個革命高潮的時候，總有那麼一些別有用心地轉移鬥爭的大方向？為什麼出現極為反動的謠言；什麼「這次運動盡整蒙古人，先整西部的蒙古人再整東部的蒙古人」？為什麼有些單位至今聯合不起來，甚至還不斷發生武鬥？為什麼有些已經聯合起來的組織，聯合不合，合而又分？為什麼有些地方，革命的幹部解放不出來，而真正的走資派、叛徒、特務、卻十分自在？為什麼有些單位的鬥批改開展不起來？為什麼反革命經濟主義黑風，時起時伏，一直不斷？這一系列嚴重的問題，難道不值得我們深思嗎？難道不正表明烏蘭夫的死黨不但存在，而且還在瘋狂活動嗎？

這些烏蘭夫死黨分子和一切烏龜王八是一群吃人的豺狼，咬人的毒蛇，放過了他們，廣大群眾就要遭殃，千百萬人頭就要落地。我們必須「下定決心」，不把他們打掃乾淨，暫不罷休！

然而，目前我們隊伍中有一些人卻對各種嚴重的階級鬥爭視而不見，聽而不聞。他們的眼睛和耳朵被右傾鬆勁思想和資產階級、小資產階級派性所蒙蔽；有的則自覺不自覺地充當了階級敵人的幫兇和保護傘。

有右傾鬆勁思想的同志，在我們的鬥爭取得一些勝利後，便以為大功告成，開始停止不前他們已經忘記了偉大領袖毛主席「千萬不要忘記階級鬥爭」的教導。他們給敵人造成了重新進攻我們的機會。這種右傾鬆勁情緒，是小資產階級革命不徹底性的表現。如不猛醒，勢必墮入機會主義的深淵，與敵人同流合污。

敵人利用派性，派性保護敵人。被派性這條毒蛇纏住了身的人，就會人妖顛倒，敵我不分。當你咬牙切齒攻擊兄弟組織，為自己的山頭高唱讚歌的時候，階級敵人已經向你伸出了黑手！不把派性消滅掉，要取得挖黑線、肅流毒這場大決戰的勝利，是根本不可能的。

挖黑線、肅流毒，必須和革命的大批判、革命的大聯合和革命的三結合結合起來，和整黨建黨的工作結合起來。只有把中國的赫魯曉夫、「當代王爺」烏蘭夫和本地區、本單位的走資派批深批透，才能肅清他們的流毒，知道為什麼是黑線，黑線的根子在哪裡，群眾才能擦亮眼睛，分清敵我，把革命幹部解放出來，徹底孤立一小撮叛徒、特務和頑固不化的走資派，做到穩、準、狠地打擊敵人。那種把當前深入開展的階級鬥爭和革命大批判、革命大聯合和革命三結合割裂開來的看法完全錯誤的。

這場鬥爭，是在新形勢下的鬥爭，是在我們建立了自己的紅色政權後，同階級敵人的大搏鬥。我們必須高舉毛澤東思想偉大紅旗，在內蒙和盟委會的正確領導下，加強領導，加強組織，提高鬥爭藝術，嚴防階級敵人挑動群眾鬥群眾，轉移鬥爭目標。我們要亂敵人，而決不讓敵人亂我們。我們必須勇於去做大量的艱苦細緻的調查研究工作，必須嚴格區分兩類不同性質的矛盾牢牢掌握鬥爭大方向。

無產階級革命派的戰士們，革命的同志們！徹底蕩滌我盟一切污泥濁水的

紅色狂飆，已經席地而起，讓我們橫刀策馬擊鼓猛進，投入這場新的戰鬥，迎接無產階級文化大革命的全面勝利吧。

《革命大批判》《呼倫貝爾日報》社論

地址：海拉爾盟人民銀行院內。電話55，56，57號
校對者：革命大批判聯絡組
印刷：紮蘭屯印刷廠
發行：《革命大批判》發行組

13.憤怒聲討「內蒙古人民革命黨」叛國集團的滔天罪行（專輯）（1968.03）

最高指示

帝國主義者和國內反動派絕不甘心他們的失敗，他們還要作最後的掙扎。在全國平定後，他們也還會以各種方式從事破壞和搗亂，他們將每日每時企圖在中國復辟。這是必然的，毫無懷疑的，我們務必不要鬆懈自己的警惕性。

在拿槍的敵人被消滅以後，不拿槍的敵人依然存在，他們必然地要和我們作拼死的鬥爭，我們決不可以輕視這些敵人。如果我們現在不是這樣地提出問題和認識問題，我們就要犯極大的錯誤。

只要世界上還存在著帝國主義和資產階級，我國的反革命分子和資產階級右派分子的活動，不但總是帶著階級鬥爭的性質，並且總是同國際上的反動派相呼應的。

必須在各個工作部門中保持高度警惕性，善於辨別那些偽裝擁護革命而實際反對革命的分子，把他們從我們的各個戰線上清洗出去，這樣來保衛我們已經取得的和將要取得的偉大勝利。

堅持砸爛「內人黨」徹底揪盡烏蘭夫叛國集團——呼市召開全市有線廣播大會，憤怒揭發、批判「內蒙古人民革命黨」反黨叛國的滔天罪行

元旦八日下午，由「內蒙古揪叛國集團聯絡站」、「呼和浩特市專揪黑手聯絡站」共同召開了「呼市各族各界人民憤怒聲討內蒙古人民革命黨的滔天罪行大會」。呼市各族無產階級革命派和革命群眾近一萬五千人出席大會。大會中心會場設在內蒙古黨委禮堂，此外還設有八個分會場。

這次大會，得到了內蒙古革命委員會，呼市革命委員會的關懷和支持。內

蒙古革命委員會付主任委員霍道余同志、呼市革命委員會付主任委員馬伯岩同志出席大會。

在大會上發言的單位有：內蒙古軍區步校東方紅、內蒙古工學院井岡山、內蒙古黨委機關紅旗總部、內蒙古語東方紅、內蒙古大學井岡山《文藝戰鼓》、內蒙古文聯砸黑聯絡站、內蒙古人民出版社《海燕》戰鬥隊、內蒙古大學井岡山《八一》戰鬥隊等八個單位。此外還有不少單位送來了書面發言，收到了許多單位和個人的支持信。

大會發言人一直強調指出，所謂內蒙古人民革命黨，就是代表大牧主、封建上層的階級利益，陰謀背叛偉大祖國的一個極其反動組織，就是內蒙古的國民黨。他們是由日本特務、國民黨特務、蘇蒙修特務、反動軍官、偽滿和偽蒙疆官僚、共產黨的叛徒、民族分裂分子、王公貴族、牧主地主、上層喇嘛等，所組成的反黨反社會反對毛澤東思想、破壞偉大祖國統一，陰謀搞「內外蒙合併」，頑固地走資本主義道路、走殖民地半殖民地道路的反革命政黨。長期以來，他們在當代王爺、內蒙古最大的叛國頭子烏蘭夫的包庇下，混進了黨、政、軍各界，把持了新聞、出版、宣傳、教育、文藝大權，大造反革命輿論，大搞叛國活動。他們對黨對人民犯下了不可饒怒的滔天大罪。

今天，在無產階級革命派滿懷信心地迎接無產階級文化大革命全面勝利的時候，在《人民日報》、《紅旗雜誌》、《解放軍報》元旦社論精神的鼓舞下，各族廣大革命群眾繼續緊擂戰鼓猛追窮冦，再次把「內蒙古人民革命黨」黨魁叛國集團的大陰謀家哈豐阿、朋斯克、博彥滿都、特古斯、義達嘎、阿成嘎、鮑蔭扎布、木倫、額爾頓陶克陶、烏力吉傲其爾、特木爾巴根等拉出來示眾，批倒鬥臭，肅清其流毒。這是毛澤東思想的偉大勝利！是毛主席革命路線的偉大勝利！是各族革命人民團結一致、捍衛祖國統一、反對民族分裂的又一曲響徹雲霄的凱歌！

大會指出，我們必須牢記偉大領袖毛主席的教導：「**決不可以任為反革命力量順從我們了他們就變成革命黨了，他們的反革命思想和反革命企圖就不存在了。決不是這樣。**」

大會發言人還指出，當前必須警惕烏蘭夫死黨繼續要陰謀，放暗箭，從右的方面或「左」的方面來干擾和破壞這個鬥爭。我們必須跟毛主席的偉大戰略

部署，以「鬥私批修」為綱，大反「右傾」，緊緊掌握鬥爭的大方向，把無產階級文化大革命進行到底！

大會始終在激昂、嚴肅的氣氛中進行。各族廣大革命群眾誓死保衛毛主席的革命路線，懷著堅決捍衛祖國統一、反對民族分裂的革命激情，一再高呼：「徹底砸爛內人黨，堅決揪盡烏哈集團！」「打倒哈豐阿！」「打倒特古斯！」等革命口號。

這次大會取得了很大的成功。

鮑陰扎布──「內蒙古人民革命黨」埋在軍內的定時炸彈

中國人民解放軍內蒙古軍區步兵學校革命造反聯合總部

千鈞霹靂開新宇，萬里東風掃殘雲。

由我們偉大的導師，偉大的領袖，偉大的統帥，偉大的舵手毛主席自發動和領導的這場震域世界的無產階級文化大革命，正以排山倒海之勢，雷霆萬鈞之力蕩滌著社會上的一切污泥濁水。在內蒙，呼市無產階級文化大革命面臨空前的大好形勢下，在江青同志一九六七年十一月十二日對文藝界講話的鼓舞下，在我區無產階級文化大革命正向縱深發展的關鍵時刻，內蒙的無產階級造反派，奮起毛澤東思想的千鈞棒，把內蒙最大的叛國集團「內蒙古人民革命黨」揭露出來了！這是無產階級文化大革命的又一偉大的勝利，是無產階級革命造反派浴血奮戰又一戰鬥成果，這是戰無不勝的毛澤東思想又一曲響徹雲霄的凱歌。

江青同志關於文藝界形勢的談話中指出：「敵人是非常狡猾的，為了適應其反革命的需要，他們組成了一套一套的班子。我們搞掉一套，他們又會換上一套。「當前我們必須十分地注意到，在內蒙古烏蘭夫的另一套人馬，這一套黑人馬，黑班子，就是長期以來披著馬列主義外衣，打著共產黨員的招牌，祕密進行反革命活動的「內蒙古人民革命黨」的黨徒們。他們的大頭目，就是老牌的民族分裂主義分子哈豐阿。他們的黨徒在黨、政、軍、文化教育界還大有人在，原內蒙古軍區政治部付主任鮑陰紮部就是哈豐阿的「四大金剛」之一。

「內蒙古人民黨」的問題，是內蒙古歷史上的一個重大的問題，也是長期隱藏在我們黨內的最大隱患。」內蒙古人民黨「是一個地地道道的反革命黨，叛國黨。是蔣介石國民黨設在內蒙古的一個「支部」，是帝國主義現代修正主義在內蒙古特務情報機關。就是這樣一個極端反動的黨，卻被烏蘭夫黑幫吹捧為什麼「革命黨」「進步黨」。烏蘭夫黑幫的狼子野心不是昭然若揭了嗎？在一九四九年「四，三」會議上，烏賊蘭夫和當時「內蒙古人民革命黨」的大頭子哈豐阿做了一筆出賣人民利益的政治交易，哈豐阿承認烏蘭夫「領袖」地位，而烏賊蘭夫這個大野心家，大陰謀家把「內蒙古人民革命黨」的黨徒們統統包下來，拉入中國共產黨內，安插在黨，政，軍，文化教育界的主要領導崗位上包庇重用。鮑陰扎布就是在這種政治交易下，搖身一變，鑽進了革命陣營，披上了「共產黨員」的外衣，不久，又爬上了內蒙古軍區部付主任的要職。

烏蘭夫這個大野心家，大陰謀家，為了實現他搞「獨立王國」的政治野心，利用他軍區司令員的職權大量安插內蒙古革命黨的黨徒，為其篡軍，搞「獨立王國」豢養打手，培植反動勢力。從軍區機關、學校、分區到部隊都有「內蒙古人民革命黨」的黨徒和「內人青年團」的團員，而這些人都身居要職，倍加重用。就連兩手沾滿人民鮮血的儈子手，「內蒙古人民革命黨」的忠實骨幹王海山、白雲布魯格、陳時雨之流也爬上了分區司令員要職，竊據著分區的黨、政、軍大權。烏蘭夫的用心何在不是很清楚嗎？

毛主席教導我們說：**「以蔣介石等人為首的中國反動派，自一九二七年四月二十日反革命政變至現在二十多年的漫長歲月中，難道沒有證明他們是一夥雙手沾滿獻血的殺人不眨眼的劊子手嗎？難道還沒有證明他們是一夥職業的帝國主義走狗和賣國賊嗎？」**

早在「九一八」以前，日本帝國主義為了實現侵略中國的計劃，就收買叛國分子，直接為他們的侵略計劃服務。為了適應日本帝國主義「吞併中國必先侵佔滿蒙」的需要，哈豐阿之流勾結蒙奸、封建王公大軍閥巴達瑪拉布頓、瑪尼巴德拉、甘珠爾扎布、郭文林、郭文通、博彥滿都、特木爾巴根、朋斯克、阿思根、那親雙何爾等，組成叛國集團，叛賣祖國，引狼入室，成為日本帝國主義侵略我國的最殘暴的幫兇。

一九三〇年哈豐阿、特古斯叛國集團與日本法西斯祕密勾結，日本法西斯發給數萬隻「七九」大蓋槍，陰謀建立所謂「內蒙古自治區軍」為其服務，挑起有名的紅槍武裝叛亂，屠殺漢族同胞，不到數月，血染了遼寧、熱河、內蒙古東部廣大鄉村。為日本法西斯「九一八」事變掃清道路。

一九三一年哈豐阿、特古斯叛國集團直接參加了日本法西斯侵略我國東北的「九一八」事變，為法西斯建立了汗馬功勞。偽滿建國，「內蒙古自治軍」又相繼改變成了「興安軍」。

一九三五年哈豐阿叛國集團派偽「興安」騎兵鎮壓東北抗日聯軍，協助日本法西斯，破壞大小興安嶺根據地，大批屠殺抗日愛國同胞和共產黨員。

一九三九年哈豐阿，特古斯叛國集團和日本法西斯共同策劃挑起「諾門漢戰爭」，並將偽「興安軍」擺在第一線，充當日本法西斯的炮灰，原烏盟分區司令員巴音布勒格就是當時的營長，為日本法西斯侵略效勞。

一九四二年哈豐阿，特古斯叛國集團為培養第二代，大批派遣得力幹將留日，並將特古斯，特布信，木倫，巴圖，貢嘎，鮑陰扎布，送進日本帝國主義大學，偽滿建國大學深造。為其搞叛國活動積蓄力量。

一九四三年太平洋戰爭爆發後，哈豐阿、特古斯叛國集團成為日本法西斯建立「大東亞共榮圈」的馬前卒，並組織鐵血部隊進關，直接跟八路軍作戰，大力進攻解放區、對游擊區、解放區人民實行殘酷的「燒、殺、搶」三光政策，犯下了十惡不赦的滔天罪行。這個鐵血部隊的司令，偽滿少將就是哈豐阿叛國集團的得力幹將郭文通。

一九四四年日本法西斯為了拯救失敗的命運，在東北，內蒙古東部地區，推行「大出荷運動」、大力地驚奪蒙漢人民的一切財產。哈豐阿叛國集團就是「大出荷運動」的執行者。更不能容忍的是，幫助日本法西斯散佈鼠疫屠殺科爾沁草原的蒙漢人民。

這些血淚斑斑的事實就是哈豐阿、特古斯叛國集團的滔天罪行，也是「內蒙古人民革命黨」的所謂的「光榮史」。日帝統治東北的十四年中，哈豐阿、特古斯叛國集團欠下的血債必須要償還。

日本法西斯投降之後，哈豐阿、特古斯叛國集團又搖身一變，變為蒙修特務集團，組成所謂「內蒙古人民革命黨」，共最高綱領，就是企圖把內蒙古

從祖國大家庭裡分裂出去，和外蒙合併，在蒙修的統一領導，建立一個「蒙古人」的「獨立國」，其狼子野心何其毒也！哈豐阿叛國集團找著「內蒙古人民革命黨」的幌子，曾多次去烏蘭巴托，和蒙修簽訂所謂「內外蒙合併」的賣國協定，公開反對中國共產黨和我們偉大領袖毛主席。是可忍，孰不可忍！

一九四六春季，哈豐阿、特古斯叛國集團為了招將納叛、培植自己的反動勢力，以派下部隊作「政治工作」為名，行控制部隊，為其「內外蒙合併」抓槍桿子之實，派下了他的四大金鋼，鮑陰扎布，巴圖到「內蒙古自治軍」騎一師二團，紀金淘、寶音都冷到騎一師一團，以達到控制武裝之目的。「內蒙古自衛軍」騎一師、騎二師大全都把握在「內蒙古人民革命黨」黨徒手裡。騎一師師長就是雙手沾滿人民鮮血、殺人不眨眼的儈子手、王家窯事件的罪魁禍首王海山。騎二師師長就是哈豐阿叛國集團的骨幹王海峰（即白雲布魯格），這支武裝為搞「內外蒙合併」效盡了犬馬之勞。

毛主席教導我們說：**「他們的隊伍，或是帝國主義國民黨特務，或是托洛茨基分子，或是反動軍官，或是共產黨的叛徒，由這些人做骨幹組成了一個暗藏在革命陣營的反革命派別一個地下的獨立王國。」**

大野心家、大陰謀家烏蘭夫為了達到不可告人之目的，從一九四七年「五一」大會後，就把哈豐阿、特古斯大叛國集團「內蒙古人民革命黨」的黨徒們，統統包庇下來，安插在各個要害部門。一九四八年，在內蒙古黨校對「內蒙古人民革命黨」進行了所謂的批判，這不過是變了一套抽梁換柱的戲法，實際是以批判之名行包庇之實。大叛國集團「內蒙古人民革命黨」的黨徒們不過是喬裝打扮了一番，掛了一層偽裝面紗。以後這些黨徒不都是青雲直上，身居要職了嗎？內蒙的黨、政、軍文化教育的大權不又操在「內蒙古人民革命黨」的黨徒手裡嗎？我們絕不可以掉以輕心啊！

烏蘭夫還打起對部隊「由舊到新」「脫胎換骨」的改造這面破旗，到處喊什麼：內蒙古部隊經過「由舊到新」「脫胎換骨」的改造，已經成為內蒙古人民的一支子弟兵。其實，是以改造為名，行包庇利用為自己培植反動勢力之實。

鮑陰扎布就是在烏蘭夫這把破傘下，混進了革命陣營，又在烏蘭夫這把破旗下，竊據了軍區政治部付主任的要職。但他賊心不死，他的思想是「內外蒙合併」實際幹的還是「內外蒙合併」的勾當。他除了積極跟隨烏蘭夫外，還

經常利用有利時機，為「內外蒙合併」積蓄力量和做輿論工作。一九五七年九月，周總理在青島會議上做了有關語言文字工作的重要指示，可是鮑陰扎布之流對周總理的指示，卻陽奉陰違，絕不執行，時至六五年還繼續用蒙修借詞。《鹿》這個大毒草出籠後，下面要進行批判，而鮑陰扎布卻不叫批判，反而在一九六二年再次出版。六五年九月份，軍區編釋處搞了語文整風，本應受到批判的是××××，而鮑陰扎布卻包庇了下來，批判了另一個人。正值國家處於暫時的困難時期，一些沒有改造好的地、富、反、壞、右分子，牛鬼蛇神紛紛出籠，甚囂塵上。「三家村」「四家店」也開張營業，「盛行一時」。在社會引起了一股反黨反社會主義反毛澤東思想的黑風。就是「適當」的機會，哈豐阿的四大金剛，特古斯，巴圖，木倫，鮑陰扎布也蠢蠢欲動，經常在一起密探，來往甚為密切，拿鮑陰扎布自己的話來說：「我們的言論超出了一般同志的關係，特別是巴圖。」這難道是偶然的嗎？一九六四年，鮑陰扎布到呼盟，有一個同志問：「我們是社會主義國家為什麼還搞『三不』政策？鮑說：「這是烏蘭夫主席團結民族上層人物，發展民族經濟的政策。」×××同志又接著問：「社會主義制度不能發展經濟嗎？」鮑說「不適應民族地區。」一九六三年和一九六四年，鮑陰扎布到呼盟視察工作期間經常接觸獨民族分裂主義分子和有現行背叛祖國活動的壞傢伙，並聲嘶力揭地叫喊什麼：「對這些人應當爭取、團結、教育嘛！」前後共走訪了十幾家。特別不能容忍的是當鮑陰扎布聽到了現行民族分裂活動壞分子××××說：「我外逃的話，不能單獨騎馬走；我走的話，全家、全隊一起走。」等反動言論後又沾沾自喜的說：「你不要激動，不要忙，慢慢能夠得到解決的。」這寥寥數語，就道破了這個「內蒙古人民革命黨」黨徒的天機。鮑陰扎布不是繼續為「內外蒙合併」積蓄力量又是什麼？

反也革命修正主義分子，民族分裂分子，「當代王爺」烏蘭夫被揪出後。「內蒙古人民革命黨」的黨徒鮑蔭毫布[2]感到大難臨頭，但他賊心不死，依仗他的反革命伎倆，又搖身一變，成了「左派」，並爬上了軍區整訓辦公室主任的要職，借打黃、王、劉、張反黨集團之機，趁機大伸黑手，配合特古斯直流

---

[2]　編按：疑為「鮑陰扎布」的錯字。史料原文如此，編輯保留。

刮起來了一股為烏蘭夫翻案的妖風，叫喊什麼：第一階段批判的面太寬了，要給打倒烏蘭夫上線的人一律反平，等等，把「內蒙古人民革命黨」活動繁頻的東三盟變成了為烏蘭夫翻案的前沿陣地，這也是鮑蔭毫布反革嘴臉又一次大暴露。鮑蔭毫布為烏蘭夫翻案決不是偶然的，更不是孤立的，一是鮑的階級本性所決定，二是「內蒙古人民革命黨」的黨徒們在作最後的垂死掙扎。為烏蘭夫翻案的實質就是為「內蒙古人民革命黨」翻案。我們無產階級革命派必須提高警惕。

「宜將剩勇追窮寇，不可沽名學霸王」，我們無產階級革命派，要更高的舉起毛澤東思想千鈞棒，窮追猛打，把「內蒙古人民革命黨」這個龐然大物，完全徹底，乾淨的消滅掉。把烏蘭夫的殘黨餘孽統統掃進歷史垃圾堆裡，叫它遺臭萬年，永世不得翻身。

揭露「內蒙古人民革命黨」的醜惡歷史

內蒙古語委東方紅

徹底揭發批判「內人黨」的反動本質，粉碎「內人黨」的叛國分裂活動是擺在全區革命造反派面前一椿光榮而艱巨的任務。不徹底從思想上、政治上、批臭「內人黨」，不徹底從組織上粉碎「內人黨」、暗藏的烏蘭夫、哈豐阿死黨分子就不可能肅清，內蒙古自治區的幹部隊伍就不可能純潔，民族分裂主義的根子就不可能消除，祖國的北疆就不可能鞏固，我區的文化大革命就有半途夭折的危險。我們革命造反派絕不可以掉以輕心。

所謂「內人黨」在歷史上有白記（即白雲梯）與哈記（即哈豐阿）之分。白記「內人黨」在一九二五年成立，一九二七年這個黨的委員長白雲梯蔣介石叛變革命，改組後的「內人黨」總部流亡的蒙古烏蘭巴托。遠遠地離開了毛主席為首的中國共產黨所領導的革命流亡，實際上已淪為一個無所作為的民族主義小團體。一九三六年正式解散。

哈記「內人黨」是一九四五年「八一五」以後從敵偽的臭茅坑裡冒出來的。八月八日蘇聯對日宣戰，十日，哈豐阿、博彥滿都等敵偽高級官僚分別由

日本官員監視撤出王爺廟。但是幾天之後，這批人卻一個個都神祕地脫離了日本人的監視，集聚到王爺廟來，掛起了「內蒙古人民黨東蒙本部」的黑牌子。這個黨由哈豐阿、博彥滿都一手圈定的所謂十三名執行委員；除哈豐阿、博彥滿都外，還有特木爾巴板、阿思根、薩嘎拉扎布、烏雲達賚、旺丹、烏雲必力格、桑傑扎布、額爾登泰、乃日拉圖、崇格布、拉木扎布；候補執委四名：都固爾扎布、尼瑪、溫都蘇、烏力吉陶克陶。這些人在敵偽時期無例外地都是廉恥喪盡，豬狗不如的大蒙奸、大賣國賊。他們中有的是偽興安軍和五三特種部隊的高級軍官，有的是日特、國特或民族分裂分子。在日本統治時期，他們甘心充當敵人的鷹犬，為虎作倀，剝削和鎮壓中國人民，犯下了出賣祖國，出賣民族的滔天罪行。就在四五年初日寇即將垮臺的前夕，這幫老賊們仍死心塌地的效忠日寇，積極配合日本關東軍特務機關、組織了「反蘇反蒙游擊指導處」、「日蒙同命體」、「護國同盟興蒙會」（即安達會）等等特務組織，拼搜特務武裝、制定爆破、破壞和游擊戰等計劃，以便一旦在蘇日戰爭爆發時能配合日軍進行攻擊或掩護退卻。然而，「八一五」日本垮臺，中國人民取得了反法西斯戰爭的最後勝利，這幫昨日還是堅持反蘇反共的賣國賊們卻十分可疑地脫離了日本人的監視，搖身一變，把自己打扮成在第三國國際領導下堅持地下抗日的英雄，掛出「內人黨東蒙部」的黑牌子，原封不動地恢復了偽興省政府，企圖搶奪內蒙古這個從一九三一年「九一八」起算，中國各族人民經過十四浴血抗戰所得的勝利果實。

為了欺騙輿論，這批內蒙古汪精衛們使出了極其卑劣的手法，顛倒黑白，捏造出了所謂「內人黨」的「鬥爭歷史」，同時，又以追贈黨令的拉攏，勿忙地招納黨徒。所謂的「內蒙古人民解放宣言」（即八、一宣言）就是政治騙子哈豐阿之流漫天撒謊的最拙劣的標本。宣言中黨厚顏無恥地吹噓什麼在日寇統治時期，「內蒙古人民革命黨的工作仍然在不屈不饒地祕密進行著。我們的血沸騰了，信仰更堅持了，組織更嚴密了。在這被壓迫的時期內，我們做出了許多有價值、有意義的工作」。明是無恥的禽獸，卻自吹為抗日的英雄；明明是賣國罪該萬死，卻厚著臉皮冒充有功之臣。真是「婊子樹牌坊，不知人間有害羞二字。」據哈豐阿在「內人黨」的所謂首次黨員大會上所做的「黨的經歷」這一報告，說什麼「內人黨」曾在內蒙古的十六個城鎮旗縣「建立了黨部和黨

支部，黨員共一百來名。」其中，「為了防禦特務的陰謀破壞，已發展黨員，幾年過程中，未使其本人知道本身是黨員的事例，為數也不少。」妙極了！原來，在日本統治時期，「內人黨」所發展的黨員，是連他自己也不知道自己是否是黨員。真是一種古今盡有，荒唐絕頂，可笑至極的發展辦法。按照這種離奇的發展辦法，凡是哈豐阿的心腹入黨，都被慷慨地贈給黨會，追封他們為「八一五」以前的地下黨員，旺丹追封四三年入黨，額爾敦陶格陶追封為四五年五月入黨。特古斯、木倫是四五年九月間到王爺廟加入「內人黨」的，哈豐阿就偷偷地囑咐這兩人說：「他們就算是四三年入的」吳春齡因為「在當地有威望」，「特推任」為正式黨員，白××××因「在軍隊中有威望」，吹收為正式黨員，兆×××因為老「內人黨」徒的兒子，又「很久以前就和國民黨有關也被特任為正式黨員。偽旗長是當然的黨員，「積極」的偽科長也應優先發展為黨員，等等。「內人黨」就是通過這種欺騙和拉攏的可恥手法把所有蒙奸敵特、牛鬼蛇神等社會渣滓集聚起來，組成一個臭不可聞的大雜燴。

這麼一班奇臭薰人的變色龍，匆匆忙忙從敵偽的茅坑裡跑出來要奪抗日勝利的桃子，光會捏造謊言來梳洗打扮是很難騙人的，唯一可以暫時迷惑一部分人的就是大張旗鼓地利用民族主義的思想，搞所謂的「內外蒙合拼」。「內人黨」粉墨登場後的唯一活動就是公開聲言要把內蒙分裂出去，同外蒙合拼。為此，他們在各旗縣進行了強姦民意的「內外蒙合拼名」運動。在簽名中威脅利誘，生拼硬造，手法之惡劣，不一而足。四五年十月，哈豐阿、博彥滿都等還「風塵僕僕」，親自到蒙古去，進行拍賣內蒙的勾當。從蒙古回來後，哈豐阿看到暫時還不行，於是又著手組織東蒙自治政府，企圖把內蒙搞成獨立王國，為內外合拼準備條件。

哈豐阿之流為什麼這樣不擇手段地要搞內外合拼呢？是簡簡單單地出於一種民族主義思想嗎？不是，絕不是。日本統治的時候，內蒙受盡壓迫，水深火熱，哈豐阿之流從不反民族壓迫，反而夥同日寇大反蒙古。為什麼日本倒臺了，他們卻一反常態，傾情於蒙古呢？這裡有他們的隱衷。說穿了，就是想把內蒙古當成投獻禮，躲到蒙古去逃避中國人民對他們的賣國罪行的正義懲罰。但是，在當時國內外形勢下，搞合併顯然有困難。因此哈豐阿之流一面積極進行分裂活動，一面則不放棄任何機會，同國民黨暗中勾搭。臭名昭著的「致在

東北國民黨員書」就是哈豐阿之流獻給蔣介石的一份奴顏媚骨的「陳情表」。信中除極端肉麻地對國賊蔣介石無恥頌揚外，且明白的面意國民黨說：「內人黨」和國民黨是「分工合作，殊途同歸」。從這封信的原稿看，「分工合作，殊途同歸」這八個字是哈豐阿親筆添上去的。這裡再明白不過的流露出了哈豐阿之流對國民黨蔣介石的真誠實意。從蒙古回來之後，合併已肯定無望，於是哈豐阿一頭載向國民黨。四五年底，正當所謂東蒙自治政府的籌備工作正在緊張進行之際，哈豐阿夥同瑪尼巴達拉詭秘地離開王爺廟。瑪尼巴達拉去了瀋陽，哈豐阿則在長春，海拉爾、瀋陽之間往復奔波。經過大特務阿成嘎的疏通說合見到國民黨東北行政參謀長董彥平，興安省省長吳煥章。董彥平，吳煥章表示：「中央」是寬大的，對哈豐阿的主張都瞭解，特別是對」分工合作，殊途同歸」的說法極為欣賞，並且勉勵哈豐阿同舟共濟。哈豐阿回王爺府時，同行的除特古斯外，就有國民黨東北行政的祕書美特分子烏×××。這位烏某人到王爺廟就住哈豐阿家，十幾天之後，滿載而歸。哈豐阿回到王爺廟後立即派遣以瑪尼巴達拉為首的代表團去重慶見蔣介石。瑪尼巴達拉到了北平，基本上完成使命，回來時直接接受了大特務頭子戴笠、馬漢三的任務，帶來了電臺和諜報人員。只是因為這時的王爺廟實際上已被西滿軍分區控制，而且四月三日承德會議後，烏蘭夫、哈豐阿第一次達成交易、哈豐阿入了共產黨，控制了內蒙自治運動統一聯合會東蒙會的實權，暫時心滿意足，轉而投機於共產黨，和國民黨的聯合才沒有繼續發展下去。以後，哈豐阿的這段罪惡歷史由於烏蘭夫包庇，長期以來隱瞞、推脫，沒有人敢於追究，直到今天才被揭露出來。

在派遣瑪尼巴達拉去重慶的同時，哈豐阿著手組織了「新內人黨」，進行祕密活動。「四、三」會議是烏蘭夫、哈豐阿合流的開始。從這以後，所有老、新「內人黨」黨徒大多被拉入到共產黨內來。但是，「新內人黨」作為一個組織，哈豐阿始終不是聲明解散。這些混進共產黨內來的「內人黨」頭目，他們究竟算是跨黨分子呢？還是共產黨人？這一點始終是一個值得懷疑的問題。譬如：一九四七年「五一大會」前，以哈豐阿、特木爾巴根、朋斯克、烏力吉敖其爾等「四巨頭」為首，召集舊部，祕密開會，又一次要策劃重建「內人黨」。烏力吉敖其爾態度尤為囂張，甚至破口大罵共產黨是法西斯。當他們阻止在內蒙成立共產黨的狂歡企圖沒有得逞時，哈豐阿、朋斯克、烏力吉敖其

爾又唆使張尼瑪、郝永芳等成立反革命組織「勞動牧民前進會」陰謀舉行武裝
暴動。在醞釀自治區候選人名單時，哈豐阿、朋斯克等又控制舊黨，私立名
單，並規定統一行動，排斥（除）外來幹部，反對共產黨的領導。這些行動都
十分明顯地說明，在「四三會議」以後，「內人黨」仍然、進行有組織的活
動和共產黨相對抗。「五一」大會上，烏蘭夫對哈豐阿之流執行了完全是投
降主義政策，用高官厚祿實權為代價，把哈豐阿的全套人馬收買到自己麾下
來。結果，哈豐阿當了自治區政府的付主席，阿思根當了軍區付司令員，特
木爾巴根當了財政部長，朋斯克當了公安部長。烏力吉敖其爾當了交通部長。
「內人黨」所未完成的事業，在烏蘭夫的大黑傘下，依靠哈豐阿的全班人馬繼
續進行。

　　為了掩蓋「內人黨」反動的性質，烏蘭夫編選了顛倒是非，混淆黑白的結
論文件，說「內人黨」還有它進步的一面理由是：一曰反帝；二曰反對民族壓
迫；三曰有與共產黨作朋友的思想基礎。真是一派胡言，荒謬絕頂！

　　這一幫死心塌地的狗奴才，喪心病狂的老賣國賊們，有什麼臉皮談反帝！
這些行屍走肉身上那有半點中華民族的骨氣！哈豐阿之流也反帝，不單德王、
李守信會為之不平，就是汪精衛、陳公博的鬼魂也會不服。說哈豐阿之流反對
民族壓迫更是胡扯！「民族問題，說到底是一個階級鬥爭問題。」「內人黨」
是一個由敵偽官僚操縱，代表內蒙地區封建地主、牧主階級利益的臭毛坑。民
族利益從來不過是披在哈豐阿之流身上的騙人的遮蓋布。這些人在日本統治下
投靠日本，國民黨來了又投靠國民黨。他們的全部罪惡活動有哪一點符合內蒙
古人民的利益？至於說「內人黨」有與共產黨作朋友的思想基礎，這種說法本
身就恰恰只能證明「內人黨」的反動本質。哈豐阿之流的混蛋邏輯就是內蒙沒
有工人階級，因此，不應該建立共產黨，而只能建立「內人黨」。「內人黨」
可以和共產黨作「朋友」，稱「兄弟」，平起平坐，分庭抗禮，但決不能同共
產黨來進行領導。烏蘭夫不顧問題的實質，妄加曲解，硬給戴上進步的帽子，
真是是非顛倒，人妖混淆，荒唐之至！可惡之極！

　　如上述，「內人黨」純粹是一個反動的代表封建地主牧主階級利益的民族
主義集團。本身絲毫無任何進步性之可言。「四、三」會議以後，這個反動集
團因則變成了現行的反革命組織。這個集團有自己的黨——「內蒙古人民革命

黨」，有團——「內蒙古革命青年團」，有政府——「東蒙自治政府」，有軍隊——「內蒙自治軍」。這一全套人馬都由烏蘭夫不加改造地全蒙承包下來。他們的頭目們入了共產黨，作了官，有權有勢，把持了全區黨、政、軍、文各界，互相勾結，狼狽為奸。他們身在共產黨，心在「內人黨」；掛著共產黨的牌子，幹著「內人黨」的事情。哈豐阿、特古斯等人就是這樣一些危險的反革命兩面派人物。

觸目驚心的事實告訴我們，時至最近幾年，「內人黨」這個反革命組織，還在猖狂地祕密地進行著活動。在三年困難時期，這些長期以來躲藏在陰暗角落裡的反革命分子以為有機可乘，配合著國內外反華反共的反革命逆流，蠢蠢欲動。1961年和1963年。「內人黨」兩次召開所謂黨員代表大會，在1963年召開第二次黨員代表大會上，圍繞著中蒙劃界問題，祕密給蒙修寫信，用世界上最惡毒、最黑暗的語言咒罵我們光榮、偉大、正確的中國共產黨。他們公開策劃武裝暴動，要「隨時地拿起槍桿瞄準中國進攻」。為了作到裡應外合，他們無恥地要求蒙修加緊邊境侵犯和利用各種方式加強特務活動，幻想在1963年7月1日前實現其內外蒙合併的迷夢。如果這一計劃不行，他們又以三年為期，要在1966年7月或11月完成其罪惡的計劃。狼子野心，是可忍，孰不可忍！

應該嚴肅地指出：上述「內人黨」1961年和1968年的一系列現行反革命活動，決不是偶然和孤立的現象。二十年來，內蒙自治區的叛國案件亦達二三百起，其中大多就是和「內人黨」的活動密不可分的。我們清楚的知道，要從思想上、政治上，批臭「內人黨」，要從組織上粉碎「內人黨」不會是一種輕而易舉的工作。君不見，單是一個特古斯揪出來，社會上的波動何等強烈。一個時候陰風大作，謠言滿街，什麼「新思潮」呀，「聯動」行為呀，「矛頭對準了革委會」呀，「特古斯肯定打不倒」呀，「揪出特古斯的人現在騎虎難下」啦，流言、蜚語、譏笑、咒罵傾盆潑雨而來。除了來自右的攻擊和反對外，另一種手法就是以極「左」面目出現，亂揪亂轟，把水攪渾，轉移鬥爭大方向，保駕特古斯之流過關。鬥爭是極其艱巨的。同時也是極其複雜的。但是，用毛澤東思想武裝起來的革命造反派，火眼金睛，鋼筋鐵骨，決不會被敵人的反撲所嚇倒，也決不會為敵人的鬼計所迷惑。「**獨有英雄驅虎豹，更無豪傑怕熊羆。**」想要阻擋革命巨輪前進的反動分子肯定是有的，但是他們終久逃脫不了

革命造反派鐵拳的懲罰。

當然，在批判和粉碎「內人黨」的鬥爭中，我們應該看到，頑固不化，拒不交代或繼續進行反革命活動的「內人黨」黨徒只是極小極小的一小撮。我們必須嚴格地掌握界限。要把「內人黨」的主要反動頭目和廣大被欺騙、被利用的「內人黨」一般黨員嚴格區分開來；要把1946年「四、三」會議以前的政治歷史問題和「四、三」以後的現行反革命活動嚴格過分開來。混淆這兩種界限，亂揪亂轟，不適當地擴大打擊面，這只能有利於乘機破壞，我們千成不可上當。

戰友們！同志們！徹底批判「內人黨」，徹底粉碎「內人黨」的嚴重任務擺在我們面前。衝鋒的號角吹響了，讓我們緊密團結，奮勇直前，踏平「內人黨」這個烏蘭夫反黨叛國的老巢穴，刨盡反動民族分了（裂）主義這個最頑固的陣地。

把反動的「內蒙人民革命黨」揪出來示眾

內蒙古文聯《砸黑線聯絡站》
內蒙古日報社東方紅「六‧一八」專砸《花的原野》聯絡站

我們的偉大導師，偉大領袖、偉大統帥、偉大舵手毛主席教導我們：「**民族鬥爭，說到底，是一個階級鬥爭問題。**」他老人家還教導我們說：「**必須在各個部門中保持高度的警惕性，善於辨別那些偽裝擁護革命而實際上反對革命的分子，把他們從我們的各個戰線上清洗出去，這樣來保護我們已經取得的和將要取得的偉大勝利。**」

內蒙古人民革命黨，就是這樣一批反對革命的分子。我們必須把他們從黨、政、軍各界、出版、宣傳、教育、文藝等部門中清洗出去，讓他的反動面目徹底暴露在光天化日之下！

一、內蒙古人民革命黨，就是蔣介石的國民黨

偉大領袖毛主席教導我們：「在民族鬥爭中，階級鬥爭是以民族鬥爭的形

式出現的。這種形式，表現了兩者的一致性。」

　　中國赫魯曉夫在內蒙的代理人、「當代王爺」烏蘭夫的大幹將、大蒙奸哈豐阿一向標榜他是「反抗」國民黨的。這完全胡說八道。從內蒙古人民革命黨的黨綱、黨章、反動頭目的面貌、黨徒的階級成分，同日寇、蔣介石、蘇蒙修的關係，及其罪惡歷史，都雄辯地說明：內蒙古人民革命黨，就是反革命的國民黨。

　　事實正是這樣：一九三九年十月在張家口成立的老人民革命黨，就叫做「內蒙古人民革命黨」。它的發起人，一個是國民黨中央委員白雲梯，一個是後來逃往蒙修當了國家部長的老民族分裂分子郭道甫，領導權操在白雲梯、郭道甫之流手中，因此，它一開始就具有反動的性質。這個黨的總的目的就是搞「內外蒙合併」，這就更加決定了這個黨的反動性。一九三二年，大叛徒瞿秋白還派來了另一些人民革命黨頭目烏蘭夫、朋斯克、特木爾巴根等。這些民族敗類來到不久，馬上充當了日寇和國民黨的幫兇走狗。如：自稱是人民革命黨「左派」的烏蘭夫投靠地方實力派，充當了付作義的走狗；朋斯克、特木爾巴根成了日本幫兇；哈豐阿做了偽滿興安總省參事官。博彥滿都任偽滿興安總省省長。內蒙古人民革命黨的重要頭目，都是牛鬼蛇神：日本特務、國民黨特務、蘇蒙修特務、反動軍官，偽滿和偽蒙疆官僚、共產黨的叛徒、民族分裂分子、土豪劣紳、王公貴族、地主牧主、上層喇嘛、資本家、上層知識分子和社會渣滓。

　　這個黨頑固地反對中國共產黨的領導，吹捧國民黨、蔣介石，成了國民黨的傍兒。這個黨在一九四五年九月二十八日，拋出了肉麻地吹捧國民黨蔣介石的《致東北的國民黨員書》，公開稱呼國民黨為「同志」，它不打自招地供認內人黨「有著同樣的目標」，並（並）說：「……內蒙古人民革命黨是有很長的歷史的。並（並）且和貴黨（按：國民黨）也具有密切聯繫。」還供認：「我們內蒙古人民革命黨與國民黨是站在一條戰線上的。在更大更高觀點上來看的時候，我們兩方面的活動，是分工合作，殊途同歸的。」公開信裡極盡奴顏卑膝的能事，對人民公敵蔣介石無恥頌揚，說什麼聽到蔣介石的聲明，「覺得內蒙民眾的解放運動得到了光明和保障，對於蔣先生的偉大的革命精神深為欽佩」，真是混蛋透頂！他們美化國民黨反動派說：「國民政府是為人民服務

的政府」。一九四六年，哈豐阿、特古斯曾兩次祕密前往長春，分別拜見了國民黨東北行營付主任董彥平和國民黨興安省省長吳煥章等委員。在這以前，內蒙古人民革命黨黨魁阿思根偷偷到鄭家屯，與國民黨特派員祕密會見，商談建立國民黨東蒙總部問題。加上與蒙修的勾搭，一九四六年元月十六日，在葛根廟，成立了反動的「東蒙自治政府」。由大蒙奸博彥滿都當主席，日本特務哈豐阿任付主席。隨後，他們便派出了以國民黨特務瑪尼巴達拉為首的代表團，去重慶，同蔣介石的國民黨政府掛勾。就在中途北京，他們接受了國民黨特務機關的任務，攜帶電臺，返回東蒙，大搞反革命活動。據有關部門掌握的材料證實：新人民革命黨的一些領導核心人物，就是國民黨東蒙總部的成員，各盟都有負責人，並專設國民黨特務組織。

鐵的事實證明，新人民革命黨從建立那天起便成了赤裸裸的反共賣國的國民黨，只是打上了「民族」的旗號，而有一套反動理論，把矛頭對準中國共產黨。他們叫囂道：「內蒙沒有工業，不有無產階級，不能建立共產黨，只能建立人民革命黨。蒙古沒有工業，也沒有建立共產黨。」瘋狂詆毀偉大導師毛主席的科學論斷：「就資本主義和帝國主義時代說來，就需要一個如共產黨這樣的革命黨。如果沒有共產黨這樣的革命黨，人民要想推翻敵人的壓迫，簡直是不可能的。」

所有這一切，都符合蔣介石國民黨反動派及其代表的剝削階級的利益和需要。這些充分表明：國民黨和人民革命黨就是一丘之貉。內蒙古人民革命黨，就是地地道道的反革命國民黨。

二、內蒙古人民革命黨，是日寇侵華的幫兇

毛主席說：「反革命分子不是那樣笨拙的，他們的這些策略，是很狡猾很毒辣的。」

內蒙古人民革命黨，本是日寇侵略中國的工具。遠在「九一八」之前，日本帝國主義便提出了「吞併中國必先是侵佔滿族」的計劃。賣國蒙奸、日蒙高特務哈豐阿、博彥滿都、郭文通之流，恰恰是認賊作父的傢伙。他們勾結日寇，死心踏地充當日寇侵華的幫兇和劊子手，對祖國、對內蒙古各族人民犯下了滔天的罪行。

一九四五年，毛主席親自領導的偉大抗日戰爭取得了徹底勝利。日本帝國主義垮臺後，以大蒙奸哈豐阿為首的這隊日特、偽軍官、蒙古上層，搖身一變，又在「內蒙古人革命黨」的破旗下集聚起來，妄圖攫奪中國人民抗日勝利的果實，為了繼續從一反共、反人民、叛國求榮的罪惡目的，於一九四五年遵照蒙修「人民革命黨地下化」的黑指示，在解散老人民革命黨不久，又祕密建立了新人民革命黨。

加倍投靠蒙修。哈豐阿之流幾次去烏蘭巴托，同蒙修簽訂所謂「內外蒙合併」出賣祖國和內蒙古人民利益的協議。他們繼續撐出為「民族」的黑旗提出什麼要建立一個「蒙古人」的「獨立國」。從而，把他們自己這批血債累累的日本特務、蒙奸、殺人兇手，裝扮成「民族英雄」，陰謀完成偽滿興安總省未完成的舊業。於是，偽滿興安省的顯貴、要員，搖身一變，又以新人民革命黨黨魁、骨幹，以至後的「東蒙自治政府」的頭面人物身分出現。日本特務、日偽興安總少參事官哈豐阿成了新內蒙人民革命黨的書記長，特木爾巴根、朋斯克、博彥滿都等人，當然就是新人民革命黨的黨魁和骨幹了。

值得一提的是烏蘭夫和哈豐阿互相攀附結成死黨的歷史事實。

一九四六年四月，「當代王爺」烏蘭夫便邀請了內蒙古人民革命黨哈豐阿、特古斯、特木爾巴根等人到承德參加那個「四、三會義」。共同的階級利益、政治需要使烏蘭夫、哈豐阿、特古斯之流心心相印、休戚相關了。當時他們共同提出的「實現自治，爭取自決」的反動口號，同內蒙古人民革命黨「綱領」，沒有任何本質區別。一九四七年初，烏蘭夫及其反黨叛國嫡系老班底，為了逃避國內革命戰爭、為叛國投修創造條件，公然置中國共產黨中央指示不顧，從張家口一氣跑到烏蘭浩特。又經一番祕密的策劃和討價還價，哈豐阿的日特、蒙奸集團，和烏蘭夫反黨叛國集團公開同流合污了。他們高唱什麼「太陽從西北面照過來」，「喬巴山的子弟們團結在一起」的調子，拋出「雲澤萬歲」「哈豐阿萬歲」等極端反動的口號，結成一夥，更為瘋狂地搞民族分裂和叛變祖國的活動。從此，哈豐阿、特古斯等這一群日寇、蒙奸，老牌民族分裂主義分子，仗著中國赫魯曉夫在內蒙的代理人、黨內走資派烏蘭夫，鑽進了中國共產黨內部，成為烏蘭夫反黨叛國集團的一個旁系，在新的形勢下，採取打著紅旗的反革命策略，繼續幹著內蒙古人民革命蓄謀已久的罪惡勾當，並使

其反革命活動更陰險、更合法化了。烏蘭夫為了瘋狂推行反革命修正主義、民族分裂主義路線，則把哈豐阿、特古斯及其同夥，和其他反叛國分子、民族分裂主義子、反革命修正主分子、日寇蒙蘇特務、安插到內蒙古治治區黨、政、軍、財、文等重要崗位、特別是思想意識形態領域：文化藝術系統、衛生教育、新聞出版等部門，使其身據要職、掌握要津肆意進行反黨叛國活動。

這樣內蒙古人民革命黨就又由偽滿興安部省的變種，發展到烏蘭夫嫡系黑線交織一起、上下勾結、又與一批黨內走資派結成死黨，「成了一個暗藏在革命陣營的反革命派別，一下地下的獨立王國」。無產階級文化大革命的滾滾波濤衝垮了烏蘭夫建立「大蒙古帝國」的黃粱美夢，今天，到了徹底摧毀烏蘭夫反黨叛國地下司令部時候，我們一定堅決揪盡烏蘭夫、哈豐阿殘黨餘孽，徹底搞毀反動的內蒙古人民革命黨！

三、內蒙人民革命黨，是個搞民族分裂的叛國集團

偉大領袖毛主席教導我們：「決不可以認為反革命力量順從我們了，他們就成了革命黨了，他們的反革命思想和反革命企圖就不存在了。決不是這樣。」

內蒙古人民革命黨直言不諱地供認，它就是要搞「內外蒙合併」、「蒙古統一」。在老人民革命黨的「黨綱」中明文規定：「本黨在蘇維埃聯邦及蒙古人民共和國的指導下⋯⋯」老內人黨第二次交代表大會在烏蘭巴托召開的總部也沒在那兒，蒙修給他們提供了大量活動經費。以後哈豐阿、特古斯之流又去蒙修請願，回國大搞所謂「內外蒙合併」的簽名運動。事後，哈豐阿、特古斯等人起草的新內人黨「黨綱」中，更是露骨宣揚「內外蒙合併」，它規定：「為實現蒙古民族的團結、統一和獨立」，「第一步應統一內蒙古，並在適當的時候實現全蒙古民族的團結、統一和獨立。」尤為惡毒的是，新老內人黨的「黨章」中一段規定：「只吸收蒙古人入黨，其它民族的人一律不吸收。」在這裡，他們分裂祖國的狼子野心，豈不是昭然若揭了嘛。內蒙古人民革命黨究竟是什麼貨色豈不是明若觀火了嘛！

內蒙古自治成立後，內蒙古人民革命黨，雖然口頭上說解散了，但它陰魂還在。只是公開轉入地下而已。近年來，內蒙古人民革命黨仍在祕密發展黨

徒，甚至開黑會，祕密地給蒙修發黑信，向主子作彙報。律無忌憚地進行反黨叛國的陰謀活動，妄圖顛覆無產階級專政。對此，我們決不能等閑視之。

一九五七年，在烏蘭夫授意下，背著中央成立了內外蒙名詞術語統一委員會（即43人委員會）。同年七月，蒙修特務、人民革命黨組織部長額爾敦陶克陶，秉承烏蘭夫的旨意，卒清格爾泰、索德木等出國去蒙修。蒙修部長會議第一付主席曾德接見時問：「我們內外蒙何時才能合併呀？」額爾敦陶克陶毫不含糊地回答：「現在咱們不是正搞文化上的統一嘛！」據清格爾泰筆記記載，當時雙方「極其熱烈地討論內外蒙合併」問題。請看其叛國之意何其迫切。

一九六三年，蒙修特務、人民革命黨骨幹嘎如布僧格，在堪測中蒙邊境時，利用其堪測辦公室主任職權，肆意出賣我們偉大祖國神聖不可侵犯的領土。被他拱手割讓的領土中有：爭議地帶的三分之二面積；以至有的地段向我方領土推進達十五公里之多；某某具有軍事價值的制高點；富饒美麗的貝爾湖的全部。

歷年來，烏蘭夫、哈豐阿、特古斯之流一直在包庇內蒙古地的一些裡通外國、叛國投敵案件，致使這些叛國投敵分子，長期逍遙法外。這些壞蛋興妖風、作黑浪，反革命氣焰甚囂塵上。至今竟還有已經定案的民族分裂主義分子跳出來翻案。向革命群眾進行反攻倒算。這決不是小事情。

在文化藝術領域裡：哈豐阿、特古斯控制的內蒙古人民出版社，成了「烏蘭巴托分社」；《花的原野》辦成了蒙修《文學報》分版；內蒙古日報蒙文版，更是猖狂地為內外蒙合併製造輿論。最觸目驚心的是：一九六二年，蒙修澤登巴爾來我國劃中蒙國界時，內蒙報蒙文版竟喊出：「英明領袖澤登巴爾萬歲！」的反動口號。一九五九年，《草原》雜誌封面公然出現了「套馬杆和鐮刀」的旗幟，用以宣揚內蒙古人民革命黨的內蒙「沒有無產階級，不能建立共產黨，只能建立人民革命黨」的反革命謬論。當時《草原》的主編正是反動的成吉思汗黨黨徒、三反分子孟和博彥，付主編是反動的大同會黨黨徒超克圖納仁。一九六一年，特古斯指示民族分裂主義分子敖德斯爾，寫歌劇《達那巴拉》，明目張膽歌頌內蒙古自衛軍。一九六二年，哈豐阿為配合蘇蒙修猖狂反華，和國內階級敵人向黨進攻，公然跳出來，在內蒙古日報蒙文版拋出了大肆歌頌成吉思汗的文章，影射分裂偉大祖國。納.賽朝克圖、瑪拉沁夫、孟和博

彥、敖德斯爾之流，也連續炮製了一批大毒草，極力美化蘇蒙修、公開謳歌叛國投敵分子陶克陶乎，嘎達梅林，以及反動軍、封建上層，煽動民族分裂，為叛國分子打氣、鼓勁。

在清算內蒙古人民革命黨滔天罪行時，必須強調指示的是，是在新人民革命黨建立之初，蘇蒙修和國民黨就派遣來了大批特務，搜集情報，進行破壞活動。這些特務，隱瞞身分，多半以新聞記者之類面目出現。他們攜帶電臺、密碼，住在哈豐阿家中，或在「東蒙自治政府」內防總局。他產不但自己搞特務，而且在內蒙古人民革命黨內發展特務網。事實有力證明，哈豐阿之類不但是人民革命黨的頭目，而且是蘇蒙修和國民黨特務網的首領。內蒙古人民革命黨的頭目和骨幹，絕大多數都是蘇蒙修特務。其中木倫等，就是通過特古斯加入蒙修特務組織的。內蒙古文聯納・賽音朝克圖，在蒙修接受了特務使命，回國後，還直接向蒙修情報員彙報。

反動的內蒙古人民革命黨，不但在內蒙古自治區內瘋狂活動，叫囂「內外蒙合併」，而且還到區外進行陰謀活動，妄圖實現「蒙古統一」。文藝界就有這樣的人。例如，一九六三年，內人黨中央執委、大同會黨頭目巴圖（內大三反分子），派他外甥、大同會骨幹、《草原》付主編超克圖納仁，前往吉林省郭前旗進行活動。他除了搜集叛國分子陶克陶乎的材料，準備寫劇本外，還搞了其它民族分裂活動。

正是這個通過反動的大同會黨頭目、烏蘭夫反黨叛國集團幹將厚和混入共產黨內的超克圖納仁，又耍弄故伎，鑽進革命造反派內部。超克狗膽包天，自稱「代表內蒙古自治區革命委員會籌備小組」，威嚇革命造反派戰士，妄圖騙得陷害烏蘭巴干同志的證明材料。

就在特古斯被揪之後，超克又赤膊上陣，編寫、校對、散發攻擊烏蘭巴干同志的大型傳單，死保特古斯之流。同志們，這都不是偶然的、孤立的事件，這說明階級敵人不甘心死亡，反動的人民革命黨殘黨餘孽正在興風作浪。然而，烏蘭夫、哈豐阿、特古斯之流的這一次瘋狂反撲，恰恰暴露了其殘黨餘孽的反動嘴臉。

在偉大導師毛主席最新指示的光輝照耀下、在內蒙古革委會正確領導下，內蒙古文化大革命形勢一片大好！越來越好。當然，我們也清醒地看到，在揪

鬥特古斯之後，一種高喊「打倒極『左』思潮」！而實質右傾保守的勢力，對當前運動很不理解，死捂著階級鬥爭的蓋子，明裡暗中支持或客觀上配合烏蘭夫、哈豐阿殘黨餘孽、內人黨黨徒的瘋狂反撲；另一方面，還有一股極「左」思潮乘機氾濫，他們妄圖動搖新生的紅色政權——內蒙古革命委員會。這都是不能容許的！

毛度席教導我們說：「想要阻擋潮流的機會主義者雖然幾乎到處都有，潮流總是阻擋不住的，社會主義到處都在勝利地前進，把一切絆腳石拋在自己的後頭」。

我們懷著無限忠誠的赤心，誓死捍衛毛主席！誓死捍衛毛主席的革命路線！誓死捍衛偉大、可愛祖國的統一！我們充滿信心，可以斷言，烏蘭夫、哈豐阿、特古斯的反動勢力、內蒙古人民革命的殘黨餘孽，一定會被以戰無勝的毛澤東思想武裝起來的無產階級革命派橫掃乾淨！無論階級敵人怎樣猖狂反撲，到頭來只落得成為不齒於人類的狗屎堆！

徹底清算烏、哈、特反黨叛國集團在文藝界的滔天罪行

內大井岡山《文藝戰鼓》

我們偉大的領袖毛主席教導我們說：「**必須在各個工作部門中保持高席的警惕性，善於區別那些偽裝擁護革命而實際反對革命的分子，把他們從我們的各個戰線上清洗出去，這樣來保衛我們已經取得的和將要取得的偉大勝利。**」

哈豐阿、特古斯叛國集團就是這樣一批偽裝擁護革命而實際反對革命的叛國分子，長期以來，這些窮凶極惡的叛國賊在當代王爺烏蘭夫的包庇縱容下，篡黨、篡政、篡軍，甚至鑽入我們無產階級專政的司法機關。這些傢伙深知輿論的重要，所以，調兵遣將，分兵把口將內蒙文化界變成其大搞叛國活動的先頭陣地。

下面，讓我們看看，這個由新老人民革命黨及其王花入門的變種黨徒組成的死不回頭的叛國集團在內蒙文藝界所進行的罪惡活動。

一

安插死黨，控制文藝陣地，組織大造叛國輿論的反革命別動隊。

如果說，三反分子布赫以其「雲澤」文工團為班底，黑手遍插內蒙文藝界的話，叛國分子哈豐阿、特古斯則以新老人民革命黨及其五花八門的變種黨為班底，將內蒙文化界，文藝界控制得水洩不通。上至內蒙黨委宣傳部，內蒙人委文化局，下至語委，文聯，出版社，電臺、報社乃至各個劇團，沒有他們不伸手。從文學藝術乃至史學，新聞、出版、發行沒有一個領域沒有他們的骨幹分子。從區內的蒙文刊物《蒙古語言文學歷史》、《花的原野》、《內蒙古文藝》蒙文版，舊《內蒙日報》蒙文版、《鴻嘎魯》、《包頭文藝》以至內部發行的《內蒙古戲劇》、《青城文藝》等等沒有一家刊物他們不控制。他們明目張膽地結黨營私，打著所謂「機關民族化」的破旗，利用各種機會，通過各種渠道，招兵買馬，網羅黨羽，擴充其叛國勢力，並將這些不齒於人類的狗屎堆遍佈文化界的各個角落。什麼日本特務，美蔣特務，蒙修特務，成吉思汗黨徒，民族統一革命黨徒、大同會員、蒙奸戰犯，反動軍官，資產階級右派，共產黨的叛徒，越境叛國分子，土豪惡霸、遺老遺少，乃至新老人民革命黨的黨魁，黨棍統統成了內蒙文學藝術界紅得發紫的官達顯貴。這支以烏蘭夫、王再天、哈豐阿、特古斯為頭目的反革命別動隊構成了龐大的叛國黑網，從組織上保證其民族分裂文藝黑線及其叛國活動的進行。

在舊宣傳部，特古斯坐鎮，呼風喚雨，推濤作浪，而其死黨，原哈豐阿的祕書義都合西格之流則上竄下跳，大造叛國輿論。

在內蒙文化局，哈賊的死黨，老牌人民革命徒索德納木，蒙奸黨棍金啟先大叛徒席宣政竊取文化局付局長的要職。

在內蒙文聯，大蒙奸，大蒙修特務，德王的御用文人納・賽音朝克圖竊取作協主席，文聯付主任，《花的原野》主編，《詩刊》編委職務。哈豐阿特古斯的死黨敖德斯爾當上了文聯付主任，作協付主席，《草原》主編，《花的原野》主編，而內人黨郭爾羅斯前旗支部即「大同會」骨幹朝克圖納仁則以戲劇界權威面目出現，成了戲劇家分會祕書長，至於像日偽軍官、內人黨變種黨徒吉格木德蘇榮之流在文聯更不是乏其人。

在語委，叛國分子的祖師爺哈豐阿曾親任主任，特古斯兼第一書記，把語委搞成了叛國分子的俱樂部。什麼日帝的奴才，蒙修情報員，內人黨組織部長額爾敦陶克陶，偽滿鐵血部隊少將司令郭文通，日本關東軍軍官，內人黨骨幹嘎儒布僧格，民族分裂主義分子清格爾泰統統當上了付主任，長期控制語委實權。至於其頭面人物，委員大人則納·賽音朝克圖，葛日勒朝克圖、勇夫、昂日布、巴彥滿達湖、托門、德力格爾、特木爾巴根之類的內人黨徒，老民族分裂主義者。而日本特務，國民黨部書記長，偽國大代表，大蒙奸德王的財政大臣，蒙修文化特務及哈達派「海爾特巴特爾黨」祕書長之流則各占科室，安上主任頭銜。甚至，特古斯的狗父親李青龍也一度塞入語委鬼混放毒。

在日報社，內人黨魁德力格爾，瑪尼扎布，色·道爾吉等等飛揚跋扈，為所欲為。

在出版社，大右派分子特布信敖斯爾是內人黨徒，也是內人黨的變種黨的骨幹，其後繼任的索德納木及其手下的幹將諾爾布之流也是長期統治出版界，大拋叛國策反作品的內人黨徒。

電臺的昂日布、藝校的莫爾吉胡、恩和森、丕力吉、民族實驗歌劇團的通福、歌午（舞）團的伊德新、哈扎布、電影製片廠的廣佈道爾吉、丹森等等也都是特古斯安插於內蒙文藝界各口各單位的死黨。至於博物館，群眾藝術館，京劇團、雜技團，乃至劇場無一處沒有特古斯內人黨的新老黨徒。甚至以評論工作者，語言工作者，翻譯工作者的面目出現於內蒙大學及師院中文系的黨徒諸如布仁賽音之流也是不乏其人，他們有的已經戴上紅袖章，鑽入造反派，當了革命組織負責人，還有的，目前仍在大肆活動，蒙蔽群眾，從右的方面擾亂我們的陣線。對此，我們切不可等閒視之，掉以輕心。

哈豐阿拉黑手不僅伸進內蒙文藝界，而且羅織黑網，控制了七盟二市文藝界，呼市有，包頭有，東部區有，西部區有，什麼包德力、汪焰、其木德道爾吉、蘇爾佳等等都是哈特叛國集團安插於呼市，包頭烏盟，呼盟等地的黑釘子。總之，他們自上而下，自下而上，撒出一個輻射網，每個點都有一小撮，而這每一撮都與他們的叛國總頭目烏蘭夫、王再天、哈豐阿、特古斯取得直線或曲線直接與間接的聯繫，把整個內蒙文藝界統治的鐵桶一般！

同志們，這只是哈豐阿、特古斯控制內蒙文化藝術界的一部分罪惡事實，

但是，這已經夠使我們觸目驚心的了，他們的死黨控制文化藝術界的罪惡目的就是要從組織路線上保證其民族分裂，叛國投修文藝黑線得以貫徹，就是要在文化藝術這個先頭陣地對我們施行殘酷的資產階級專政。

二

揮午舞民族文化破旗，制定執行民族分裂文藝黑線。

有人說，特古斯不是主管文藝的宣傳部付部長。不對！特古斯、哈豐阿豈但是抓了文藝，而且抓得很緊。

解放以來，哪一個內蒙文藝黑綱領不是這個老渾旦參加炮製？哪一個所謂民族文化的黑文件不是經過這個老渾旦審查定稿呢？哪一部反黨、叛國作品和這個老渾旦沒有關係呢？只不過這個被烏蘭夫視為內蒙第一大才子的特古斯的手段更毒辣，更狡猾、更隱蔽罷了。

就是這個特古斯，緊步烏蘭夫所謂「加強民族文化工作」的後塵，開黑會，上黑綱，炮製內蒙文藝六條。周揚一夥炮製的文藝十條下達後，內蒙的一夥反革命修正主義分子、民族分裂主義分子急忙抛出了內蒙文藝十六條，為文藝界的資本主義復辟敲響了一陣緊鑼密鼓，但是，特古斯仍嫌其中民族分裂的味道不濃，又糾集活閻王布赫，另起爐灶，重新炮製了文藝六條。將「民族特點」「地區特色」乃至反動的「民族文化」論放到首位，貫穿其中，併發至各盟市、各劇團誘迫文藝工作者大上黑綱，炮製民族分裂的大毒草。

就是這個特古斯，在烏賊反動政治綱領《民族工作會議》講話抛出後，與布赫狼狽為奸，抛出了《關於加強民族文化的工作報告》，再次叫囂什麼「民族特點」「地區特色」「機關民族化」等等，慘澹經營出一套加強「民族文化工作」的反動措施。什麼成立「民族民間舞蹈研究室」、「成立什麼」民族文化研究班」什麼「搶救民族文化遺產」。如此等等，不一而足。

就是這個特古斯，與其反黨叛國老搭擋布赫、額爾敦·陶克陶於1961年10月16日開會密謀，制定了龐大的《民族文化搜集整理規劃》。狂叫什麼「民族文化工作，烏蘭夫同志，幾次批評過。蒙古的東西太少，全國都百花齊放，內蒙放什麼？漢族的爬山歌已出三集，蒙族的東西都很零碎。《蒙古族文學史》材料少。《蟒格斯的故事》搜集了但未整理。有許多事情要做」。看，特

古斯唯恐跟不上烏蘭夫，對所謂「遺產」的散失，竟然如喪考妣般的焦急！為了達到其反動目的，特古斯提出組織一個由20餘人組成的「民族文化遺產調查隊」。此後，內蒙文藝界搶死挖古的風氣大盛，什麼《二人臺專統劇目幾編》、喇嘛跳鬼，驅魔安代，浩特格沁紛紛出籠，甚至為了搶救喇嘛跳鬼這份遺產，竟然派專員到賀蘭山南寺和伊盟的喇嘛廟取經探寶。而什麼大蒙奸色拉西，大漢奸李萬春收徒傳藝的怪事也連接出現，《爬山歌是當代的詩經》，「二人臺萬歲」、「喇嘛跳鬼的午蹈語彙是世界上最豐富的」等等奇談怪論，甚囂塵上。簡直把文藝舞臺搞成了魍魎世界。

就是這個特古斯在一九六二年月六一次會議上大講其語言、文學、歷史的全面規劃。網羅了納賽、索德納木，額爾敦・陶克陶，孟和博彥，其木德道爾吉，牧人等一幫烏合之眾制定什麼培養民族文化人才，搶救正理遺產，翻譯出版毒草的五年，十年，十五年乃至廿年規劃，並揚言廿年後出文庫。於是什麼《青史演義》、《一層樓》、《泣紅亭》、《狂人沙格德爾》、《蒙古民間故事》都從幫紙堆垃圾堆中拉了出來，什麼伊湛納賽的僵屍也從亂塚裡抬了出來，搞得烏煙瘴氣。

就是這個特古斯，在一九六三年再次跳出來大叫「烏蘭夫同志對民族特點，地區特點估價很高，忽視他就是大民族主義傾向」要「面向蒙族，特別是牧區，少數民族地區」公開與毛主席的革命文藝路線唱反調。同時，他別有用心地挑動：「過去蒙古民族處於分創狀態，文化方面表現很複雜，這對於形成統一的社會主義文化是不利的。」什麼不利？說穿了就是特古斯唯恐他內蒙文化統一的政治陰謀被人戳穿！

就是這個特古斯，授意其爪牙義都合西格大寫《陶克陶事蹟》、《嘎達梅林事蹟》，並把這部反對黨中央在內蒙發展農業的方針，煽動民族叛亂，歌頌叛國賦的大毒草親訂為支援農業的讀物之一，狼子野心，何其毒也！完全可以斷言，在內蒙自治區狂卷亂刮了十幾年的嘎達梅林黑風，陶克陶黑風，就是特古斯夥同其主子烏蘭夫一手搞起的。

就是這個特古斯，包庇其死黨葛爾樂朝克圖炮製的特大蒙文毒草篇小說《路》。同時，令其黨羽大肆炮製叛國文學作品，吹捧蘇蒙修，歌頌叛國，鼓吹人民革命黨綱領為反動的「內蒙古人民自治軍」「興安軍」招魂引幡，謳歌

烏蘭巴托，鼓動向北跑，甚至在一九五九年草原的封面上竟公然打出「鋤頭套馬杆」的破旗，而這些作品都被烏蘭夫、布赫、特古斯當做國寶家珍，大肆吹捧之餘，評獎鼓勵。

還是這個特古斯及其黨羽，借翻譯毛主席詩詞之機，歪曲光焰無際的毛澤東思想。一九六二年，納賽、敖德斯爾竟然喪心病狂地把蒙修翻譯的主席詩詞《蝶戀花》發表於《花的原野》，把《蝶戀花》譯成花蝴蝶，把「忽報人間曾伏虎，淚飛頓作傾盆雨」譯作「聽說人間有了狼，嚇得兩眼淚汪汪」。納賽竟敢糟蹋我們心中最紅、最紅的紅太陽，我們偉大領袖毛主席的詩詞，我們一千個不答應，一萬個不答應！老渾旦納賽！敖德斯爾！樹起你的狗耳朵聽著，攻擊光焰無際的毛澤東思想，絕沒有你們的好下場！

還是這個特古斯及其黨羽，把特區各種文藝刊物、報紙、廣播等宣傳工具，大量炮製反黨、叛國毒草。以特古斯直接領導的蒙文雜誌《蒙古語言文學歷史》為例，從創刊到停刊共發關文學方面的文章139篇，毒草就有20%。而《花的原野》毒草俯拾皆是，毒液噴射，令人不能卒讀，甚至出現了「從來就是親兄弟的澤登巴爾和烏蘭夫擰緊了最後一顆螺絲釘，「幸福的太陽從而升起」之類的反動詩句來。

然而，這樣的雜誌不僅流毒全國，還向蒙修發行上千份，他們自我吹噓：「這是在蒙古人民共和國很有影響的優秀雜誌」什麼影響，是向蒙修獻媚！什麼優秀！是鼓吹內外蒙合併最賣勁！

夠了，特古斯叛國集團所言所為已經完全暴露他們反黨叛國醜惡靈魂！打倒特古斯，砸爛哈豐阿、特古斯民族分裂文藝黑線。

三

藉口「民族文化交流」與蒙修文化特務勾勾搭搭大搞反黨、叛國陰謀活動。

一九六三年和一九六四年春節，哈豐阿、特古斯叛國集團的一批幹將在師院搞兩次詩歌朗頌會，會上他們大抒叛國之情，朗誦蒙修作家納楚克道爾吉的《天鵝》、《故鄉山水》、《戰鬥之歌》，並由老民族分裂主義分子特木爾巴根嗷嗷大唱蒙修歌曲。這些晚會在形式上象徵什麼「純蒙古」，而在內容上則是露骨地嚎叫「內外蒙合併」。這是他們叛國嘴臉的大暴露。

其實，這幫傢伙那裡僅僅是在精神上發洩其民族分裂之情呢？他們早已摩拳擦掌，明火執仗地大搞叛國活動了。

他們大張旗鼓地紀念蒙修作家，肉麻地吹捧蒙古作家。一九五七年，全國正在紀念文化革命的偉大旗手魯迅先生時，蒙修寄來納楚克道爾吉的作品、照片。納·賽音朝克圖便赤膊上陣，親自主持紀念納楚克道爾吉報告會，並為之泡製長篇悼文，號召畫家大畫納楚克的狗頭象。報告會開幕前，蒙修持派拉姆蘇榮專程來呼，興師動眾，遠道迎送，並演出蒙修的大毒草《三座山》。在會上，納·賽肉麻地吹捧納楚克，說什麼「我從蒙古軍溫暖的手中，第一次接到了那（納）楚克的詩文。」「納楚克的作品，使內蒙革命得到鼓舞」，這裡，納·賽把自己叛賣祖國投靠外蒙的叛國行經毫不臉紅地加以標謗，真不知天下羞恥為何事。

同年，蒙修作家僧格通過瑪拉沁夫贈言於「納·賽在偽蒙疆時寫的詩是炸彈，在蒙古時寫的詩是歌聲，現在炸彈沒有了，而喉嚨嘶啞了」納·賽聽後，不但不向組織反映，反而以此為鞭策，千方百計尋找機會向偉大的中華人民共和國，無產階級專政拋出自己的「炸彈」。就在這一年，納·賽第四次拋出叛國黑詩《烏蘭巴托頌》，以此酬答蒙修。

蒙修文藝界祖師爺達木汀蘇榮來內蒙大搞文化間諜活動。他在一次所謂學術報告會上大放厥詞說：「蒙古民族的語言文字，應當像河流溪水走向匯合，而不應該像樹枝一樣，越長越分開」。參加會議的叛國頭哈豐阿眉飛色舞，大為動情地說：「把圖拉河水引進黃河來」與蒙修暗送秋波，企圖大搞語言文字的「三統一」。

反右鬥爭以後，特古斯、布赫支使內蒙文聯舉辦什麼「蒙文作者訓練班」，由敖德斯爾、其木德道爾吉親自負責，邀請蒙修「專家」帕利亞，教師爺巴拉敦，烏力吉呼圖克講學放毒。

至於什麼納·賽，敖德斯爾出錢置禮，為蒙修達木汀蘇榮祝壽，與蒙修作家拉合木蘇榮，巴斯圖書信往來，互贈照片，吃吃喝唱，聯名提詩之事不勝枚舉，他們就是利用這種所謂文化交流之機，大搞民族分裂活動，大抒民族分裂之情。而一九五九年蒙修軍文工才離呼回國，敖德斯爾竟然嚎啕大哭。

尤令人髮指的是，內蒙歌舞團數次赴蒙修演出時，蒙修策反我方人員，

特古斯的黨羽們不僅不予抗議，反而給蒙修暗送秋波，有的甚至企圖叛國。特古斯在歌舞團的黑爪牙哈扎布就是這樣一個厚顏無恥的傢伙。蒙修頭目澤登巴爾在接見哈扎布時挑逗地說：「我聽到了故鄉的歌曲」。這個叫驢歌唱家竟然受寵若驚，面有德色。事後，蒙修一文化頭目攜酒趕到歌舞團駐地問哈扎布：「你聽了我們達日嘎的話有何感覺。」哈扎布厚顏無恥地回答什麼「這是對我最大的鼓舞」，而蒙修再次策反他時，他竟然滿腹心事而又喪心病狂的向蒙修訴苦告難，說什麼，「可我的家在內蒙呀」真他媽混帳透頂。

其實，這班傢伙演出這樣的醜劇並不奇怪。這些人民革命黨徒的心早已叛離了祖國，他們朝思暮想的就是叛國投修，就是內外蒙合併。文藝界發生的叛國案件就是其罪證。

至於哈豐阿、特古斯叛國集團打著文化交流的破旗，大肆翻印蒙修作品，國歌、軍歌、黨歌的滔天罪行更是舉不勝舉。尤其是的謂蒙修名作家諸如納楚克道爾吉，達木汀蘇榮，僧格的毒草，哈豐阿、特古斯叛國集團更是如蠅逐臭，大肆刊登。一九五八年蒙修作協主席僧格到青島療養，敖德斯爾，伊德新，孟和博彥數次探望，並將其大毒草《花》、《一個外國記者》、《獵人的眼睛》發表於《花的原野》之上，付僧格以高額稿酬。大捧其臭腳。

四

特古斯是破壞無產階級文化大革命的大黑手。

偉大的無產階級文化大革命的暴風雨，徹底摧毀了烏蘭夫建立「蒙古大帝國」的幻夢，然而，特古斯這個烏蘭夫、哈豐阿反黨叛國集團的核心人物，卻憑著他反革命嗅覺和反革命伎倆，又改頭換面，披上新的偽裝，鑽進我們年輕的紅色政權機構中，利用其暫時竊踞（竊取）的職權，拼死命，賣死勁地推行沒有烏蘭夫的烏蘭夫反革命路線，在文化系統中，變無產階級專政為沒有烏蘭夫的烏蘭夫專政，用「五十天」「兩個月」包庇十七年，廿年；耍陰謀，放暗箭，極力轉移運動的大方向，瘋狂鎮壓文藝界的無產階級革命派和革命的「小人物」造反革命修正主義、民族分裂主義文藝黑線的反；打著解放幹部「大聯合」「三結合」的幌子，把一大批蒙奸、特務、叛徒、右派分子，內蒙古人民革命黨黨徒，烏蘭夫黑線人物拉入革命隊伍內，重建沒有烏蘭夫的烏蘭夫反革

命集團，妄圖東山再起捲土重來。

（一）特古斯是烏蘭夫反黨叛國集團的殘餘代理人！

是他，在三月中旬，憑著其反革命的嗅覺，在其反革命的臉譜上塗上了一層「支持三司」的油彩，喬裝打扮成「革命領導幹部」的樣子，潛入「東縱」，進行反革命特務活動，把一些叛徒、特務、民族分裂主義分子拉入造反隊伍。他與王逸倫，一明一暗，裡應外合，向毛主席的革命路線反撲。

八條下達後，這個老反革命掌握了「革籌小組」宣教口的大權，利用「合法」地位，更加肆無忌憚地進行著反革命罪惡活動。

是他，大肆散佈什麼「文藝界階級鬥爭蓋子已經揭開」「階級陣線已基本清楚」等反動謬論，死死地捂住文藝界階級鬥爭的蓋子，為烏蘭夫固守著這塊陣地！

是他，公然歪曲偉大領袖毛主席「鬥私，批修」的偉大指示，把這個偉大的革命的口號，接過去，加進他自己的私貨，叫囂什麼：「鬥私、批修主要地就是幹部要鬥不敢當「三結合」領導的私，群眾鬥不願解放幹部的私。」為包庇一小撮叛徒、特務分子、頑固走資派、民族分裂主義分子，大開方便之門，把一批反革命修正主義、民族分裂主義拉入了他主持的宣教口學習班。

還是他，公然嘶叫：「《智取威虎》是上海排出的樣板戲，我們內蒙可以排，也可以不排。」對抗毛方席的革命文藝路線，仇視江青同志的狼子野心，昭然若揭！

直到這個反革命修正主義、民族分裂主義分子被揪出之前，他依然在指揮著他的一批嘍囉，對勃然掀起的「揪特高潮」進行反撲！特古斯是一個對抗毛主席革命路線的反革命死硬派！

（二）推行沒有烏蘭夫的烏蘭夫路線。

特古斯掌權以後，步其主子後塵，推行了一條沒有烏蘭夫的烏蘭夫反革命路線！

在思想上，他千方百計地抵制毛澤東思想，而又銘牆覓縫，利用一切場合，宣傳反動透頂的烏蘭夫思想。他對京劇團排演《草原小姐妹》指示說：「《草原小姐妹》要重視，它是民族特色的，是有民族風味的，是反映內蒙兒童真實故事的。」妄想扼殺該劇宣傳毛澤東思想的靈魂，加入烏蘭夫思想。他

搧陰風，點鬼火，支使他的爪牙，大量散佈「搞內蒙古人民革命黨，就是為了整蒙古人。」如此等等，同他的主子宣揚的民族分裂分子謬論是一路貨色！

在組織上，他結黨營私，招降納叛，大搞反革命宗派活動，把他的一批親信，安插到文化系統的各個要害部門，嚴密地控制了文藝界。變某些單位、某些組織為他們大搞反革命活動的「獨立王國」，妄圖建立起一套效忠於烏蘭夫反黨叛國集團的新班子。特古斯正是一個烏蘭夫殘餘勢力的典型代表！

（三）以「解放幹部」為名，大肆包庇烏蘭夫、哈豐阿反黨叛國集團的殘餘勢力！

早在去年三月份，特古斯混入革命造反派的紅色據點之後，就開始了他的收羅黨羽，培植親信的罪惡活動。他三番五次地支使人到內蒙文化局說服大叛徒、走資派席宣政「亮相」到三司一邊，妄圖把這個人民的敵人拉入革命隊伍，招搖撞騙，蒙混過關！

當他竊踞革籌小組文教組大權後，更加猖狂地打著「解放幹部」的幌子，把一批烏蘭夫、哈豐阿的死黨分子，黑線人物、蒙奸特務包庇下來，或送入學習班，或譽之以「革命領導幹部」的桂冠，拉入了「三結合」的班子。

在文聯，他一手包庇了反動作家、走資派敖德斯爾、黑畫家、大流氓官布，把他們先後拉入了造反派隊伍，並與反動「權威」、反革命修正主義、民族分裂主義分子瑪拉沁夫書信來往，明旨暗喻，要把這個大毒草《茫茫的草原》的泡製者送入學習班。

在出版界，他公然把罪惡累累的蒙修特務、叛國分子、出版社黨內頭號走資派索特納木，說成是沒有能力的傀儡，把索特納木的死黨諾爾布說成是受排擠的。

在電影界，他支使他的爪牙，解放了電影製片廠頑固走資派：烏蘭夫分子任世明，尤為甚者，在他的直接指揮下，竟然將臭名遠揚的電影界反動「權威」、大流氓、民族分裂主義分子廣佈道爾基，不僅包庇了下來，而且封之為「老造反派」。縱容其在革命隊伍內招搖撞騙、興風作浪！

在內蒙古京劇團，他更是掄起大捧，硬反「不按最高指示辦事，而是按個人感情義氣辦事」的罪名，加在堅持毛主席革命路線的革命群眾頭上。在他的指使下，解放了烏蘭夫、布赫死黨、頑固的走資派東來。

此外，也還是在他的支持下，解放了藝校黨內走資派寶音達來，呼市文化系統解放了呼市文化局頑固走資派包德力。

就這樣，在特古斯這把大黑傘的庇護下，什麼烏蘭夫分子，人民革命黨黨徒、蒙奸、特務、反動「權威」，頑固走資派都統統放了出來，這些反動傢伙，在特古斯這個大黑手的鼓動下，瘋狂地向革命群眾反攻倒算，文聯敖德斯爾公然威脅揭發他的人，京劇團的東來更是赤膊上陣，對控訴他罪行的革命同志惡狠狠地說：「你敢把這些寫在興趣愛好嗎！」反革命氣焰何等囂張！

特古斯包庇這些傢伙，實質上，就是為了保護他自己，保護他經管反動組織內蒙古人民革命黨，保護他的主子烏蘭夫、哈豐阿反黨叛國集團，實現他的主子沒有實現的罪惡目的，叛國！投修！

（四）壓制文藝批判，扼殺文藝界無產階級文化大革命。

特古斯掌握了革籌小組文教大權後，披著「革命領導幹部」年外衣，到處遊說，大肆放毒，兜售什麼「內蒙文藝界的階級鬥爭蓋子已經揭開，階級隊伍已經形成」，在他看來，內蒙古文藝界的無產階級文化大革命根本就不需要向縱深發展；正是這樣，他把持的文教口，又變成了一個新的閻王殿，在他的支使下，極力破壞和扼殺文藝大批判。

是他，公然阻止對充斥於內蒙文藝舞臺的反黨作品、壞戲、壞小說、壞電影的批判，極其露骨地說：「《嘎達梅林》、《陶克陶之歌》有什麼批判的必要？」

是他，明目張膽地抵制革命群眾對烏蘭夫集團長期把持的批革命宣傳陣地《花的原野》、《草原》等反動刊物的批判，甚至，親自動手將文藝界鬥批改聯絡站擬定的口號：「砸爛烏蘭夫的反革命喉舌《草原》、《花的原野》一筆抹去！是可忍，孰不可忍！

正是在他的控制下，內蒙文藝界長期處於冷冷清清、萬馬齊瘖的局面，階級鬥爭的蓋子揭不開，反動「權威」、走資派鬥不臭，反動作品批不透，本來就進行得極不徹底的文藝界無產階級文化革命，大有半途而廢、夭折的危險！特古斯就是扼殺文藝界無產階級文化大革命的大黑手！

（五）分裂革命造反派，挑動群眾鬥群眾。

特古斯憑著反革命的嗅覺和伎倆，鑽進了革命隊五。他始終沒有放棄對廣

大革命造反派的刻骨仇恨，沒有放棄對毛主席革命路線的刻骨仇恨。

他稍一得勢，便大打出手，向革命造反派開展了瘋狂的反撲。

他公開威脅出版社的無產階級革命派，說什麼：「在一月份奪權時期，你們那些人太不講道裡啦！夜裡開著汽車去抓我，整得我好苦，在奪權會上你們那個短髮的女同志更是不講道理，還把我說成反革命兩面派呢？！一現他怎麼樣，是在繼續革命嗎？」看！特古斯的氣勢何等囂張！簡直要吃人，這是公開向革命造反派反攻倒算！

然而，特古斯及其同黨的任何掙扎都是徒勞的！他們越是掙扎，就越暴露他們反動本質。我們偉大的領袖毛主席教導我們說：「**搬起石頭打自己的腳，這是中國人形容某些蠢人的行為的一句俗話。各國反動派也就是這樣一批蠢人。他們對於革命人民所作的種種迫害，歸根結底，只能促進人民更廣泛更劇烈的革命。難道沙皇和蔣介石對於革命人民的種種迫害，不就是對於偉大的俄國革命和偉大的中國革命起了這樣的促進作用嗎？**」

特古斯之流鑽入革命造反派隊伍之後，耍陰謀，放暗箭，自以為得計，大保文藝黑線，大保其反動的人民革命黨徒。但是，最始卻只能落得一個徹底垮臺，徹底完蛋的可恥下場！

現在，特古斯這只老狐狸讓我們揪出來了，但他的黑手仍在作怪，哈豐阿特古斯叛國集團的大大小小的黨羽，還在拼命頑抗，瘋狂反撲，從左的和右的方面擾亂我們的陣線，企圖轉移鬥爭大方向。

讓我們奮起毛澤東思想的千鈞棒，痛打哈豐阿、特古斯這批落水把新老人民革命黨及其變種的黨徒黨棍徹底揪盡，誓把內蒙文藝界無產階級文化大革命進行到底！

撤底鏟除「內蒙人民革命黨」埋在我院的孽種毒根

內蒙古工學院《井岡山》

烏、哈、特反革命叛國集團，長期以來利用他們所竊據的領導大權，把收羅許多蒙奸、日特、蘇、蒙修特務、封建王公貴族、牧主、地主、土匪頭子

的反革命別動隊——「內蒙人民革命黨」的黨棍、骨幹，安插在許多重要領導崗位上，特別是文教系統中，大肆進行叛國分裂活動。他們真是無孔不入，見縫插針，一有機會就伸進黑手。內蒙古工學院是中央部屬高等工業學院，曾先後由二機部、八機部領導，在58年到62年曾暫歸自治區領導，就在這個時期，烏、哈、特反革命叛國集團乘機就伸進黑手，先後將「內蒙人民革命黨」中央執行委員、國民黨與內蒙人民革命黨的聯絡員、大特務、老牌民族分裂主義分子阿成嘎（現已被逮捕）安插在工學院化工系當系主任，而將蒙修特務、日本的忠實奴才、人民革命黨的骨幹分子、內蒙人民革命黨納盟（現呼盟）支部發起人之一才喜安插在工學院任教務長。

現在讓我們憤怒揭發反動的內蒙人民革命黨的骨幹分子阿成嘎和才喜媚敵叛國的罪行。

1931年「9.18」事變後，中華民族處於水深火熱之中，中國共產黨領導全國各族人民奮起抗日。各族革命人民的優秀兒女前仆後繼，流血犧牲。可是，「內蒙人民革命黨」的頭頭白雲梯、郭道甫早在1927年蔣介石發動「4.12」大屠殺時就背叛了革命，而其黨徒們，這時非但不積極參加抗日救國行列，反而以為時機已到，乘日寇侵略之機，要把內蒙古從祖國大家庭中分裂出去。於是，黨徒們紛紛加入陰謀搞「內蒙獨立」的「內蒙古自治軍」，這個由日寇一手扶植起來的地主土匪武裝，依仗日寇侵略勢力，反漢排漢，親日反共，為日寇占祖國大好河山，殘殺各族愛國胞效犬馬之勞。這個自治軍的頭頭，大蒙奸甘珠爾扎布和真珠爾扎布是日本人訓練出來的忠實走狗，民族分裂分子的頭頭。就是這樣一個血債累累的戰爭罪犯，卻被身為「內蒙人民革命黨」中央執委的阿成嘎吹捧為「蒙古族民族英雄」，他認賊作父，把中國民族的不共戴天的敵人日寇當做蒙族的「救星」，胡說，「日本進中國以前，漢人欺負蒙古人，日本進來後，把漢人欺壓蒙古人的現象化為蒙漢平等，把蒙古人從大漢族主義的壓迫下解放出來，」這是狗奴才對日帝的吹捧達到喪心病狂的地步，還顛倒黑白地說：「日本人進來後，發展了蒙古人的文化，如果沒有日本人進來，今天蒙古族幹部從哪裡來？日本人給蒙古人建立了興安省，設立軍官學校，把蒙古人的很多學生都培養成了大學生，大部分都留日」。在這個徹裡徹外的日帝狗腿子阿成嘎眼裡，日本鬼子竟成了蒙古族的「救星」，「解放

者」，日寇的燒殺，搶掠竟給蒙族人民帶來了「發展」和「光明」，真是反動透頂！

1945年中國各族人民在我們偉大領袖毛主席和中國共產黨英明領導下，打敗了日帝，終於取得了抗日戰爭的最後勝利，而蔣介石反動派為了奪取抗戰勝利果實，陰謀發動全國規模的內戰。就在我們祖國處於兩種命運的決戰時刻，哈豐阿叛國集團，私通蒙古，密謀策劃「內外蒙合併」，便又重新掛起了「內蒙人民革命黨」這塊破招牌。大肆實行叛國活動。阿成嘎為了達到叛賣祖國的目的，竟不擇手段地污衊攻擊中國共產黨胡說「共產黨，打了什麼仗；如果沒有日本投降，永遠解放不了中國。」污衊我黨「在抗日戰爭時期只是起宣傳作用，沒有與日本人打過什麼仗。」他還惡意挑動蒙漢人民的血肉相連的關係，說：「解放戰爭中，蒙古人起了很大作用，沒有蒙古人參戰，在三年的內全部解放是不可能的。」這個反動透頂的傢伙的直言不諱的供認和人民革命黨的反共叛國綱領中，如出一轍。在這個綱領中這樣寫道：1945年蘇聯和蒙古對日村宣佈正義戰爭，從內蒙古土地上趕走了日本鬼子，使內蒙古人民擺脫了帝國主義的奴役。」看，阿成嘎為了背叛祖國，竟然不顧事實顛倒歷史喪心病狂地抹殺中國共產黨領導中國人民打敗日帝侵略者的決定性作用。1946年初，哈豐阿叛國集團，在人民革命黨綱領指導下，一方面瘋狂地搞所謂「內外蒙全併」簽名運動，一方面又迫不及待地在烏蘭浩特成立了所謂「東蒙政府」，他們當時還通電人民公敵蔣介石，並用盡最美好的語言，肉麻地吹捧獨夫民賦蔣介石，說什麼「我們深切地信任中華民國的國民政府是為人民群眾服務的革命政府，尤其我們看到蔣介石先生關於民族政策聲明後，感到自己的未來前途有無可限量的光明，並以萬分熱誠向偉大的蔣介石的革命精神以謝意。」通電致意，肉麻地吹捧還嫌不夠，他們又派瑪尼巴達拉等七人代表團去重慶，向蔣介石乞求承認東蒙黑政府、而阿成嘎就是這七人代表團的要員之一。

毛主席教導我們說：「**民族鬥爭，說到底，是一個階級鬥爭問題。**」又指出，「**地主階級對於農民的殘酷的經濟剝削和政治壓迫，迫使農民多次地舉行起義，以反抗地主階級的統治。**」代表王公貴族、大地主、大牧主階級利益的人民革命黨卻用民族問題掩蓋階級鬥爭，否認階級壓迫，維護剝削階級利益。在他們的綱領中，甚至慷慨激昂地宣佈「對於惡霸之財產，沒有必要動」而阿

成嘎也經常散佈說：「我們蒙族沒有剝削，如果有剝削，只是剝削公牛。」他們就是這樣用民族作幌子抹殺階級和階級鬥爭，掩飾他們一小撮民族敗類背叛祖國的罪惡目的。

阿成嘎夥同我院另一個內蒙人民革命黨骨幹分子、蒙修特務、民族分裂主義分子才喜進行分裂祖國的罪惡活動。

才喜，原名德古權，是內人黨納盟支部發起人之一，他大哥德古來，是偽蒙疆政府的財政部長，兼偽興安委員會付主任，於解放前逃往臺灣。才喜這個陰險、狡猾的老牌民族分裂主義分子，早在1942年日本留學時，就是一個崇拜日本軍國主義的洋奴才，在日本時，曾經動手打一個唱「滿江紅」的愛國中國留學生，得到日寇的讚揚。回國後還念念不忘在日本時的生活，說「日本人罵人也罵得文明」，「日本的鍋做飯，也比中國鍋做飯好吃。」就是這個傢伙，1945年企圖由張家口逃往蒙古未成。在46年乘七人代表團去重慶乞求蔣介石承認東蒙黑政府時，才喜的老婆竟捎信給蔣介石的臭妖婆宋美玲，說什麼「蒙古族婦女期望您來解救他們」。真是一丘之貉。1947年1月才喜和敖勤學等人，一起組織了人民革命黨納盟支部，並在會上討論了該黨的綱領和宗旨。同年三月，又開會討論了內蒙人民應該有自己的黨，以後參加了在內蒙東部召開的代表會議。才喜在這次會議上極力主張內外蒙合併，或是內蒙獨立，甚至攻擊和污衊共產黨是新型的大漢族主義者。才喜在搞民族分裂活動方面，早已成了蒙修的特務了。是在1946年3月，在王爺廟由卓羅巴圖爾介紹，才喜認識了一個蒙修特務，其後才喜給那個蒙修特務遞送情報。1947年3月，在內蒙代會議結束之後，才喜又認識了兩個蒙修特務，後來，才喜在中長鐵路蘇聯軍事代表協巴科夫家給那兩個蒙修特務提供情報。1959年，才喜還通過與蒙修通長途電話傳送情報。才喜在師院工作期間，就參與了特木爾巴根民族分裂集團，極力鼓吹蒙漢分校，大張旗鼓地搞民族分裂活動。到工學院後，仍與特木爾巴根勾勾搭搭，宣揚特如何「精明能幹」、「工作有方」等等。

阿成嘎和才喜這兩個民族分裂主義分子，到處宣揚他們的最高綱領，說什麼「內外蒙的統一，根本是全體蒙古人民的希望。」阿成嘎還揚言：「我去蒙古，去有條件，要帶一部分地區去蒙古才可以。」為實現背叛祖國的陰謀，他們還在我院學生中發展他們的黨徒。原工學院學生，民族分裂主義分子嘎爾

迪（已被捕），和阿成嘎來往密切。嘎爾迪對阿成嘎說，「我們幾個有民族情緒的人，想建立一個組織，」阿成嘎聽後歡喜若狂，稱讚說：「你們有這樣的民族感情，遠大的抱負，是好的，我們非常瞻望你們這樣偉大的理想，你們這些年輕人應該有這樣偉大的志向。」又指示說：「你們有什麼能力呢？以什麼做武器呢？看了多少書？光有民族熱情是不行的。要有本事，等待時機」，阿成嘎還恬不知恥地介紹自己搞民族分裂的經驗，為其黨徒立榜樣。他說「為蒙古人的事業，奮鬥了四、五十年什麼了沒成功，我為蒙古人的事業奮鬥了一輩子，什麼也沒成功，現在內外蒙合併得等待國際形勢的變化，現在是準備力量的時候。」他還對嘎爾迪說：「回去吧！好好學習，掌握本領，等待時機吧！」小黨徒嘎爾迪聽完後感激涕零地對這個老牌民族分裂主義分子說：」正需要你這樣有經驗的人領導我們。」從此，阿成嘎領導其黨徒們瘋狂地反對黨的領導，攻擊社會主義制度，大搞民族分裂。

民族分裂主義分子嘎爾迪也是才喜的黨羽。1962年嘎爾迪用蒙文寫了一篇紀念成吉思汗誕生八百周年的文章，要到院播音室廣播，受阻。嘎爾迪便找其主子才喜，才喜大力支持，親自到播音室，責令讓嘎爾迪廣播，放毒達二十多分鐘。嘎爾迪得到才喜的支持，反革命活動更加猖狂了。

1963年，嘎爾迪、阿成嘎糾集了幾個人在阿成嘎家密謀，企圖利用一個蒙族學生退學問題鬧事，才喜當時也參與策劃此事。

夠了！無論是白記老人民革命黨，還是哈記新人民革命黨；無論是人民革命黨的頭頭，還是黨棍、骨幹、黨徒；無論是其綱領，還是實際活動，都足以說明，內蒙人民革命黨是一支親日、擁蔣、反共、叛國、大搞民族分裂的反革命別動隊，是一個反黨、叛國分裂集團。就是這個反黨叛國分裂分裂集團，多年來大肆製造叛國、分裂、反革命輿論，暗地發展大批黨徒。現在，還繼續開反革命黑會，給蒙修寫反革命黑信，這樣的黨，必須徹底揭露，堅決摧垮！

當前，如何對待揪鬥烏、哈、特反革命叛國集團及由烏、哈、特所長期把持的反革命別動隊──內蒙人民革命黨問題，是兩條路線鬥爭的問題，是站在毛主席革命路線一邊，徹底揭露、堅持摧垮烏、哈、特反黨叛國集團，加強各族人民團結，保衛祖國統一呢？還是站在烏、哈、特一邊，美化、包庇、明打暗保，分裂各族人民團結，破壞祖國統一。

我國各族人民只有一個偉大的祖國——中華人民共和國，領導我們各族人民革命事業的核心力量，只有偉大的中國共產黨，偉大的領袖毛主席是各族人民心中最紅最紅的紅太陽！

大海航行靠舵手，幹革命靠毛澤東思想，讓我們各族革命人民緊密團結起來，奮起毛澤東思想千鈞捧，把烏、哈、特反黨叛國集團及其御用反革命別動隊——內蒙人民革命黨，砸個稀巴爛！讓紅太陽永遠永遠地照亮內蒙古草原！

堅決鬥倒、鬥垮，鬥臭「內蒙古人民革命黨」

內蒙古醫學院東方紅公社

我們內蒙古醫學院東方紅公社全體戰士，滿懷怒憤，揭發控訴烏蘭夫反革命集團的重要組成部分，「內蒙古人民革命黨」的反黨叛國的滔天罪行。無數鐵的事實證明了這個由王公貴族，地主，牧主，日本間諜，蘇蒙修特務，偽滿官僚，反動軍官，民族分裂主義分子等牛鬼蛇神，組成的所謂「內蒙古人民革命黨」，是一個地地道道的反革命黨，法西斯黨，是一個堅決反對中國共產黨，反對無產階級革命，無恥吹捧人民公敵蔣介石，積力追隨國民黨的反動組織，是一個瘋狂製造民族分裂，破壞祖國統一，大搞叛國活動的反革命集團，是一個名符其實的內蒙古國民黨。在日本帝國主義侵略中國時期，這個所謂反對民族壓迫，大喊大叫民族解放的「內人黨」，完全五體投地的拜倒在日本強盜腳下，妄圖利用日寇的武力來達到其分裂祖國的目的，紛紛投靠日本，認賊作父。「內人黨」黨魁哈豐阿，特木爾巴根，朋斯克之流糾集於日本豢養的忠實走狗甘珠爾扎布的「內蒙古自治軍」中，哈豐阿擔任第三軍司令部祕書長，特木爾巴根當了團參謀長，充當了日本帝國主義侵略鎮壓和屠殺內蒙古各族人民的最殘暴的幫兇，由於為日本主子賣力，屠殺人民有功，深受重用，博彥滿都當上了偽興安部省省長，哈豐阿成了偽興安總省參事官和偽滿第一任駐日大使館祕書。至此，內人黨完全成了日本帝國主義侵略、鎮壓、屠殺內蒙各族人民的得心應手的工具。同時哈豐阿，朋斯克之流與日本關東軍特務機關長金川來往為密切，為日本特務機關幹盡了叛賣民族，出賣祖國的罪惡勾當，而額爾

敦陶克陶，德力格爾之流，則在瀋陽成為日本帝國主義的御用文人，和日寇一唱一合叫嚷「滿蒙非中國領土」「滿蒙提攜」等反動謬論。總之，在「九一八」到八一五的十四年中，內人黨的主要頭目和骨幹黨徒幹盡了出賣民族，分裂祖國的反革命勾當，完全墮落為民策的敗類，祖國的叛徒。我們偉大領袖毛主席教導我們說：「**大土豪，大劣紳，大軍閥，大官僚，大買辦們的主意早就打定了。他們過去是，現在仍然是在說，革命（不論什麼革命）總比帝國主義壞。他們組成了一個賣國賊營壘，在他們面前沒有什麼當不當亡國奴的問題，他們已經撤去了民族的界線，他們的利益同帝國主義的利益是不可分離的，他們的總頭子就是蔣介石。這一賣國賊營壘是中國人民的死敵。假如沒有這一群賣國賊，日本帝國主義是不可能放肆到這步田地的，他們是帝國主義的走狗**」。偉大領袖毛主席的這一偉大教導恰如其份的刻劃出了「內人黨」的賣國賊本色。

在1945年10月下旬，「內人黨」冒充內蒙古人民的民意，向外蒙派出包括哈豐阿，博彥滿都，特木爾巴根，額爾敦陶克陶的代表團，進行「內外蒙合併」的罪惡活動，哈豐阿等人在外蒙多次受蒙修當局和蒙修公安部門的接見，策劃於密室，接受了建立特務情報網的黑指示。每個人都填了表，照了像，哈豐阿等人至此成為蘇蒙修的情報特務。回國後以給蘇蒙聯軍搜集情報為名，大搞叛國投敵，裡通外國的反革命活動。

毛主席教導我們說：「**我們說帝國主義是很兇惡的，就是說它的本性是不能改變的，帝國主義分子決不肯放下屠刀，他們也決不能成佛，直至他們的滅亡。**」

1946年1月，哈豐阿在瀋陽祕密活動之後，勾結了從蘇軍俘虜營放出來的偽滿第二師少校司令部部副阿民布和，陰謀策劃建立名字叫《阿米道爾拉》的龐大的情報網。哈豐阿親自把他的心腹蘇蒙修特務，內防總局局長張尼瑪推薦給阿民布和。當阿民布和在烏蘭浩特找到張尼瑪並談到此事時，張尼瑪得意而又帶輕視地說：「這件事我們早就有聯繫，我們可以稍帶辦一下……」這句話充分暴露了老牌特務哈豐阿，張尼瑪之流還有更大反黨叛國的特務機構。

哈豐阿、阿民布和的特務情報組織《阿米道爾拉》直接和蘇修遠東情報局第三處及蒙修聯繫，轉送情報的地點設在蒙修的搭木斯科。偽滿反動軍官阿

民布和在「內人黨」黨魁哈豐阿的指揮下，大肆網羅日特，蒙奸，和反動的民族上層，把哈豐阿的死黨張尼瑪，「內人黨」的高級黨徒中央執行委員木倫，「內人黨」徒骨幹分子貢嘎，嘎儒布僧格，賽音布和，道爾吉，戈更夫等二十多人安插在這個情報網內，並由偽滿反動軍官阿民布和小舅子戈更夫親任該情報網的祕書。讓哈豐阿死黨貢嘎擔任通訊工作。讓距離外蒙僅一百多里的阿爾山辦事處處長賽音布和負責內外蒙的情報聯絡工作。哈豐阿還將這些傢伙分配在內蒙各地，指定阿民布和負責內蒙西部地區，張尼瑪負責東部地區的情報工作。並在烏蘭浩特、振車、洮南、突泉、海拉爾、阿爾山、林東、大板、通遼、魯北、昆都、開魯、經棚等地都建立起情報點。這個以「內人黨」為核心的《阿米道爾拉》特務機構，他們有組織有計劃，制定代號、定時、定點、單線聯繫，大量發展聯絡員。多次私越國境，傳送情報，領取指示，曾猖狂活動盛極一時。這樣做還嫌不夠，於是他們又祕密派人去蒙古學電臺技術，並領取了大量的情報經費，甚至還有精良的武器裝備，準備大搞無線電通訊情報，老特務哈豐阿家裡私設電臺直通蘇蒙修。就這樣，以哈豐阿為首的這夥「內人黨」徒們瘋狂地進行著裡通外國，反黨叛國的罪惡行動。他們在內蒙各地廣泛地搜集和刺探重要情報，送給蘇蒙修，作為哈豐阿之流陰謀搞內外蒙合併，分裂祖國的反革命資本。毛主席教導我們說：「**帝國主義者和國內反動派決不甘心於他們的失敗，他們還要作最後的掙扎。在全國平定以後，他們也還會以各種方式從事破壞和搗亂，他們將每日每時企圖在中國復辟。這是必然的。毫無疑問的。我們務必不要松解自己的警惕性。**」這個名叫《阿米道爾拉》（漢語意思叫做「生活」的特務組織也決不甘心於他們的失敗。直到目前仍然放肆的活動著！已經混入我國外交部的《阿米道爾拉》特務組織的祕書戈更夫，最近活動猖狂，甚至寫信給阿民布和訂攻守同盟，頑抗到底！混入黨內的竊取了原檢察付院長，醫學院黨委書記兼院長的蘇蒙修特務木倫在特古斯之流的包庇下一直拒絕向黨組織交待他裡通外國，反黨叛國的罪行。在1962年正當國際、國內兩個階級、兩務道路鬥爭極端尖銳，帝、修、反、聯合反華，蒙古修正主義面目大暴露，中蒙關係緊張，牛鬼蛇神紛紛出籠的時候，木倫以為時機已到，又一次跳出來竟和他十六年前發展的情報聯絡員進行單線聯繫，大肆進行反革命活動，妄圖收羅舊部人馬，重振旗鼓，配合國內外階級敵人奪回他夫去的天

堂，復辟資本主義。

　　哈豐阿的死黨反革命修正主義、民族分裂主義分子木倫，在自傳上曾赤裸裸地自我暴露說「我積極打算著內外蒙合併。因為內外蒙合併，我這樣的人可以有相當的地位。尤其是內蒙懂得共產主義的人實在鳳毛麟角，如果同中國合併，我就吃不開了」「我主張內外蒙併，蒙古民族獨立，」這樣「作為民族可以長期存在，然後再去發展經濟，文化」。木倫對中國共產黨又是什麼態度呢？我們看一看他在自傳上寫的一段話：「正因為個人利益的投機思想，所以對各種民族主義可以作一番鬥爭，可以毫不懷疑地靠近共產黨。但革命的利益不允許我的個人利益發展時，我又是一個徹底狹隘的民族主義者，我也毫不留戀地反對共產黨」。夠了，這就完全暴露了「內人黨」中央執行委員木倫的反動本質。木倫投靠了哈豐阿之後，經常出入哈豐阿家門。有時甚至就住到哈豐阿家裡，關係十分密切，木倫為哈豐阿出謀劃策效盡犬馬之勞。在當時有人背地裡給木倫起了幾個外號叫「哈豐阿小參謀」。為此，木倫倍受哈豐阿重用，成為哈豐阿的心腹。所以哈豐阿授意木倫、義達嘎、特古斯之流，祕密組織《新內人黨》。這個新字，還是木倫發揮其反革命天才給加上的。為此，木倫大受其黑主子哈豐阿的讚賞。木倫參加情報員之後，就積極利用他內防總局情報科付科長的職權，為蒙修提供了大量情報。木倫反黨叛國罪惡滔天，罪該萬死！

　　下面揭發控訴「內人黨」哈豐阿、張尼瑪、木倫、嘎儒布僧格之勾結蘇修特務班斯日格其大搞反黨叛國的又一滔天罪行。

　　在1945年12月初，哈豐阿之流從蒙古人民共和國內防部把蒙修特務班斯日格其接來我國，長駐在哈豐阿的東蒙政府。班斯日格其住的小院，和哈豐阿的住宅僅隔一道牆。更便於進行反革命活動。哈豐阿把這個蒙修特務奉為上賓，特指令他的心腹內防總局局長張尼瑪、木倫、嘎儒布僧格保護班斯日格其的人身安全，讓班斯日格其直接控制內防總局的情報工作。內防總局局長長尼瑪、內防總局情報科科長嘎儒布僧格，木倫等秉承他們主子的意旨。直接為班斯日格其收集大量情報，進行裡通外國的叛國活動。而蒙修特務班斯日格其在「內人黨」的支持下，瘋狂進行反革命顛覆活動。他隨帶一電臺，又親自發展了丹巴仁親等人為情報員，大量地無孔不入地，刺探和搜集情報，並且一直以蒙古

政府代表身分出現，站在哈豐阿一邊，配合哈豐阿的「內人黨」徒在陰暗的角落裡惡毒地散佈「蒙古獨立」「內外蒙合併」的反動言論。在1947年「五一」大會前後，班斯日格其煽陰風點鬼火，大肆鼓吹要內蒙脫離中國共產黨的領導，積極扶植蘇蒙修日本特務哈豐阿上臺。「五一」大會以後，祕密指導張尼瑪、拉克辛畢力格、丹巴仁親組織《農牧民前進會》，陰謀製造武裝暴亂，對抗中國共產黨的領導。當這一陰謀敗露，張尼瑪即將入人民法網的關鍵時刻，又是這個蒙修特務一張尼瑪密謀，支持張尼瑪逃蒙。這個罪惡滔天的蒙修特務班斯日格其長期以來在內蒙幹盡了一系列顛覆我國的間諜活動，竟然在1951年以堂堂的蒙古外交官的身分大搖大擺的離開了中國。為什麼蒙修特務竟然能在47年至51年長達三年的時間內安然無恙的長駐我們的領土烏蘭浩特？這一起性質極為嚴重的裡通外國的叛國案件的總後台就是烏蘭夫、哈豐阿。這是「內人黨」反黨叛國，陰謀分裂祖國，妄圖實現「內外蒙合併」的又一反革命罪證。由此也可看出，當時東蒙政府內防總局實際上就是為班斯日格其等蒙修特務公開收集情報的得力工具，同時又是「內人黨」裡通外國，叛賣祖國的黑據點！

　　然後，就是這樣一個黨，就是這樣一批祖國的叛徒，民族的敗類，都被「當代王爺」烏蘭夫看在眼裡，喜在心裡。烏蘭夫為了實現他的「大蒙古帝國」「成吉思汗第二」的狼子野心，招降納叛，結黨營私，在「四三」會議及其以後的一段時間裡，與「內人黨」的黨魁哈豐阿作成一筆政治交易，幾乎把「內人黨」全部人馬拉進共產黨內。統統地安插在黨、政、軍、財、文等各個部門，並且竊取了這些部門的領導權。就這樣「內人黨」變成了烏蘭夫反革命修正主義，民族分裂主義集團的一個極其重要的組成部分。毛主席教導我們說：「**過去說是一批單純的文化人，不對了，他們的人鑽進了政治、軍事、經濟、文化、教育各部門裡。過去說他們好像一批明火執仗的革命黨，不對了，他們的人大都有嚴重問題的。他們的基本隊伍，或帝國主義國民黨的特務，或是托洛茨基分子，或反動軍官，或是共產黨的叛徒，由這些人做骨幹組成了一個暗藏在革命陣營的反革命派別，一個地下的獨立王國**」。

　　「內人黨」就是這樣一個暗藏在革命陣營裡的反革命派別，一個地下的獨立王國。

　　可是，值得特別注意的是，直到目前，仍然有個別人唱著烏蘭夫的腔調胡

說什麼「內人黨」沒定過反動黨派，「有進步的一面」。當蘇蒙修特務是「革命行為，光榮歷史，沒啥問題」。以此繼續矇騙一部分群眾，保護即將要遭到滅頂之災的烏蘭夫殘餘勢力。我們正告這些人，你們到處保「內人黨」骨幹，蘇蒙修特務的黑手一定會被革命群眾砍斷！一定會被橫掃烏蘭夫殘餘勢力的鐵掃到歷史的垃圾堆裡，成為不齒於人類的狗屎堆！

「宜將剩勇追窮寇，不可沽名學霸王」

同志們！讓我們乘著奪權無產階級文化大革命全面勝利的浩蕩東風，遵循偉大領袖毛主席**「你們要關心國家大事，要把無產階級文化大革命進行到底」**的教導，將烏蘭夫，哈豐阿安插在各條戰線，各個部門的大大小小代理人，全部徹底揪出來，把他們鬥倒！鬥臭！鬥垮！

把向烏蘭夫反黨叛國集團的奪權鬥爭進行到底
──徹底清算「內蒙人民革命黨」篡奪無產階級政權的滔天罪行

內蒙古大學「八一」戰鬥隊

光輝燦爛的一九六八年來到了！《人民日報》、《紅旗》雜誌、《解放軍報》一九六八年元旦社論激動人心地寫到：

「在新的一年中，全黨、全軍、全國無產階級革命派和全國人民，要更高地舉起毛澤樂思想偉大紅旗，以毛主席的最新指示為綱，鼓足幹勁，力爭上游、再接再勵，從思想上、政治上、經濟上、組織上奪取無產階級文化大革命的全面勝利。」

這是無產階級司令部的聲音，是我們偉大領袖毛主席制定的偉大的戰略目標！一九六八年剛剛開始，呼和浩特市的無產階級革命派召開這樣一個大會，這正是按照毛主席制定的偉大戰略目標，奪取無產階級文化大革命的全面勝利的一次誓師大會。

要奪取內蒙古無產階級文化大革命面勝利，就必須思想上、政治上、經濟上，組織上更加深入展開向烏蘭夫反黨叛國集團的奪權鬥爭，徹底揭開在大好形勢下，某些陰暗角落的階級鬥爭的蓋子，把烏蘭夫的殘黨餘孽掃除乾淨。

　　我們偉大的領袖毛主席教導我們：「**世界上一切革命鬥爭都是為著奪取政權，鞏固政權。而反革命的拼死同革命勢力鬥爭也完全是為維持他們的政權。**」

　　列寧曾經指出：一切革命的根本問題，是國家政權問題。政權，就是階級對階級專政，階級的專政實際上又是這個階級的政黨的專政。政黨的性質，決定著這個政黨所領導的政權的性質。有什麼樣性質的黨，就有什麼樣性質的政權。可以這樣說，政權問題的核心，是一個政黨的問題。

　　一切反革命派也很懂得這個道理，他們很清楚，要想變成無產階級專政為資產階級專政，必先改變共產黨的性質。因此他們瘋狂進行資本主義復辟活動時，首先是從篡黨開始，他們妄想鑽進共產黨內部，以改變共產黨的性質來改變無產階級專政的鮮紅顏色。反革命修正主義、民族分裂主義分子烏蘭夫，就是這樣一個大陰謀家，大野心家。

　　廿年來，烏蘭夫為了實現他分裂祖國建立資產階級專政的「大蒙古帝國」的罪惡目的，利用他在共產黨內所竊取的職權，推行了一條地地道道反黨叛國的組織路線。他結黨營私，招降納叛，把一批反革命修正主義、民族分裂主義分子、叛國分子、蒙奸日特，拉入共產黨內，精心培植，成為他反革命篡黨活動的得心應手的工具，在大量的篡黨活動中，烏蘭夫把「內蒙古人民革命黨」黨魁黨棍幾乎全部拉入共產黨，這是他篡黨活動中最突出的一例。

　　所謂「內蒙古人民革命黨」實際上是一個反革命黨，叛國黨，是蔣介石國民黨設在內蒙後個特別「支部」，是日本帝國主義和蒙修的特務情報機構。這個反革命黨，在中國革命的每個重大歷史關頭，始終站在反動的資產階級民族主義的立場止，維護帝國主義、封建主義和官僚資本主義的利益。反對各族革命人民，反對偉大的中國共產黨，反對我們敬愛的領袖毛主席，對中國人民的革命事業，犯下了不可饒恕的罪行。但是內蒙古黨內最大的走資派烏蘭夫為了使夥同「內人黨」篡奪無產階級政權的謀不至暴露，多年以來竭力為「內人黨」塗脂抹粉，宣揚「內人黨」是「革命」的「進步」的，是「有歷史功績」的。一九五六年，烏蘭夫更利用職權，以內蒙黨委名義給「內人黨」做了一個書面結論。在這個結論裡，烏蘭夫反黨判國集團採取極為卑鄙的手法，歪曲事實，偽造歷史，千方百計為「內人黨」開脫罪責。竟無恥地吹捧「內人黨」是

「反對帝國主義」、「反對民族壓迫」、「有與共產黨做朋友的思想基礎」。並美化人民革命黨的黨徒，說：「他們一經和我黨接觸」」很快即接受了我黨的領導」，還胡說什麼他們在「幾年的馬列主義教育中提高了政治覺悟」，在內蒙古的革命鬥爭中「站到了我黨和人民的方面」等等。然而「墨寫的謊言，絕掩蓋不住血寫的事實」，「**假的便是假的，偽裝應當剝去。**」下面我們根據一些不完全的調查材料，看看「內人黨」究竟是什麼東西。

首先，我們看看這個黨的成員。這個黨的黨員幾乎全部是封建王公、貴族、偽滿官吏、反動軍官，以及附屬於這些階級和階層的知識分子。在「內人黨」的黨章中就明確地規定：「貴族和富人」通過六個月的候補期就可能入黨。這個黨名為「人民革命黨」，實際上則是一個封建的資產階級民族主義的反革命政治集團。

第二，我們看看「內人黨」的綱領。這個黨在它的黨綱中明確地寫道：「內蒙古人民革命黨」為統一內蒙古，實現蒙古民族的團結、統一和獨立……而鬥爭。」「第一步統一內蒙古，並在適當的時機實現全蒙古民族的團結、統一和獨立。」「內人黨」所發佈的」八一八宣言」中，更明確地指出：內蒙古要「成為蒙古人民共和國的一個部分。」還可以查到，哈豐阿在對其部下的所謂「指示」中，曾多次強調「內人黨」的八一八宣言，就是「內外蒙合併的宣言」。顯然，「內黨」的綱領，是一個極為反動的資產階級民族主義綱領。「內人黨」企圖通過這個綱領，用一個虛偽的超階級的民族主義口號——「內外蒙合併」，掩蓋他們要建立資產階級政權的階級實質。在他們「內外蒙合併」的破旗後面，隱藏著的正是資產階級專政的屠刀。也許有懷疑這樣的分析，那麼，就讓我們用「內人黨」的歷史去作證吧。

第三，「內人黨」的罪惡歷史。內蒙古人民革命黨，原名「內蒙古國民黨」。

1927年，不蔣介石叛變革命瘋狂屠殺共產黨人的時候「內人黨」的創始人白雲梯、郭道甫緊跟蔣介石叛變了革命。「內人黨」把它僅有的一個團的兵力，完全交給了國民黨地方勢力馮玉祥去鎮壓人民革命。白雲梯則跑到蔣介石那裡去當國民黨的中央委員。

「九一八」事變以前，「內人黨」的頭目哈豐阿、博彥滿都等為了依仗

日本人的勢力，建立資產階級偽政權，便一頭扎在日本人的懷抱裡。早在一九三〇年，哈、博等人就同日本鬼子祕密勾結，從日本鬼子那裡獲得武裝援助，同日寇合謀建立了「內蒙古自治軍」。不久，便挑起了有名的「紅槍」武裝叛亂，用日本鬼子的「七九」大蓋槍，屠殺漢族同胞。數月之中，血染遼寧、熱河、內蒙東部廣大城鄉，為日本帝國主義發動「九一八」事變掃清了道路。

偽滿建國以後，哈豐阿本人又成了偽滿洲國駐日本大使館第一任高級參議。幾年之後，哈豐阿從東京回到內蒙，當上了偽滿興安總省參事官。博彥滿都則被任命為興安總省省長。其他人民革命黨的黨魁黨棍亦成了偽興安四省軍警和地方政府的高級官員。

一九三五年，哈豐阿、博彥滿都等人把從「內蒙自治軍」改編來的興安騎兵派往我東北抗日根據地，配合日本帝國主義鎮壓我抗日軍民。

一九三七年，哈豐阿叛國集團直接參與蘆溝橋事變。

一九三九年，又同日寇共同策劃挑起諾門汗戰爭，並將偽興安軍擺在第一線，充當日寇炮灰，為日本帝國主義的侵略戰爭賣力。

一九四三年太平洋戰爭爆發後，哈豐阿叛國集團組織「鐵血部隊」入關，協同日寇對我八路軍作戰，對解放區、游擊區人民實行空前野蠻的「三光」政策。燒、殺、搶、掠，無惡不做，殘酷鎮壓祖國人民。

一九四四年，他們又夥同日寇在內蒙東部推行所謂「大儲荷運動」，為挽救日寇失敗的命運效盡犬馬之勞。

鐵的事實證明，在抗日戰爭時期，「內人黨」同日寇狼狽為奸，共同鎮壓我國各族人民的抗日救國鬥爭，安完全充當了日本帝國主義侵略我國的忠實走狗和幫兇。內蒙人民革命黨對祖國人民犯下了滔天大罪。

日本帝國主義投降以後，人民革命黨的黨徒變成了喪家的乏走狗。這時蔣介石國民黨為吞併抗戰勝利果實又一次挑起內戰，「內人黨」的要員們也似乎找到了一個完成他們反革命事業的好機會。他們加緊策劃新的陰謀，趁火打劫，妄圖借國民黨猖狂反共之機，篡奪抗戰勝利果實，並依靠蘇聯和外蒙的力量，走反動的資產階級民族復興的道路。於是這些老傢伙們在一九四五年冬天又打出「新內人黨」的旗號，和中國共產黨的領導分庭抗禮，瘋狂地反對中國共產黨領導下的內蒙古各族人民的解放鬥爭，反對毛主席的光輝思想。

　　毛主席指出：抗日戰爭勝利以後，我國各族人民面臨的任務是打垮蔣介石，徹底完成新民主主義的革命，建立各民族統一的國家，走上社會主義革命的新階段。「內人黨」卻極力反對中國共產黨領導。一九四六年年初，哈豐阿打著「新內人黨」的旗號，第二次去蒙古，回來後大搞內外蒙合併的簽名運動，反對各族人民建立統一的國家，一九四六年五月一日，哈豐阿等又急急忙忙成立「東蒙政府」，為內蒙古獨立和內外蒙合併打基礎。內人黨對中國共產黨極端仇視，他們百般阻撓中國共產黨對內蒙人民革命的領導。在這個時期，他們大力宣揚什麼：內蒙古不需要共產黨，中共只能領導漢人，蒙古人的問題「中共干涉不著」。他們的中央執委沙格拉扎布惡恨恨地叫嚷他們不是「給中共當走狗的東西」，他還污衊我人民解放軍是「侵略者」，胡說「中共在內蒙駐軍隊，那是用各種方式來侵略的」在他們「致國民黨黨員書」中竟恬不知恥地說「本黨是解放內蒙古民眾唯一的黨」，這是明目張膽地反對中國共產黨的領導。他們反共反人民的反革命氣焰何等囂張。相反，他們對人民公敵蔣介石卻畢恭畢敬，對國民黨反動派倍加頌揚。他們又是派代表團去南京進見蔣該死，頂禮膜拜，又是散發「致國民黨黨員書」，以表衷懷，同時頻頻到哈爾濱、長春、瀋陽等地，同國民黨地方勢力勾勾搭搭。哈豐阿竟肉麻地吹捧蔣介石為「偉大的領袖」，說「我們是深切地信任中華民國的國民政府是為人民群眾服務的革命政府。尤其我們看到蔣介石先生關於民族政策的聲明後，我們內蒙民眾感到自己的未來前途有無可限量的光明，並以萬分的熱忱向偉大的蔣介石先生的革命精神致以謝意。」同時竭盡焰媚之能事，向國民黨賣乖。說什麼以「現在蒙古地帶，處處都有內蒙人民革命黨的活動和工作，所以深望貴黨對我們的工作要加以諒解和援助，如有和蒙古地帶聯絡的事情，希望和我們的各級黨部聯繫，以免直接工作而致發生誤會。我們在蒙古地帶活動，和貴黨在漢地帶的活動是一致的。我們的活動絕對沒有妨害貴黨的地方，同時，我們也希望貴黨對我們的工作不要發生誤會或者阻礙。因為我們在革命的立場上來看，則我們內蒙古人民革命黨與國民黨是站在一條路線上的。在更大更高觀點上來看的時候，我們兩方的活動，是分工合作，殊途同歸的。」

　　妙極了！寥寥數語，完全暴露了解放戰爭時期，「內人黨」同蔣介石國民黨同流合污，反共反人民的猙獰面目。

　　根據上面這些簡單材料，我們完全可以將人民革命黨的性質給以概括：內蒙古人民革命黨絕不是烏蘭夫所吹噓的什麼「革命黨」、「進步黨」，而是反革命黨，徹頭徹尾的反革命黨。

　　就是這樣一個反革命黨，卻被烏蘭夫看在眼裡、愛在心上。烏蘭夫看到，這個反革命黨，可能成為他篡奪無產階級政權的一股很大的勢力，可以成為他進行反黨叛國活動的得力幫兇，於是在一九四六年，「四三」會議上，烏蘭夫和當時「內人黨」的頭目哈豐阿做了一筆政治交易：哈豐阿承認烏蘭夫的「領袖」地位，而烏蘭夫就把「內人黨」的黨徒統統包下來拉入共產黨內，並一一委以重任，一九四七年「五一」大會以後，烏蘭夫更把「內人黨」的骨幹大量地安插在自治區各個重要部門，瘋狂地進行篡奪無產階級領導權的罪惡活動。

　　二十年來，「內人黨」的黨棍們在烏蘭夫包的庇縱愿下，官運亨通，飛黃騰達，漸逐篡奪了內蒙古黨、政、軍、財、文各種領導大權。內蒙古的無產階級政權，就是這樣被這樣一夥牛鬼蛇神把持著。他們在內蒙古飛揚跋扈，為非做歹，瘋狂地對無產階級實行反革命專政，內蒙古變成了針插不進去，水潑不入的獨立王國。

　　毛主席早在一九五五年批判胡風反革命集團時指出：**過去說是「小集團」，不對了，他們的人很不少。過去說是一批單純的文化人，不對了，他們的人鑽進了政治軍事、經濟、文化、教育各個部門裡。過去說他們好像是一批明火執仗的革命黨，不對了，他們的人大都是有嚴重問題的。他們的基本隊伍，或是帝國主義國民黨的特務，或是托洛茨基分子、或是反動軍官，或是共產黨的叛徒，由這些人做骨幹組成了一個暗藏在革命陣營的反革命派別，一個地下的獨立王國。這個反革命派別和地下王國，是以推翻中華人民共和國和恢復帝國主義國民黨的統治為任務的。」**毛主席對胡風反革命集團的這段精闢的分析，今天看來，不正是對烏蘭夫和內蒙古人民革命黨這個反黨叛國集團的無情揭露的批判嗎？

　　二十年來，正是這個隱藏在革命陣營裡的烏蘭夫──「內人黨」反黨叛國集團，利用他們篡奪的種種領導權，瘋狂地反對我們偉大的領袖毛主席，反對光焰無際的毛澤東思想，反毛主席的無產階級革命路線，而竭力推行烏蘭夫革命修正主義、民族分裂主義路線。現在該是向他們徹底奪權的時候了。讓我

們更高地舉起毛澤東思想的偉大紅旗，發揚「宜將剩勇追究寇」的不斷革命精神，把烏蘭夫殘餘孽掃除乾淨，奪取無產階級文化大革命的全面勝利！

特古斯黨反黨叛國罪惡滔天

內蒙古黨委機關紅旗總部燎原戰鬥隊

　　毛主席教導我們說：**以偽裝出現的反革命分子，他們給人以假像，而將其真象隱蔽著，但是他們既要反革命，就不可能將其真像隱蔽得十分徹底。**

　　特古斯，是一個鑽進無產階級專政內部的大蒙奸、大特務，是烏蘭夫一手豢養起來的一個哈豐阿為首的以進行民族分裂為宗旨的反革命別動隊──「新內蒙古人民革命黨」的一員大將。二十多年來，特古斯一步一腳印，步步都踏在叛賣祖國，叛賣民族，反黨人民的絕路上，罪惡滔天，罄竹難書。

一、特古斯是所謂「新內蒙古人民革命黨」的反動頭目，是在宣傳文教戰線篡奪大權，進行反黨叛國活動的罪魁禍首

　　一九四六年四月三日的承德會議上，中國最大的民族分裂主義者烏蘭夫，為了先統一內蒙，再從祖國大家庭中分裂出去而達到其建立「大蒙古帝國」的罪惡目的，勾結了哈豐阿所結合的反革命別動隊──內蒙古人民革命黨，達成了合夥經營民族分裂「合股公司」的政治交易。獨夫民賊烏蘭夫，把臭名昭著、反動透頂的內蒙人民革命黨，全盤包庇下來，把大部分黨徒拉入共產黨。從此，內蒙人民革命黨就披上了共產黨的外衣，以合法身分，大肆進行反黨叛國勾當。

　　烏蘭夫、哈豐阿民族分裂合股公司竊踞了內蒙古地區領導大權以後，烏蘭夫把製造民族分裂輿論、培植民族分裂接班人的宣傳文教這個重要陣地分給了哈豐阿掌管。哈豐阿這個反動政客，迫於革命群眾的壓力，感到自己的名聲太臭。於是就挑選心腹特古斯充當總代理人。特古斯利用他所竊踞的自治區黨委委員、宣傳部付部長職權，把「內人黨」的老班底，聲名狼藉的民族上層、反動的蒙奸、特務安插到文教占線，當上了學術「權威」，讓他們篡奪了許多單

位的業務領導權。如：「哈豐阿派往與蔣介石勾搭的代表、老牌民族分裂主義分子桑傑扎布；日特分子、反動政客、哈豐阿拉死黨阿成嘎；和日本、蘇、蒙修有密切關係的阿爾巴金；日偽「青旗報」反動文人，蒙修特務瑪尼扎布；偽滿鐵血部隊少將司令郭文通；反動官僚哈莎巴特爾、那欽雙合爾；人民革命黨執行委員烏雲達來、額爾登太等一群牛鬼蛇神、混蛋王八蛋，竊踞了文教口各單位的業務領導權，專了無產階級的政。

更為嚴重的是，宣傳文教戰線很多單位的黨政領導權被哈豐阿死黨的新班底木倫、貢嘎、巴圖、額爾敦陶克陶、昂日布、德力格爾、索特那木、義達嘎、包彥、厚和特木爾巴根等人篡奪。這樣，自治區宣傳文教占線被烏蘭夫——哈豐阿——特古斯反黨叛國集團專了政。

二十多年來，這支反革命別動隊——「內人黨」的新老班底，一群牛鬼蛇神忠實地推行了烏蘭夫集浪費突然反革命修正主義、民族分裂主義路線，壞話說盡，壞事做絕，與人民為敵到底，再一次犯下了滔天罪行。

在教育界，哈豐阿、特古斯夥同其黨羽，在烏蘭夫反黨叛國集團卵翼下推行一條反漢排漢崇蒙的修正主義、民族分裂主義的教育路線，毒害青少年一代。

在語文界，哈豐阿、特古斯夥同其黨羽，勾結烏蘭夫集團，推行了一條與外蒙統一文字、統一名詞術語、統一基礎方言的修正主義、民族分裂主義的「三統一」路線，組織所謂「四十三人委員會」公開進行內外蒙合併的陰謀勾當。

在出版和學術界，在哈豐阿、特古斯的一手把持下，大量販賣蒙修黑貨，極力泡制《內蒙古歷史概要》、《蒙古族史》等等大毒草，大肆製造反黨叛國輿論，把內蒙古人民出版社和語文歷史研究所演變成烏蘭巴托的「分社」和「分所」。

在新聞界，哈豐阿、特古斯及其黨羽對戰無不勝的毛澤東思想懷有刻骨仇恨，大量散佈「階級調和論」、「階級鬥爭熄滅論」、「內外蒙合併論」、「蒙古一貫獨立論」、「民族特點至上論」等等反黨反社會主義反毛澤東思想的毒素，為他們的反革命復辟搖旗吶喊，鳴鑼開道。

更為猖狂的是，特古斯及烏哈死黨分子還在竭力挑撥民族關係，煽動民族分裂主義分子叛國投修，嚴重地破壞了祖國統一和民族團結。特古斯就是一些

叛國逃蒙的現行反革命事件的黑後臺。

二、特古斯尾隨哈豐阿，勾結國民黨，籌建「東蒙政府」，大搞內外蒙合併

　　臭名昭著的「內人黨」不僅是蒙修的御用黨，烏蘭夫集團的一支反革命別動隊，而且又是蔣介石國民黨的餘孽。日本投降以後，哈豐阿所糾合的代表王公貴族、蒙奸、特務利益的「內人黨」，拼命鼓吹民族分裂，公開打出「內外蒙合併」的旗號，反對共產黨的領導，妄圖阻礙中國革命在內蒙古的勝利。為了達到這個罪惡目的，他們曾派代表去蒙古，向蒙古提出「內外蒙合併」的叛國「要求」，並領受黑指示。回國後，又迫不及待地在烏蘭浩特籌備「東蒙人民代表大會」，籌建「東蒙自治政府」。他們通電人民公敵蔣介石，還派代表去重慶見蔣介石，請求國民黨承認「東蒙政府」，企圖為所謂的「內外蒙合併」，「實現蒙古統一」架起橋樑。在這次反革命的政治交易中，特古斯為其主子哈豐阿立下了汗馬功勞。

　　哈豐阿為了通過成立「東蒙政府」，實現其內外蒙統一的目的，親自出馬，奔跑於海拉爾、長春、瀋陽等地，與海拉爾的哈達（國民黨），長春的吉子祥（蒙名叫吉熱格郎，國民黨興安省頭目之一）美國特務烏爾貢嘎以及蘇聯紅軍少校桑傑等人，祕密進行了一系列帶有國際性的政治交易。其間，哈豐阿每到一地，特古斯都伴隨左右，並參與他們的「會談」。但是，狡猾的特古斯，多年來一直隱瞞這一重大政治問題，矢口否認他參加過這一系列帶有國際性的政治叛賣勾當。然而，特古斯再狡猾也逃脫不了人民的法網，在毛澤東思想的照妖鏡下，特古斯的原形終於暴露無遺了。

三、特古斯及「內人黨」一直沒有停止過叛賣祖國、叛賣民族，
　　反黨反人民的罪惡活動，真是罪惡該萬死

　　毛主席教導我們說：**「國民黨怎樣？看它的過去，就可知道它的現在；看它的過去和現在就可知道它的將來」**。「內蒙古人民革命黨」怎麼樣呢？看它的過去的罪惡歷史，就能知道它的現在。一九四六年四月三日的承德會議以後，反動透頂的「內人黨」，在烏蘭夫的包庇下鑽進了共產黨，然而他們披著共產黨的外衣，一直幹著「內人黨」的勾當。特別是在我國三年經濟困難時

期，他們認國時機已到，緊密配合國內外階級敵人的聯合反革命勾當。

就是這個所謂「新內人黨」的反動黨魁特古斯，1962年冬曾經在北京祕密召集鮑蔭扎布、巴圖、李鴻範等人開會密謀他們的行動計劃。

就是這個所謂「新內人黨」的祖師爺哈豐阿，在他調離內蒙之前，曾經和他的四大金剛木倫、特古斯、鮑蔭扎布、巴圖等人祕密接頭，部署安排以後的行動。為什麼巴圖在文藝整風期間，利用職權包庇一系列民族分裂專案，甚至有關涉及哈豐阿問題的材料連簡報都不讓登呢？難道這與哈豐阿離開內蒙之前的祕密活動沒有聯繫嗎？！

多年來，特別是1960年以來，「內人黨」的活動甚為猖狂，先後召開了幾次代表大會，發現了新黨員。所有這些，難道與哈豐阿、特古斯等人一系列祕密活動沒有關係嗎？難道不值得我們深省嗎？！

我們各族人民的偉大領袖毛主席敬導我們：「**一切反動勢力在他們行將滅亡的時侯、總是要進行垂死掙扎的**」。

面臨著全部、徹底、乾淨覆滅命運的烏蘭夫、哈豐阿反黨叛國集團，不論是已經揪出來的，或是還沒有揪出來的，都將百倍的瘋狂作垂死掙扎，企圖從右的「左」的方面干擾我們的大方向，打亂我們的陣線，向我們進攻。我們要遵循毛主席「**宜將剩勇追窮寇**」的教導，奮起毛澤東思想的千鈞棒，在空前大好的形勢下，充分發動起來的人民群眾，緊緊掌握鬥爭的大方向，又穩、又準、又狠，徹底摧毀烏蘭夫、哈豐阿反黨叛國集團，徹底肅清烏蘭夫、哈豐阿集團的殘餘勢力！

憤怒聲討特古斯之流《在內蒙古日報犯下的滔天罪行》

內蒙吉日報東方紅《抓黑手——砸黑線》

我們偉大領袖毛主席教導我們說：「**凡是要推翻政權，總要先造輿論，總要先做意識形態方面的工作。革命的階級是這樣，反革命的階級也是這樣。**

以偽裝出面的反革命分子，他們給人以假象，而將真象隱蔽著，但是，他們即要反革命，就不可能將真象隱蔽得十分徹底。」

　　修正主義，民族分裂主義分子烏蘭夫，為了實現《內外蒙合併》的野心，在統治內蒙古的二十年來，一直把內蒙人民革命黨說成是有進步意義的，特別是把內蒙人民革命黨黨魁哈豐阿、特古斯等人，說成是內蒙人民革命黨的左翼。不但把這一批叛國分子拉進共產黨，還把他們提升為內蒙黨委委員，安插到重要崗位上去。這和中國赫魯曉夫劉少奇包庇叛徒，加以重用。為其篡黨篡國服務的做法一模一樣，這個陰謀必須揭穿！

　　內蒙人民革命黨不論是老黨和新黨，從成立的第一天起，搞的就是民族分裂，就是叛國活動，所謂的「新內蒙人民革命黨」這個反革命組織的核心人物，在一九四六年初還搞出了個黨綱黨章，特古斯是起草人之一。

　　就是這個披著共產黨員、內蒙黨委委員、內蒙人民革命黨左翼外衣的特古斯，實際是烏蘭夫，哈豐阿派進黨內的宣傳大臣，他們深知製造輿論的重要性，二十年來，特古斯為其新老主子烏蘭夫，哈豐阿大抓輿論工具，採用公開和隱蔽的手法，繼續鼓吹他們人革命黨的宗旨，繼續販賣修正主義，民族分裂主義黑貨，為烏蘭夫、哈豐阿大搞反革命政變，實現所謂「內外蒙合併」，大造反革命輿論。

　　現在我們就看一看，二十年來，烏、哈反黨叛國集團為了大造反革命輿論，是怎麼樣緊緊把持舊《內蒙古日報》，把舊《內蒙古日報》變成修正主義，民族分裂主義喉舌的。

　　從幹部路線上看，烏、哈反黨叛國集團，二十年來先後所安插的付總編上下的人，都是些什麼貨色呢？從舊《內蒙古日報》的前身《群眾報》《內蒙自治報》起，到《內蒙古日報》東方紅無產階級革命派奪權前夕止，報社的當權派幾經變遷，大致可分五屆，但都是換湯不換藥。這些付總編上下的當權派大政大致分三類：一類是烏蘭夫的老班底；一類是哈豐阿的老班底，人民革命黨魁和黨徒；另一類是招降納叛的李貴式的人物。特別是著名的老牌民族分裂主義分子，人民革命黨骨幹，日本特務，蒙修情報員，幾乎都先後派到報社擔任要積。共中，第一任就是包彥、特古斯，其他像嘎格爾泰、額爾敦陶克陶、勞布倉、李鴻範、德力格爾、道爾吉寧布、納‧賽音朝克圖、哈爾巴拉、瑪尼扎布等等、等等，有的曾在報社辦過報，有的直到文化大革命前夕，仍在報社辦報。他們和李貴式人物，三反分子莊坤等人一起，把舊《內蒙古日報》辦成宣

傳修正主義，民族分裂主義，販賣內蒙人民革命黨的黑貨的報紙。

值的指出的是，在烏蘭夫搞反革命政變前夕，在他編織黑五大委的同時，這個，當代王爺，更加重視舊《內蒙古日報》這一輿論機關，並且從組織機構著手，進一步加強他對報紙的控制。他除把報社原總編輯，人民革命黨骨幹德力格爾提拔為黑文委付主任外，第二次把人民革命黨黨魁，烏、哈反黨叛國集團的宣傳大臣特古斯，重新安插到報社做第五任總編輯。並通過特古斯把內蒙人民革命黨黨徒、一貫大搞民族分裂的哈爾巴拉，兩次企圖逃往外蒙未逞的格日樂，內定為付總編。這實際是繼德力格爾之後的第二套班子。在文化大革命初期，特古斯來報社任工作團團長的時候，還是烏蘭夫被揪出，烏蘭夫的反革命政變計劃破產的時候，當時報社的德力格爾，莊坤、瑪尼扎布、哈爾巴拉已被揪出，就在這種情況下，特古斯仍然拼命實現烏蘭夫和他自己的原來計劃，除他親自抓運動、業務之外，把原來由走的格日樂提拔為業務總負責人。在特古斯被報社革命群眾趕出時，他仍念念不忘報紙的「前途」，把運動、辦報大權一古腦兒地交給了被他所賞識的新貴格日樂，繼續實現他和他的主子烏蘭夫第二套班子的計劃。

其次，看一看舊《內蒙古日報》的辦報大權掌握在這些傢伙的手中後，他們辦了一張什麼樣的報紙？！

從人民革命黨黨魁特古斯辦報開始，到老牌民族分裂主義分子特古斯辦報告終，二十年來的《內蒙古日報》，一貫宣傳反革命修正主義，民族分裂主義黑貨，並且適應烏、哈搞民族分裂反革命勾當的需要搞起了五個反革命宣傳的高潮。

特古斯親自辦的《群眾報》《內蒙自治報》階段，搞起了第一個反革命宣傳高潮。內蒙古地區的革命鬥爭一直是在中國共產黨的領導之下進行的。但在一九四七年前後，由特古斯所辦的報紙，竟然公然地宣傳人民革命黨的黑黨綱，他們滿口胡言亂語，把我黨的領導說成是《聯合中共》，把我們心中最紅最紅的紅太陽叫做「毛澤東先生」，同時又狂熱地號召學習外蒙所走的道路「經驗」，公熱叫囂「內外合併」，把臭名昭著的叛國分子白雲梯，說成是「熱愛民族」的。在他們刊登的《內蒙古人民革命青年團東蒙本部，誕生周年紀念日告東蒙青年書》中，公開煽動什麼「我們民族的解放，必須走外蒙的道

路，而且最終要突現統一的蒙古人民共和國」。特古斯之流，把他們反黨叛國
的基本綱領，充分地暴露在光天化日之下，他們還公開刊登叛國分子哈豐阿的
工作報告提綱，明目張膽地煽動要學習外蒙是怎樣獨立的，號召大家發揚所
為的民族氣節，貫徹堅決意志。說什麼「內外蒙合併，是長時期的一貫的要
求」。這分明是他們這些封建上層、反黨叛國分子的要求，這分明是人民革命
黨的罪惡目的，更不能容忍的是，他們在一面大喊什麼「烏蘭夫萬歲，雲澤萬
歲」，把烏蘭夫、哈豐阿說成是「內蒙民族的救星」，一面把國民黨的國旗製
成報頭公開刊登。這就充分暴露了這群所謂人民革命黨左翼，是些什麼貨色，
這就充分暴露了這群所謂人民革命黨左翼，是一群地地道道的反共傢伙；這一
時期的報導，是赤裸裸地瘋狂向黨進攻的。

　　第二個反革命宣傳高潮，是從一九五六年一直延續至一九五七年反右派
的時期。當時正是修正主義思潮大大抬頭的時候，舊《內蒙古日報》強調所謂
新社會的矛盾，名義上推動各項建設工作前進，實質是暴露所謂的社會「陰暗
面」，藉以向黨向社會主義進攻，直至一九五七年反右派前夕，反動氣焰達到
高潮，就在這個時候，人民革命黨黨魁，骨幹等狐群狗黨都跳了，以貫徹民族
政策為名，強調地方特點，民族特點，實際是向黨進攻，宣傳民族分裂，乘機
宣傳他們人民革命黨的黑綱領，一九五七年四月，烏蘭夫借我們黨整風之機，
在我區人代大會第四次會議上，大唱階級鬥爭息滅論，說什麼目前大民族主義
傾向主要表現在忽視民族情感，民族特點，在工作上重農輕牧，合作化運動
不注意地區民族特點。還胡說什麼在民主和集中的關係方面。民主作風不夠是
主要的。因此，他嚎叫大膽鳴放，鼓動牛鬼蛇神都跳出來，以幫助黨整風的名
義，向黨大舉進攻的動員會，也就在這個時候，特古斯也跳出來在報紙上喊大
叫搜集所謂珍貴的民族文化遺產。對《格斯爾的故事》《江格爾傳》《舊青
史》《大扎沙克》《蒙古源流》《黃金史》大加吹捧。《格斯爾的故事》《江
格爾傳》用所謂「懷念昔日的成吉思汗統一時代，渴望自由的勞動和安寧的生
活」的社會思想基礎，來頌古諷今，謾罵我們黨。《蒙古黃金史》《舊青史》
等等是他們所謂的蒙古族人民反抗清朝封建統治在外國殖民主義的統治，憧憬
民主美好的生活，以及反對分裂、主張統一團結的理想。在黨和毛主席領導內
蒙人民獲得解放的十年以後。特古斯提出這個問題，目的不是指桑罵槐，反對

所謂的「外部」統治，主張蒙古族統一。一句話，還是宣傳他們人民革命黨的黑綱領，宣傳「內外蒙合併」，這不是反黨叛國又是什麼？在當年五月的一系列鳴放會議上，烏蘭夫、特古斯分別在語文工作組、民族工作組煽風點火，引出一群右派分子、民族分裂主義分子向黨射出來一束束毒箭。而在反右派開始時，他們又都縮了回去，特古斯拋出個內蒙人民出版社圖布信，在報紙上寫文章對其實行假批判真包庇。另一面，又千方百計地保護他們的徒子徒孫，只在報社，他就保了三個右派分子過關，使這些民族分裂主義分子漏網。這一時期的報導，是乘黨整風之機，新的人民革命黨黨魁紛紛跳出來，大喊大叫地向黨進攻**呼風喚雨，推波助瀾，或策劃於密室，或點火於基層，上下串通，八方呼應，以天下大亂，取而代之逐步實行，終成大業為時局估計和最終目的者，…就是所謂資產階級右派人物**，毛主席的這段話，正是對老牌民策分裂主義分子，內人黨黨魁這個時期活動的最好寫照。

　　第三個反革命宣傳高潮是，一九六一年到一九六三年的一個階段。他們乘國家困難時期，千方百計地製造輿論，向黨射出一束束毒箭，乘機大塞民族分裂黑貨，重彈人民革命黨的民族分裂老調。「當代王爺」烏蘭夫看到我國連年遭受自然災害的情況，認為有機可乘，於是跳了出來，以召開民策工作會議為名，提出了什麼統戰問題，蒙古語文問題，開荒問題、土旗蒙族雙份自留地問題。特古斯也以內蒙黨委宣傳部付部長的名義，乘蒙修成立四十周年之機，大登大棒蒙修的文章。由他提出的借古諷今的《沙格德爾的故事》，也在這個時期出籠。沙格德爾的故事四十五篇，篇篇矛頭指向我們黨，我們心中最紅最紅的紅太陽毛主席和社會主義，有力地配合了一九六二年蔣介石叫囂反攻大陸和帝修反的反華大合唱。一九六二年，哈豐阿在《內蒙的新春天》一詩中高叫《祖先成吉思汗的陵墓，是民族英雄尊嚴的紀念碑》。此外像，《成吉思汗八百年記》等等也紛紛拋出來。付刊上大登吹捧《茫茫的草原》、《啼笑姻緣》等大毒草的書評，影劇評什麼宣揚民族分裂、高呼澤登巴爾萬歲的詩歌，什麼標榜成吉思汗子孫的遊記，真是群魔亂午。這一時期的報導，是乘我國連受三年災害的困難之機，含沙射影地向黨進攻。

　　第四個反革命宣傳高潮是，自一九六四年烏蘭夫派特古斯親自抓報紙，特古斯拋出了《內蒙黨委關於加強內蒙古日報的工作指示》這個黑綱領以後，

這一時期報紙上更進一步突出了所謂的地區特點，民族特點。到一九六六年上半年，形成了大力宣傳烏蘭夫「三基論」的高潮。如一月份民族工作會議的報導，二月份「四合一」會議的報導。近四個月中，反映「三基論」的報導一百多篇。從一九六四年三月到一九六六年四月，共發烏蘭夫臭語錄達十三次之多，這正是烏蘭夫搞反革命政變前夕，在這一時期，不管是烏蘭夫的老班底，還是哈豐阿的老班底，都跳了出來，為突現他們的黃粱美夢——內外蒙合併，竭盡全力。這一時期的舊《內蒙古日報》是打著「紅旗」，反紅旗，明著是宣傳烏蘭夫的所謂「用毛澤東思想之矢，射內蒙實際之的」的濫調，實際同人民革命黨所謂的「內外蒙合併」的反黨叛國老調如出一轍。

第五個反革命宣傳高潮是，一九六六年七月份，特古斯來報社做工作團團長，正式提撥了在烏蘭夫搞反革命政變前夕戰計劃提撥的格日禾，做報社業務總負責人開始，至舊《內蒙古日報》淪為王逸倫、王鐸進行資本主義反革命復辟的輿論工具，即出版「紅」字號《內蒙古日報》為止。特古斯、格日禾等人辦的報紙，實際是推行資產階級反動路線的報紙，是保烏蘭夫、哈豐阿反黨叛國集團的報紙。他們所辦的報紙，不敢真實反映我區文化大革命中無產階級革命派，高舉毛澤東思想偉大紅旗，向劉鄧等黨內最大的一小撮走資派及其在內蒙的代理人烏蘭夫王朝奮勇衝殺的實際情況，這一篇反映我區文化大革命鬥爭的典型也沒有，更沒有有力地揭發批判烏蘭夫修正主義、民族分裂主義黑線的報導。相反的，卻出現內蒙師範學院保守組織《抗大》活動的報導，在批判于北辰中竟美化工作組，在批判到李貴的社論中，巧妙地把矛頭指向群眾。格日樂和另一在文化大革命中跳出來的急先鋒特格希等人所辦的「紅」字號報紙，實際是沒有德力格爾、莊坤的德、莊報紙，沒有烏蘭夫的烏蘭夫王朝的報紙，是為烏、哈反黨叛國集團翻案，為王逸倫、王鐸進行資本主義復辟服務的輿論工具。

二十年來的舊《內蒙古日報》從人民革命黨黨魁特古斯辦報開始，到老牌民族分裂主義分子特古斯辦報告終，出現了五個反革命宣傳高潮，他們無論採用什麼手法，通過什麼形式，萬變不離其宗，無非是利用合種機會散佈新老人民革命黨的民族分裂主義的毒素，以達到他們破壞民族團結，分裂祖國統一的罪惡目的。

通過舊《內蒙古日報》二十年來，包括文化大革命中「五十天」的報導，不是清楚地看出烏蘭夫一向所標榜的人民革命黨「有進步意義」，是地地道道的騙人的鬼話嗎？不是清楚地看出所謂的人民革命黨左翼老爺們，是些什麼貨色嗎？

自從人民革命黨黨魁特古斯鑽進造反派內部以後，仍然十分重視《內蒙古日報》這個輿論工具。他千方百計地擠進報社的領導行列，其目的不外一個：繼續抓輿論工具，抓報社領導權，伺機東山再起！從這裡不難看出，這個人民革命黨黨魁，所謂的人民革命黨左翼，只要有一息尚存，就要與黨和人民為敵的狼子野心！

哈豐阿、特古斯等一批祖國的叛徒、民族的敗類，二十年來在「當代王爺」烏蘭夫的卵翼下，披著人民革命黨左翼的外衣，在革命陣營裡幹盡了反革命的勾當。在這次史無前例的無產階級文化大革命中，用毛澤東思想武裝起來的革命群眾，終於識破了這群魔鬼的真面目。毛主席教導我們說：「**過去說他們好像是一批明火執仗的革命黨，不對了，他們的人大都是有嚴重問題的。他們的基本隊伍，或是帝國主義國民黨的特務，或是托洛茨基分子，或是反動軍官或是共產黨的叛徒，由這些人做骨幹組成了一個暗藏在革命陣營的反革命派別，一個地下的獨立王國。**」現在，是徹底清算人民革命黨這個反革命組織罪行的時侯了！我們一定要揭穿烏蘭夫、哈豐阿反黨叛國集團的陰謀詭計！一定要揪出烏、哈反黨叛國集團的殘黨餘孽，一定要把我區的無產階級文化大革命進行到底！

微底摧毀哈特反黨叛國的出版黑線

內蒙古人民出版社海燕前哨

毛主席教導說：「**被推翻了的資產階級採用各種方法，企圖利用文藝陣地，作為腐蝕群眾，準備資本主義復辟的溫床。**」特古斯這個老牌民族分裂主義分子、老政客，秉承其烏、哈二主子的意旨，把他的勢力範圍，即新聞、出版、語文各界變成了反黨叛國的頑固堡壘。我們僅就內蒙古人民出版社為例，

著特古斯之流所犯下的滔天罪行。

特古斯如要推行烏蘭夫、哈豐阿民族分裂主義政治路線，相應地就需要貫徹執行這條路線的一套人馬。事實告訴我們，出版社也同語委、報社、電臺一群，各級當權者大都是來自哈豐阿、特古斯之流苦心經營的反動的「內人黨」「青年聯盟」的民族分裂主義分子，或者是蒙修特務。

出版社原社長額爾敦陶克陶，是叛國分子、蒙修特務、「內人黨」黨魁之一；社長索特納木是叛國分子、蒙修特務、民族上層；總編兼黨支部書記道爾吉寧布是叛國分子、「內人黨」情報員，等等。這批所謂「出版元老」，早在四十年代就是哈豐阿、特古斯所豢養的一群臭味相投、共事叛國的民族敗類。額爾敦陶克陶就是哈豐阿、博彥滿都的「東蒙自治政府」的「主席直轄處」──宣傳處偵探科科長。道爾吉寧布就在這個科當情報員。偵探科是設在「內人黨」最高「首腦」機關的叛國情報機構。

一九四六年四月末五月初，哈豐阿、博彥滿都的「東蒙自治政府」倒臺之後，宣傳處這一夥蒙修特務，「內人黨」情報員全部轉入當時的報社。6月中旬一部分去海拉爾，一部分留在烏蘭浩特，1948年又全部彙集烏蘭浩特。這樣整個宣傳機器就被額爾敦陶克陶、昂茹布、德力格爾、納·賽音朝克圖、索特納木、阿薩拉圖、瑪尼扎布、道爾吉寧布等哈特死黨所控制。

時過二十年，今天的新聞、出版、語文等各界仍然由這套原班人馬，分兵把守，成為水撥不入，針插不進的「獨立王國」。這一夥哈特反黨叛國集團的黑幹將，在新聞、出版、語文各界推行了一套不折不扣的民族分裂主義建黨路線。由於獨夫民賊烏蘭夫與哈豐阿做的出賣革命招降納叛的政治交易，使政治信仰，奮鬥目標與共產黨毫無共同之處的一大批「內人黨」黨徒原封不動的接受到無產階級先鋒隊中國共產黨內，使這些民族分裂主義分子、蒙修特務、叛國分子披上了共產黨員外衣，使之成為哈特之流推行烏蘭夫、哈豐阿民族分裂主義政治路線的黑幹將和黑爪牙。

哈豐阿、特古斯之流，利用手裡把持的新聞出版陣地，二十年來一直從事早在四十年代就發誓要「為統一全蒙古而奮勇向前」的未竟之業。他們幹盡了反黨叛國、分裂祖國統一，破壞民族團結協罪惡勾當，為烏蘭夫、哈豐阿妄圖實現資本主義復辟大造反革命輿論。

早在1945年「內人黨」機關報《人民之路》就開闢了一條叛國之路。《人民之路》上刊登的報導中，公然揚言「從你們（指「內人黨」一注）起直到農村婦女部拿起槍來，不可失此良機，不可不為內蒙和蒙古人民共和國合併起來建立獨立國家而積極努力」聲嘶力竭地叫喊：「東蒙人民的自由政治必將到來」。

1948、49年，特古斯的這批黑幹將在當時的「內蒙古日報出版發行部」時，出版了蒙修的著名大毒草《英雄陶格陶傳》、《勇寇英雄瑪格斯爾扎布傳》、《剛毅英雄達木丁色仍傳》，極力歌頌民族敗類、叛國分子。在《勇冠英雄瑪格斯爾扎布傳》裡，毫不掩飾地說：「兄弟的內蒙人民，從漢族的殖民統治下解放出來，和血肉相連的外蒙集合成國家」。同年十一月出版的《蒙古民歌集》更是充斥了叛國濫調，夾雜了令人作嘔的靡靡之音，實在不堪人耳。其中，《長城》這支歌中唱道：「從歷史上看，有『治亂』的變化；那些大臣們，也有『分合』的區別；亞細亞洲的境界裡，有分散統一的時代，往北眺望，遼闊無邊的疆土；邊疆的蒙古人民，努力奮鬥向前進！統一大家的力量，勝過長城的堅固」！在《上戰場》這支歌裡也召喚：「為了蒙古民族的獨立，在人民軍隊裡努力。」在《發揮軍人的英勇傳統》這裡歌裡也鼓動：「庫倫（指烏蘭巴托──注）的大城池裡，人民集合起來了，蘭色蒙古的人民，要發揮軍人的英勇傳統等等，此外還有《英雄陶格陶之歌》《達部巴拉》之類的黑貨。

一九五一年，從報社正式脫胎出個「內蒙古人民出版社」，從此開始，哈特死黨額爾敦陶克陶、索特納木、道爾吉寧布之流就更加有系統、有計劃地全面販賣叛國書籍。鬧得毒草叢生、氾濫成災、把出版社受成了名符其實的「烏蘭巴托分社」。十七年來，出版社共出外國圖書二百五十種，其中蒙修的占一百四十種；光是蒙修文化特務達木丁蘇榮的著作，包括五六年來呼市公開煽動「內外蒙合併」的黑報告《關於蒙古語文的改進問題》在內，就出版了十六種之多。在蒙修的著作《馬列主義關於民族同題的幾個問題》一書中，談到解放後的內蒙古人民時，竟敢明目張膽地煽動「為爭取獨立和自由進行鬥爭是天經地義的」，像公開把烏蘭巴托注解為「我們蒙古國的首都」，把蒙古歌頌成「我的祖國」之類的書，都是屢印不衰。就是生產技術方面和有關農業的書，

還要從蒙古進口。甚至像魯迅的著作以及《林海雪原》等還是直接搬套蒙古的，足見其一付奴才相！

然而何止蒙修的，只要是歌頌蒙修是「祖國」，吹捧叛國分子是「英雄」的，只要是讚美成吉思汗，宣揚「大蒙古帝國」的，只要是為烏蘭夫、哈豐阿樹碑立傳、鼓吹民族分裂的，不管你是誰、不管是死人，還是活人的，都優先出版。被特古斯視為掌上明珠的《青史演義》、《瘋子沙格德爾》，還有《陶格陶胡傳》，《嘎達梅林的事蹟》、《內蒙古革命史》、《艱苦的歲月》、納賽的《烏蘭巴托》等詩歌、瑪拉沁夫的《茫茫的草原》等，都是非常吃香的作品。這些毒草在特烏斯親自佈置，由索特納木、道爾吉寧布共同泡製的《1962年──1967年的五年出書規劃》中佔據了顯要地位。尤其應該提到的哈豐阿早在51年委託反動史學「權威」余元安編寫的《內蒙古歷史概要》，是一部狂熱地歌頌成吉思汗，歌頌陶格陶、嘎達梅林之流，為反動的「內人黨」歌功頌德的大毒草，然而然被特古斯、道爾吉寧布看成是至寶，不要命的硬翻印、審查，準備出版。

直到一九六三年的《農曆》還在重彈「長城以外就是內蒙」的老調，假文藝整風期間有人提出這個問題時，道爾吉寧布還詭辯說：「這是習慣說法」。看又多麼頑固！

特古斯為了保證其反黨叛國的毒書的出版，不但臆造了許多所謂「理論」根據，而且還制定了一正套反黨叛國的出版綱領。1957年道爾吉寧布就揚言：「現在有些蒙古人在別人面前不說蒙古話，有自卑感。所以今後對蒙古人應該加強熱愛民族的教育，在學校中應該加強蒙古歷史的教育。這樣使蒙古入更好地認識自己的民族」。這是什麼教育呢？說穿了，這個所謂「熱愛民族的教育」就是資產階級民族熱的教育；這個所謂「蒙古歷史的教育」就是崇成吉思汗，主張泛蒙古主義的教育，歸根結底是反漢排漢、反黨叛國的教育。其毒害青少年一代的險惡居心又何其毒也！在道爾吉寧布親筆寫的並電特古斯審批的各種出版綱領中，一再鼓吹「有系統、有計劃」地出版民族分裂主義黑貨，而且用什麼「蒙古和我們語言上、經濟上相同，又是社會主義國家」做假口，使蒙修文化滲透合法化。還強調出版物中「突出地區特點、民族特點、經濟特點」，拼命鼓吹烏蘭夫大搞民族分裂的混蛋「理論」。

　　最不能容忍的是，這一小撮混蛋反對我們最最敬愛的偉大領袖毛主席，反對光焰無際的毛澤東思想。他們同一切階級敵人一樣，對毛主席、對毛澤東思想怕的要命，拼命反對。特古斯直到1964年還說過：「孔夫子也有功勞。修正主義的一套為什麼在歐洲還那麼盛行，而在中國就不行呢，那是因為有孔子的封建禮教在束縛。」多麼惡毒！他竟敢把戰無不勝的毛澤東思想比做孔子的封建禮教，我們知道，修正主義之所以不能在中國盛行，不能占統治地位，最根本的原因是因為我們有當代最偉大的馬列主義者毛主席，有最高最活的馬列主義——毛澤東思想。毛澤東思想直接和工農兵、廣大革命群眾結合，這是反修防修最根本的保證。而特古斯卻說成是孔子的封建禮教的束縛，這不十足地暴露了他的反動陰險了嗎？緊接著他還胡說「我在毛選翻譯工作中才知道，就是毛主席的文章也有不少語法錯誤。」好一個不自量，狗膽心包天！他的死黨道爾吉寧布也是這樣一個反動傢伙，道爾吉寧布在一個報告的原稿上好幾處用毛筆把「馬列主義」後邊的「毛澤東思想」五個字一一勾掉。並且在學習《實踐論》時，一再叫喊：「防止思想僵化」，不要「當做繩索束縛自己的手腳不問時間、地點、條件到處生搬硬套。」

　　他們還竭力反對毛主席：「**文藝要為工農兵服務**」的正確方向。道爾吉寧布從1959年到1963年的各種文字《總結》中，惡狠狠地把大量工農通俗讀物、活頁文選污衊嘲笑為「剪刀漿糊的編書思想。」他把胡喬木的「政治第一、質量第一」的折衷主義反動口號搬過來，對抗毛主席的「**政治第一，藝術第二**」的英明指示。這樣還感不夠，在總結報告的原稿上把「政治第一」的字樣統統刪掉，赤裸裸地叫嚷「質量第一」。並且說：「出版物中質量是靈魂。」他還咬牙切齒地咒罵五八年大躍進是「在片面追求數量的聲中，熱衷於加快，熱衷於數量上的促進」，並揮午拳頭吼叫：「批判了『厚古薄今』的傾向後，有不敢出古人和外國東西的現象」，以此來鼓動他的追隨者們不要怕批判，繼續出版歌頌古人，歌頌成吉思汗的東西；出版洋人，歌頌蒙修、蘇修的東西。就是在這種思想指導下，出版社出版了澤登巴爾編寫的《蒙古人民革命三十年》等兩本書；就是在這種思想指導之下，出版了赫魯曉夫的《文學藝術要同人民生活保持密切聯繫》及其黑報告《蘇共中央關於增加畜牧生產的決議》等；就是在這種思想指導之下，道爾吉寧布1961年到報社負責付刊期間，在特古期的授

意下，專門開闢了《成吉思汗欄》。刊登大量叛國文學。

以特古斯為首的出版界的這條反黨叛國黑線，罪行累累，罄竹難書。然而這條黑線在烏蘭夫、哈豐阿的縱容包庇之下，不但歷次運動都蒙混過關，逍遙法外，而且還濃妝豔抹把自己打扮成「毛主席革命路線的捍衛者」，恬不知恥地標榜自己是「左派」。但是一切牛鬼蛇神都逃不出毛澤東想想的陽光，掌握了毛澤東思想的革命群眾把反革命修正主義的總根子中國赫魯曉夫揪出來了；把內蒙黨內最大的走資派，反革命修正主義、民族分裂主義的總頭目烏蘭失揪出來了，把哈豐阿，特古斯等烏蘭夫的死黨餘孽揪出來了；把「內人黨」的反動黨徒揪出來了；現在是時候，是徹底摧毀、哈特反黨叛國出版黑線的時候了！

毛生席教導我們：「**凡是反動的東西，你不打，他就不倒。這也和掃地一樣，掃帚不到，灰塵照例不會自己跑掉**」。我們決心遵循毛主席的教導，排除一切干擾，奮起毛澤東思想的千鈞棒，橫掃哈豐阿，特古斯之流的大大小小叛國分子，蒙修特務，「內人黨」的反動黨徒。不達目的，決不收兵！

內蒙古揪叛國集團聯絡站
一九六八年三月

內蒙古文革檔案06　PC0933

新銳文創
INDEPENDENT & UNIQUE

挖內蒙古人民革命黨歷史
證據和社會動員（上冊）

主　　編	楊海英
責任編輯	尹懷君
圖文排版	周妤靜
封面設計	蔡瑋筠

出版策劃	新銳文創
發 行 人	宋政坤
法律顧問	毛國樑　律師
製作發行	秀威資訊科技股份有限公司
	114 台北市內湖區瑞光路76巷65號1樓
	電話：+886-2-2796-3638　傳真：+886-2-2796-1377
	服務信箱：service@showwe.com.tw
	http://www.showwe.com.tw
郵政劃撥	19563868　戶名：秀威資訊科技股份有限公司
展售門市	國家書店【松江門市】
	104 台北市中山區松江路209號1樓
	電話：+886-2-2518-0207　傳真：+886-2-2518-0778
網路訂購	秀威網路書店：https://store.showwe.tw
	國家網路書店：https://www.govbooks.com.tw

出版日期	2020年9月　BOD一版
定　　價	480元

國家圖書館出版品預行編目

挖內蒙古人民革命黨歷史證據和社會動員 / 楊海
　英主編. -- 一版. -- 臺北市 : 新銳文創,
2020.09
　　冊 ;　公分. -- (內蒙古文革檔案 ; 6-7)
　BOD版
　ISBN 978-986-5540-09-8(上冊 : 平裝). --
ISBN 978-986-5540-10-4(下冊 : 平裝). --
ISBN 978-986-5540-11-1(全套 : 平裝)

　1.文化大革命　2.內蒙古　3.種族滅絕　4.歷史檔
案 5.內蒙古自治區

628.75　　　　　　　　　　　　　109008827

讀者回函卡

感謝您購買本書，為提升服務品質，請填妥以下資料，將讀者回函卡直接寄回或傳真本公司，收到您的寶貴意見後，我們會收藏記錄及檢討，謝謝！
如您需要了解本公司最新出版書目、購書優惠或企劃活動，歡迎您上網查詢或下載相關資料：http:// www.showwe.com.tw

您購買的書名：＿＿＿＿＿＿＿＿＿＿＿＿＿＿＿＿＿＿＿＿＿＿＿

出生日期：＿＿＿＿＿年＿＿＿＿＿月＿＿＿＿＿日

學歷：□高中 (含) 以下　　□大專　　□研究所 (含) 以上

職業：□製造業　□金融業　□資訊業　□軍警　□傳播業　□自由業
　　　□服務業　□公務員　□教職　　□學生　□家管　　□其它＿＿＿＿

購書地點：□網路書店　□實體書店　□書展　□郵購　□贈閱　□其他

您從何得知本書的消息？

　□網路書店　□實體書店　□網路搜尋　□電子報　□書訊　□雜誌
　□傳播媒體　□親友推薦　□網站推薦　□部落格　□其他＿＿＿＿＿＿

您對本書的評價：（請填代號　1.非常滿意　2.滿意　3.尚可　4.再改進）

　封面設計＿＿＿　版面編排＿＿＿　內容＿＿＿　文／譯筆＿＿＿　價格＿＿＿

讀完書後您覺得：

　□很有收穫　□有收穫　□收穫不多　□沒收穫

對我們的建議：＿＿＿＿＿＿＿＿＿＿＿＿＿＿＿＿＿＿＿＿＿＿＿

＿＿＿＿＿＿＿＿＿＿＿＿＿＿＿＿＿＿＿＿＿＿＿＿＿＿＿＿＿＿

＿＿＿＿＿＿＿＿＿＿＿＿＿＿＿＿＿＿＿＿＿＿＿＿＿＿＿＿＿＿

＿＿＿＿＿＿＿＿＿＿＿＿＿＿＿＿＿＿＿＿＿＿＿＿＿＿＿＿＿＿

11466
台北市內湖區瑞光路 76 巷 65 號 1 樓

秀威資訊科技股份有限公司 　　　收

BOD 數位出版事業部

....

（請沿線對折寄回，謝謝！）

姓　　名：＿＿＿＿＿＿＿＿＿＿　年齡：＿＿＿＿＿　性別：□女　□男

郵遞區號：□□□□□

地　　址：＿＿＿＿＿＿＿＿＿＿＿＿＿＿＿＿＿＿＿＿＿＿＿＿

聯絡電話：(日) ＿＿＿＿＿＿＿＿＿＿＿　(夜) ＿＿＿＿＿＿＿＿＿＿＿

E-mail：＿＿＿＿＿＿＿＿＿＿＿＿＿＿＿＿＿＿＿＿＿＿＿＿